VOLKER HALFMANN

WER FÜHLT, WAS ER SIEHT, DER TUT, WAS ER KANN

EIN PLÄDOYER FÜR MEHR

BARMHERZIGKEIT

SCM
R.Brockhaus

SCM

Stiftung Christliche Medien

SCM R.Brockhaus ist ein Imprint der SCM Verlagsgruppe, die zur Stiftung Christliche Medien gehört, einer gemeinnützigen Stiftung, die sich für die Förderung und Verbreitung christlicher Bücher, Zeitschriften, Filme und Musik einsetzt.

MIX
Papier aus verantwortungsvollen Quellen
FSC® C014496

Bodenborn 43 · 58452 Witten
Internet: www.scm-brockhaus.de; E-Mail: info@scm-brockhaus.de

Umschlaggestaltung: Grafikbüro Sonnhüter, www.grafikbuero-sonnhueter.de
Titelbild: © Bounce, Marsek (shutterstock.com)
Autorenfoto: © Michaela Heelemann
Lektorat: Christiane Kathmann, www.lektorat-kathmann.de
Satz: typoscript GmbH, Walddorfhäslach
Druck und Bindung: GGP Media GmbH, Pößneck
Gedruckt in Deutschland
ISBN 978-3-417-26966-6 · Bestell-Nr. 226.966

Wahrhaft, Jesus, Angst überkommt mich,
wenn ich auf mein Elend schaue,
doch gleichzeitig beruhige ich mich,
wenn ich auf Deine unergründliche Barmherzigkeit sehe,
die um die ganze Ewigkeit größer ist als mein Elend.

Schwester Maria Faustyna Kowalska[1]

Die Kirche ist nicht auf der Welt, um zu verurteilen,
sondern um den Weg zu bereiten
für die ursprüngliche Liebe,
die die Barmherzigkeit Gottes ist.
Damit dies geschehen kann,
müssen wir hinausgehen auf die Straße.
Hinaus aus den Kirchen und Pfarrhäusern,
um den Menschen dort zu begegnen,
wo sie leben, wo sie leiden, wo sie hoffen.

Papst Franziskus[2]

INHALT

PROLOG
DIE SCHNAPSLEICHE AM WEGESRAND

Inzwischen zitterte ich am ganzen Körper und spürte meine tiefgefrorenen Finger nicht mehr. Ich wollte nur noch eins: endlich am Ziel ankommen und mich dort aufwärmen!

Es war Sonntagmorgen und ich fuhr mit dem Motorrad von Hattingen nach Dortmund, um dort in der Freien evangelischen Gemeinde zu predigen. Die »Eisheiligen« hatten ganze Arbeit geleistet, denn über Nacht hatte es Frost gegeben, mitten im Mai 2012. Inzwischen waren es zwar zwei oder drei Grad »über 0«, doch für eine Fahrt mit dem Motorrad war dies noch immer mehr als grenzwertig.

»Der Weg ist das Ziel« – was für ein Blödsinn. Für mich war einzig das Ziel entscheidend dafür, durchzuhalten. Es fehlte nicht mehr viel. Laut Navi war ich nur noch fünf Minuten von einem Platz an der warmen Heizung entfernt. Ich wurde schneller und spähte unentwegt zum Straßenrand, um nicht geblitzt zu werden. Da sah ich auf dem Bürgersteig einen jungen Mann. Regungslos lag er da, neben sich eine leere Flasche.

Am Tag zuvor hatte der BVB zum ersten Mal in der Vereinsgeschichte das Double geholt. Durch einen historisch hohen Sieg gegen den FC Bayern war der Dortmunder Fußballklub nicht nur Deutscher Meister, sondern nun auch Pokalsieger. In dieser fußballverrückten Stadt hatte das einen gewaltigen Freudenrausch ausgelöst – bei einigen der Fans leider verbunden mit einem ebenso gewaltigen Alkoholrausch. Auch dieser Typ am Straßenrand hatte es eindeutig übertrieben. Nun lag er da und schlief seinen Rausch aus. »Soll er doch«, dachte ich, »was hat das mit mir zu tun?«

Ich fuhr an ihm vorbei, blieb in Gedanken aber bei ihm. »Was soll da schon groß passieren?«, dachte ich. »Irgendwann wacht er auf, taumelt nach Hause und wirft sich eine Kopfschmerztablette ein. Wenn ich jetzt anhalte, dann muss ich vielleicht auf Hilfe warten und verpasse den Gottesdienst. Sicher kommt bald ein Fußgänger vorbei, der sich um ihn kümmern kann. Alles halb so wild …«

Doch während ich auf diese Weise versuchte, meine unterlassene Hilfeleistung zu rechtfertigen, kam mir auf einmal ein Gleichnis von Jesus in den Sinn, das im Evangelium nach Lukas überliefert ist und das ich schon seit meiner Kindheit kannte: das Gleichnis vom barmherzigen Samariter:

> *Ein Mensch ging von Jerusalem nach Jericho hinab und fiel unter Räuber, die ihn auch auszogen und ihm Schläge versetzten und weggingen und ihn halb tot liegen ließen. Zufällig aber ging ein Priester jenen Weg hinab; und als er ihn sah, ging er an der entgegengesetzten Seite vorüber. Ebenso aber kam auch ein Levit, der an den Ort gelangte, und er sah ihn und ging an der entgegengesetzten Seite vorüber. Aber ein Samariter, der auf der Reise war, kam zu ihm hin; und als er ihn sah, wurde er innerlich bewegt; und er trat hinzu und verband seine Wunden und goss Öl und Wein darauf; und er setzte ihn auf sein eigenes Tier und führte ihn in eine Herberge und trug Sorge für ihn. Und am folgenden Morgen zog er zwei Denare heraus und gab sie dem Wirt und sprach: »Trage Sorge für ihn! Und was du noch dazu verwenden wirst, werde ich dir bezahlen, wenn ich zurückkomme.«*[3]

Sofort wurden mir die Parallelen klar: Ich bin keinen Deut besser als diese frommen Männer, die achtlos an einem hilflosen, mit dem Tode kämpfenden Mann auf ihrem Weg vorbeigehen! Das war keine Lappalie, denn auch die Schnapsleiche an meinem Wegesrand war vom Tod bedroht. Entgegen der landläufigen Meinung wärmt Alkohol den Körper nicht, sondern öffnet die Poren und lässt den Körper schneller auskühlen. Dadurch können Menschen, die im Rausch irgendwo im Freien eingeschlafen sind, über Nacht erfrieren. Daneben gab es für diesen jungen Mann noch eine weitere tödliche Gefahr: Sollte er sich im Schlaf von der Seite auf den Rücken drehen, so konnte er an seinem Erbrochenen ersticken (er wäre nicht der Erste). Es bestand also wirklich dringender Handlungsbedarf: Diesem Menschen musste sofort geholfen werden!

Schuldbewusst drehte ich um und fuhr zurück zu der Stelle, an der ich ihn gesehen hatte. Er lag noch immer dort und rührte sich nicht. Während ich versuchte, ihn zu wecken, kam ein Fußgänger und gemeinsam riefen wir einen Krankenwagen. Der Gottesdienst war plötzlich zweitrangig geworden.

Ich habe mich später nicht danach erkundigt, was aus ihm geworden ist, aber ich gehe sehr stark davon aus, dass er inzwischen wieder alle zwei Wochen kerngesund in der Nordkurve steht und seinen Verein anfeuert.

Dieses Buch ist ein leidenschaftliches Plädoyer für mehr Barmherzigkeit, doch wie Sie an dieser Geschichte sehen können, schreibe ich es mir auch selbst. Ich will barmherziger werden! Ich bin ein Mensch, der sich mit seinem zerbrechlichen und chaotischen Leben an Jesus hängt und ihm vertraut. Ich bin ein Jesus-Schüler. Und Jesus sagt unmissverständlich:

Seid barmherzig, wie auch euer Vater barmherzig ist![4]

An diesem einen Satz hängen für mich sowohl die Wirklichkeit als auch die Relevanz des christlichen Glaubens, denn ein Gott, der angesichts des zum Himmel schreienden Leidens seiner Kinder ungerührt auf dem Sofa liegen bleibt, ein solcher Gott hätte es nicht verdient, geliebt zu werden. Einzig ein barmherziger Gott ist auch ein liebenswürdiger Gott!

Zugleich weist uns diese Aufforderung von Jesus den Weg, auf dem die Barmherzigkeit Gottes zu den Notleidenden kommt, die sie so dringend brauchen: durch Menschen, die ihm nachfolgen, durch seine Schülerinnen und Schüler. Das aber bedeutet: Eine Kirche, die an den Leidenden am Wegesrand achtlos vorbeigeht, weil sie ständig mit sich selbst beschäftigt ist und ihr frommes Programm pflegt, eine solche Kirche hat es nicht verdient, beachtet und gehört zu werden. Einzig eine barmherzige Kirche ist auch eine glaubwürdige Kirche! Beim Thema »Barmherzigkeit« geht es somit um die Existenzberechtigung unseres Glaubens.

BEIM THEMA »BARMHERZIGKEIT« GEHT ES UM DIE EXISTENZBERECHTIGUNG UNSERES GLAUBENS.

Darum lassen Sie uns gründlich prüfen, ob es wahr ist, dass wir einen Vater im Himmel haben, der barmherzig ist. Und wenn dies so ist, dann lassen Sie uns alles dafür tun, dass seine göttliche Barmherzigkeit unser Leben durchdringt und unsere Herzen erobert. Denn dann – und erst dann! – werden wir zu Nachfolgerinnen und Nachfolgern von Jesus, die Gottes Barmherzigkeit in diese Welt tragen, indem wir an den Notleidenden auf unserem Lebensweg nicht achtlos vorbeigehen. Bewegt von der Barmherzigkeit unseres himmlischen Vaters werden wir zu Menschen, die fühlen, was sie sehen.

Und wer fühlt, was er sieht, der tut, was er kann!

Volker Halfmann

TEIL 1

»UNTER DIE RÄUBER GEKOMMEN«

WARUM WIR BARMHERZIGKEIT BRAUCHEN

1 |

»MEIN LEBENSRETTER« – Weshalb mir dieses Buch so wichtig ist

Ein Mann befand sich auf der Straße von Jerusalem nach Jericho, als er von Räubern überfallen wurde. Sie raubten ihm seine Kleider und sein Geld, verprügelten ihn und ließen ihn halb tot am Straßenrand liegen.

Lukas 10,30

Barmherzigkeit hat mir das Leben gerettet

Auch ich bin »unter die Räuber« gekommen. Auf meinem Lebensweg gibt es Zeiten, in denen ich verprügelt und ausgeraubt am Wegesrand lag. Allerdings nicht physisch, sondern psychisch. Geraubt wurde mir nicht mein materieller Besitz, sondern meine Selbstachtung und mein Lebenswille.

Seit dem Beginn meiner Pubertät leide ich unter einer Zwangserkrankung, vor allem unter völlig irrationalen Zwangsgedanken und Ängsten, aber auch unter Zwangshandlungen, doch wirklich therapiert wurde diese Erkrankung erst, als ich 40 Jahre alt war. Die Jahre zuvor habe ich versucht, mich irgendwie über Wasser zu halten, vor allem mit der Betäubung meines kranken Gehirns durch

Alkohol sowie der Übertönung meiner verrückten Gedanken durch laute Rockmusik. Eine Weile funktionierte das gut, doch dann geriet ich mehr und mehr in einen zerstörerischen Kreislauf aus Abhängigkeiten, Scham, Selbsthass und tiefer Depression, den ich in dem Buch »Mein goldener Sprung in der Schüssel« genauer beschreibe.

Meinen ersten Tiefpunkt erreichte ich im Herbst 2006 als Pastor der Freien evangelischen Gemeinde Karlstadt. Ich verachtete mich aus tiefstem Herzen und war der Überzeugung, mehr Schaden anzurichten als für irgendwen von Nutzen zu sein. Aus meiner Sicht war ich ein Stück Dreck und eine Zumutung für meine Mitmenschen. Die Bilanz der vergangenen Jahre sah für mich verheerend aus:[5]

Als Gemeindepastor hatte ich total versagt. Trotz vieler Anstrengungen war es mir nicht gelungen, die Gräben zwischen den verfeindeten Geschwistern zuzuschütten und unter ihnen Versöhnung zu stiften.

Meine Gottesbeziehung war eine riesige Baustelle. Ich hatte viel mehr Fragen als Antworten und sah mich außerstande, weiter zu predigen.

Gemessen an meinem kranken Ideal hatte ich sieben Kilo Übergewicht und verachtete meinen Körper zutiefst. Inzwischen war ich nicht einmal mehr in der Lage, in den Spiegel zu schauen. Stattdessen fing ich wieder damit an, aus Frust zu essen und mein Essen anschließend zu erbrechen, da ich es als einen Angriff auf meinen Körper verstand.

In meinem Kopf war die Hölle los. Meine irrationalen Zwangsgedanken und Ängste sowie die ständigen Grübeleien machten es mir nahezu unmöglich, mich auf irgendetwas zu konzentrieren oder gar zur Ruhe zu kommen. Verzweifelt versuchte ich, dieser Hölle mit einer Mischung aus »Pink Floyd« und »Faxe«-Starkbier zu entfliehen, doch das gelang mir immer seltener.

Ich war ein Heuchler und Lügner. Über Wochen hatte ich meine Frau Claudia belogen und ihr vorgespielt, ich würde keinen Alkohol mehr trinken. Dabei konnte ich ohne diesen Stoff keinen einzigen Tag überstehen – deshalb versteckte ich meine Flaschen im Haus und trank dort immer wieder heimlich.

Ich war am Ende: am Ende mit meiner Selbstachtung, am Ende mit meinem Glauben, am Ende mit dem Versuch, zu funktionieren, und am Ende mit der Hoffnung, dass es für mich noch einmal besser werden könnte. Bei einem meiner Lieblingsautoren, Martin Walser, hatte ich den folgenden Satz gelesen: »Jedes Mal meint man, das Schlimmste sei vorbei. Das ist die Illusion, die das Leben verlängert. Das Schlimmste ist immer.«[6] Wenn das stimmte, warum sollte ich mein Leben dann noch verlängern? Wäre es nicht viel sinnvoller, dieser Illusion zu entfliehen und es schnell zu beenden?

Ich dachte darüber nach, wie ich mich umbringen konnte, ohne dass dies als Suizid erkennbar wäre. Während einer Fahrt nach Würzburg zu meiner Supervisionsgruppe kam mir schließlich eine Idee: Es müsste ein tragischer Motorradunfall sein, bei dem niemand anderes mit hineingezogen wurde. So etwas passierte ja leider immer wieder mal: Motorradfahrer kamen aufgrund überhöhter Geschwindigkeit von der Straße ab und verunglückten tödlich. Im nüchternen Zustand würde mir dazu sicherlich der Mut fehlen, aber zugedröhnt sollte dies möglich sein. In meinem Kopf war ich schon verdammt nah am Abgrund. Erschrocken über mich selbst ging ich in die Gesprächsgruppe und wagte dort einen verschlüsselten Hilferuf.

»LIEBER EIN ENDE MIT SCHRECKEN, ALS EIN SCHRECKEN OHNE ENDE.«

Wir sprachen über die schrecklichen Folgen, die ein Suizid für die Hinterbliebenen hat. Doch ich betonte, dass es durchaus Situationen und Schicksale geben kann, in denen ein Selbstmord nachvollziehbar ist, getreu dem Motto: »Lieber ein Ende mit Schrecken, als ein Schrecken ohne Ende.« Dabei muss ich in meiner Argumentation wohl so verzweifelt gewirkt haben, dass unser Supervisor mich erschrocken ansah. Am Ende unserer Gruppensitzung nahm er mich beiseite und fragte mich sehr direkt, ob ich vorhätte, mir das Leben zu nehmen.

Es hätte damals eine Menge Gründe gegeben, mich einfach ziehen zu lassen. Schließlich war mein Supervisor ein viel beschäftigter Mann. Er arbeitete als evangelischer Seelsorger in einer großen Uniklinik und war zudem in mehreren Gremien sowie als Ausbilder von anderen Supervisoren aktiv. Was mich betraf, so gehörte ich als Freikirchler noch nicht einmal zu seinem Stall: »Sollen sich seine eigenen Leute um ihn kümmern!«, so hätte er sich sagen können. Doch eben das tat er nicht. Stattdessen nahm er sich meiner an. Warum? Weil er in der Lage war, genau hinzusehen. Und das, was er sah, ließ ihn nicht kalt, sondern berührte sein Herz.

Wer fühlt, was er sieht, der tut, was er kann.

Darum beschwor mich dieser Mann mit Tränen in den Augen, mein Leben nicht einfach wegzuwerfen. Am Ende unseres Gesprächs versicherte ich ihm, dass ich mir bei einem Psychologen in Würzburg professionelle Hilfe holen würde. Und als ich dann schließlich gehen wollte, lud er mich noch zum Mittagessen in die Kantine des Krankenhauses ein.

Für mich war diese Begegnung der erste und entscheidende Schritt auf einem langen Weg in die Freiheit. Es war die Barmherzigkeit meines Supervisors, die mich dazu bewog, diesen Schritt wirklich zu gehen, anstatt mich volllaufen zu lassen und mein Leben im wahrsten Sinne des Wortes vor die Wand zu fahren.

Barmherzigkeit hat mir das Leben gerettet!

Barmherzigkeit hat mir eine Zukunft eröffnet

Ich bin in meinem Leben immer wieder barmherzigen Samaritern begegnet: Menschen, die meine inneren Nöte gespürt haben und denen ich nicht egal war. Durch ihre Nähe, ihren Zuspruch und ihre praktische Hilfe konnte ich wieder aufstehen, wenn ich – an meiner Seele verwundet – am Boden lag und nicht mehr weiterwusste. Ohne diese Menschen würde es dieses Buch nicht geben, denn ohne ihre Barmherzigkeit würde es auch mich nicht geben – zumindest nicht so, wie ich heute bin und lebe.

Schon recht früh während meines Theologiestudiums wurde ich mit meinen Studienkollegen zu einem »missionarischen Praktikum« nach Mainz geschickt. Zu den Herausforderungen eines solchen Praktikums gehörten auch sogenannte evangelistische Straßeneinsätze: Wir machten in der Fußgängerzone durch kurze Theaterstücke auf uns aufmerksam und sprachen dann die neugierigen Passanten an, um ihnen von Jesus Christus zu erzählen. Für einen Menschen mit sozialen Ängsten und Zwangsstörungen ist solch ein Einsatz der ultimative Horrortrip. Dass ich dies irgendwie überstanden habe, habe ich einzig der Barmherzigkeit von Heiko zu verdanken, bei dem ich damals untergebracht war. Wenn ich mit verheulten Augen völlig in mich gekehrt in einer Ecke hockte, dann zog Heiko mich aus dem Loch der Depression: Er nahm mich in den Arm, brachte mich zum Lachen, betete für mich und sprach mir Mut zu. Durch seine barmherzige Zuwendung schaffte ich es, nicht aufzugeben.

Das Gleiche gilt für meine Zeit in Frankfurt am Main. In der dortigen Freien evangelischen Gemeinde absolvierte ich als Student ein sechsmonatiges Praktikum – und wäre an meinen zahlreichen Ängsten fast zerbrochen. Von Zeit zu Zeit schloss ich mich auf dem Klo ein, um dort unbemerkt zu weinen und mich den Fragen der

Leute zu entziehen. In dieser Phase war es Felix, der mich wieder aufpäppelte. Bei ihm und seiner Frau fühlte ich mich geborgen und hatte keinerlei Ängste, verletzt oder beschämt zu werden. Ihre liebevolle Zuwendung und ermutigenden Rückmeldungen brachten mich letztlich zu der Ahnung, dass ich anderen Menschen tatsächlich etwas zu geben habe. Ohne ihre Barmherzigkeit hätte ich mein Praktikum abbrechen müssen. Doch dank ihrer Hilfe nahm ich auch diese Hürde und kam am Ende sogar ganz gut zurecht.

Während meiner ersten Stelle als Pastor in Oberursel wurde ich in einen fetten Konflikt zwischen einzelnen Gemeindemitgliedern verwickelt, bei dem es sowohl um Macht und Anerkennung als auch um die zukünftige Ausrichtung der Gemeinde ging (das war in der Zeit, in der eine Gemeinde bereits als »charismatisch« galt, wenn sie die Lieder im Gottesdienst nicht aus Liederbüchern singen ließ, sondern stattdessen einen Overheadprojektor verwendete, um die Texte an die Wand zu projizieren). Da es sich um eine Krankheitsvertretung und befristete Anstellung handelte, wohnten meine Frau Claudia und ich zunächst nicht in einer eigenen Wohnung, sondern bei Helmut und Sabine. Helmut war Mitglied der Gemeindeleitung und eben dieser Umstand bewahrte mich davor, bereits nach wenigen Wochen zu scheitern. Denn bevor Helmut mich überhaupt kannte, hatte er sich bereits fest vorgenommen, den zukünftigen Pastor nach allen Kräften zu unterstützen und ihm zur Seite zu stehen.

Durch Helmut habe ich letztlich begriffen, was die Bibel mit dem Begriff »Erwählung« meint. Und während ich mich durch diese erste schwere Zeit quälte, war es seine Barmherzigkeit, die mich davor bewahrte, einfach alles hinzuschmeißen. Seine Frau und er gehören zu den Menschen, die sehr genau hinsehen – und die fühlen, was sie sehen. Das Leid ihrer Mitmenschen geht ihnen zu Herzen, sodass sie sich mit allen Kräften einsetzen, um zu trösten, zu ermutigen, zu verbinden und zu heilen. Für eine geschundene Seele sind solche Menschen Balsam. Und das waren sie auch für mich. Wie oft haben sie mich bestätigt, beraten, gesegnet oder einfach in den Arm genommen.

Und noch eine barmherzige Samariterin gilt es zu nennen, durch die ich heute dieses Buch schreiben kann: meine Frau Claudia. Ich weiß, dass sie dies überhaupt nicht gerne mag, denn Claudia ist – wie jeder Mensch – nicht perfekt. Und sie weiß um ihre Schwächen. Darum mag sie es nicht, wenn andere auf sie das Bild einer tadellosen, vorbildlichen Heiligen projizieren. Ich kann Ihnen versichern: Das ist sie nicht! Dennoch war es an der entscheidenden Stelle meines Lebens ihre Barmherzigkeit, die mich ermutigt hat, mir helfen zu lassen, statt mich einfach aufzugeben.

Bedingt durch die psychische Erkrankung sowie meine Alkoholabhängigkeit erhielt ich später von der Arbeitsagentur die Möglichkeit einer Umschulungsmaßnahme. So zogen wir als Familie von Unterfranken ins Ruhrgebiet und ich begann mit einer Ausbildung zum Medienkaufmann. Als dann jedoch immer klarer wurde, dass ich den mir anvertrauten Aufgaben nicht gewachsen war und mein Ausbildungsbetrieb keinen dauerhaften Arbeitsplatz für mich haben würde, kam es bei mir zu einem seelischen und körperlichen Zusammenbruch. Mein Alkoholkonsum geriet völlig außer Kontrolle und am Ende fand ich mich in der Psychiatrie wieder. Dieser zweite Tiefpunkt war für mich noch entsetzlicher als der erste, denn schließlich hatte ich eine Chance bekommen, mein Leben in den Griff zu kriegen – und nun hatte ich es völlig verkackt.

Ich weiß, dass meine Frau damals nicht nur besorgt um mich war, sondern auch enttäuscht und wütend – und das völlig zu Recht. Ich hatte unsere Zukunftsträume vor die Wand gefahren, sie immer wieder belogen und tief verletzt. Ich hätte es darum sehr gut verstanden, wenn sie sich von mir abgewendet hätte, um sich selbst zu schützen. Doch das tat sie nicht. Stattdessen blieb sie an meiner Seite und unterstützte mich, wo immer sie konnte.

Ich werde nie vergessen, wie wir gemeinsam durch unseren damaligen Wohnort Hattingen-Welper spazierten (wir gingen über den Friedhof – ein Ort, an dem man wirklich zur Ruhe kommt und zudem an die eigene Sterblichkeit erinnert wird). Einige Tage zuvor hatte Claudia mich mit einer Alkoholvergiftung ins Krankenhaus gebracht und nun sprachen wir darüber, wie es mit mir weitergehen sollte. Ich empfand eine abgrundtiefe Scham und Ekel vor mir selbst. Und Claudia packte mich nicht in Watte. Vielmehr erklärte sie mir klipp und klar, dass sie nicht länger bereit sei, dies alles mitzumachen. Doch dann kam ein Satz, der sich mir sehr tief eingeprägt hat: »Volker, Gott hat dich nicht aufgegeben, ich habe dich nicht aufgegeben und du solltest dich auch nicht aufgeben!«

GOTT HAT DICH NICHT AUFGEGEBEN, ICH HABE DICH NICHT AUFGEGEBEN UND DU SOLLTEST DICH AUCH NICHT AUFGEBEN!

Damals hatte ich keinerlei Perspektive für mein Leben, aber durch die Zuwendung meiner Frau schöpfte ich neue Hoffnung.

Barmherzigkeit hat mir eine Zukunft eröffnet!

Barmherzigkeit hat mir Gottes Liebe gezeigt

Ich habe mir Gott nicht ausgesucht, er war einfach da, immer schon. Die Verkündigung dieses Gottes gehörte für meine frühkindliche Seele zu den Grundnahrungsmitteln, ich habe ihn gleichsam mit der Muttermilch aufgesogen. Doch für meine traumatisierte Seele war diese Milch das reinste Gift. Aufgrund meiner Zwangserkrankung entstand in mir ein furchtbares Gottesbild, das mir das

Leben zur Hölle machte. Für mich war Gott ein grausamer und gnadenloser Sklaventreiber. Einer, der mich, ohne mit der Wimper zu zucken, auspeitschen würde, sobald ich einen Fehler machte. Beispiele seines schrecklichen Zorns gab es ja im Alten Testament zur Genüge.

Dennoch wäre ich damals nie auf den Gedanken gekommen, vor diesem Gott zu fliehen, um mein eigenes Leben zu leben. Denn wohin sollte ich denn fliehen, wenn er mich von allen Seiten umgab und sogar alle meine kranken und gotteslästerlichen Gedanken kannte?[7] Ich war mir sicher: Einen solchen Fluchtversuch hätte ich wie seinerzeit der Prophet Jona mit einer persönlichen Katastrophe bezahlt.

Also blieb ich über viele Jahre bei Gott und wurde sogar seine Stimme: Ich ließ mich zum Pastor ausbilden und übte diesen Beruf knapp 15 Jahre lang aus. Doch dann wurden meine psychischen Probleme so stark und die Abhängigkeit vom Alkohol so offensichtlich, dass ich eine Auszeit brauchte. So ging ich für mehrere Wochen in eine psychosomatische Klinik, die sich auf die Arbeit mit Suchtkranken spezialisiert hatte. Durch die Therapie kamen meine verdrängten Gefühle immer stärker an die Oberfläche, vor allem der über Jahre gebunkerte Zorn. Schon lange brodelte es in mir wie in einem Vulkan, in der Klinik kam es schließlich zum Ausbruch.

Der Gott, den ich bis dahin gekannt hatte, hatte mir die Luft zum Atmen genommen und mein Leben immer wieder klein gemacht. Als mir dies so richtig bewusst wurde, kannte mein Zorn keine Grenzen mehr. Auf Anraten meines Therapeuten schrieb ich einen Brief an Gott, in dem ich radikal und schonungslos mit ihm abrechnete. Ich schickte diesen Brief sogar an eine christliche Zeitschrift in der Hoffnung, dass er veröffentlicht würde (was zwei Jahre später tatsächlich geschah)[8]. Und als ich die Klinik endlich einmal für ein paar Stunden verlassen durfte, fuhr ich sofort in die Großstadt, klaute bei »H&M« ein Herrenarmband aus Leder und hielt es diesem Gott triumphierend vor die Nase: »Siehst du und begreifst du endlich, dass du mich nicht mehr kleinkriegst mit deinen endlosen Geboten und Strafandrohungen? Es ist ein für alle Mal vorbei. Ich lasse mich von dir nicht mehr einschüchtern. Ich lebe jetzt ohne dich!«

Zugleich hatte ich jedoch schreckliche Angst, dass dieser grausame Himmelsdespot irgendwann erbarmungslos zurückschlagen würde. Er würde mich hart strafen für meinen Ausbruch. Und ich wusste, dass er mich am empfindlichsten treffen konnte, wenn er nicht mir etwas antat, sondern stattdessen meiner Familie – meiner Frau oder meinen Kindern. Ich rechnete mit dem Schlimmsten und wollte doch nie mehr zurück zu diesem furchtbaren Gott. Kurze Zeit nachdem ich aus der Klinik entlassen worden war, beantragte ich bei der Arbeitsagentur die schon erwähnte Umschulung und versuchte, diesen Gott aus meinem Leben zu verbannen. Ich wollte endlich mein eigener Herr sein.

In der Folgezeit blieben die von mir befürchteten Plagen Gottes aus. Stattdessen erfuhr ich sehr viel Gutes: So wohnten wir in einem perfekten kleinen Zechenhaus, von dem aus ich mit dem Fahrrad zur Arbeit fahren konnte. Meine Frau fand eine Arbeitsstelle als Erzieherin und ich eine ortsnahe Selbsthilfegruppe, in der ich herzlich aufgenommen wurde. Unsere Kinder kamen im Kindergarten und in der Schule immer besser zurecht und schlossen neue Freundschaften. Es ging uns wirklich gut in dieser Zeit. Dennoch scheiterte ich am Ende kläglich mit dem Versuch, mein Leben aus eigener Kraft wieder auf die Reihe zu kriegen. Ich hatte einen Rückfall, landete in der Psychiatrie und heulte mir die Augen aus.

Wieder einmal dachte ich darüber nach, meinem Leben ein Ende zu setzen. Nachdem meine Familie mich besucht hatte, ging ich in die Kapelle der Klinik und schrie mit dem Mut der Verzweiflung um Hilfe. Alle meine Fragen und Zweifel zählten in dieser Situation nicht mehr. Wie der blinde Bartimäus schrie ich zu Jesus: »Herr, erbarme dich meiner!«

Was daraufhin geschah, hat sowohl mein Gottesbild als auch mein Leben verändert: Ich habe Gottes Barmherzigkeit erfahren! Gott hörte mein Schreien und zog mich aus dem Schlamm. Er verband meine inneren Wunden, erfüllte mein nach Liebe und Annahme suchendes Herz und gab mir die Kraft, wieder aufzustehen.[9]

Heute weiß ich, dass Gott fühlt, was er sieht, und darum tut, was er kann. Deshalb bekenne ich gemeinsam mit König David: »Barmherzig und gnädig ist der Herr, geduldig und voll großer Gnade« (Psalm 103,8). Es ist wirklich erstaunlich, aber inzwischen liebe ich diesen Gott, der mir in Jesus begegnet, weil ich durch seine konkrete Hilfe am eigenen Leib und in der eigenen Seele erfahren habe, wie leidenschaftlich er mich liebt.

Barmherzigkeit hat mir die Liebe Gottes gezeigt!

Barmherzigkeit hat mir meine Schuld vergeben

Im Laufe der Jahre musste ich erkennen, dass ich nicht nur das arme Opfer bin: das Opfer meiner Erziehung, meines evangelikalen Umfelds, meiner psychischen Erkrankungen oder der widrigen Umstände in meiner frühen Kindheit. Das alles hat mich ohne jeden Zweifel entscheidend geprägt und beeinflusst, aber dennoch bin ich zugleich auch Täter, denn ich habe in meinem Leben oft gegen meine Erkenntnis und gegen mein Gewissen gehandelt, indem ich die falschen Entscheidungen getroffen habe. Ich wurde nicht nur gelebt, sondern ich *habe* gelebt – und bin schuldig geworden an den Menschen, die ich doch

ICH TRAGE EINE VERANTWORTUNG FÜR MEIN HANDELN.

so sehr liebe: an meiner Frau und meinen Kindern. Hinzu kommt das, was ich ihnen schuldig geblieben bin, weil ich ständig nur mit mir selbst beschäftigt war. Ich trage eine Verantwortung für mein Handeln. Diese Last wog schwer, so schwer, dass ich darunter fast zusammenbrach.

Mir ist völlig klar, dass ich als Zwangserkrankter oft ein überstrenges Gewissen habe, und dass es nicht nur echte, sondern auch falsche Schuldgefühle gibt. [10] Doch jenseits meiner ungerechtfertigten Selbstzerfleischung bleibt immer noch ein gewaltiger Teil an Schuld in meinem Leben, der sich nicht relativieren und auch nicht wegtherapieren lässt. Und eben unter diesem Teil litt ich. Wieder und wieder schaute ich zurück und musste feststellen, dass ich meine früheren Fehlentscheidungen nicht rückgängig und meine Versäumnisse nicht ungeschehen machen konnte. Was geschehen war, war geschehen. Aber wie konnte ich damit leben?

König David betete: »Als ich mich weigerte, meine Schuld zu bekennen, war ich schwach und elend, dass ich den ganzen Tag nur noch stöhnte und jammerte. Tag und Nacht bedrückte mich dein Zorn, meine Kraft vertrocknete wie Wasser in der Sommerhitze« (Psalm 32,3-4). Ich verstehe ihn gut, denn auch ich habe die Erfahrung gemacht, dass die schwere Belastung des Gewissens durch eigene Schuld letztlich zu psychosomatischen Symptomen führen kann. Ich war ebenfalls fix und fertig und spürte meine Schuld am ganzen Körper.

Es war Gottes Barmherzigkeit, die mich von meiner Last befreit hat. Als ich nicht mehr weiterwusste, entschloss ich mich, zu beichten. Ich nannte vor einem anderen Menschen meine Schuld ungeschönt beim Namen, ich bekannte sie. Das fiel mir nicht leicht, ganz im Gegenteil. Ich schämte mich abgrundtief und heulte während meines Bekenntnisses Rotz und Wasser. Aber diese Beichte befreite mich. Gemeinsam mit meinem Beichtvater betete ich und bat um

Vergebung – und er wiederum sprach mir diese Vergebung im Namen von Jesus zu und stellte mich unter Gottes Segen.

Als ich später nach Hause fuhr, hätte ich das Auto eigentlich nicht gebraucht: Ich hätte fliegen können, so leicht fühlte sich mein Leben an.

Barmherzigkeit hat mir meine Schuld vergeben!

Die Sprache der Barmherzigkeit sprechen

In meinem Leben gab es immer wieder barmherzige Samariter: Frauen und Männer, denen meine Not zu Herzen ging, sodass sie nicht einfach achtlos an mir vorübergingen, sondern mich verbanden und versorgten. Und ich kann es nicht oft genug betonen: Ohne diese Samariter gäbe es mich heute nicht!

Der Theologe und Psychologe Wunibald Müller schreibt:

> *Niedergehalten von Selbstzweifeln, Schuldgefühlen, der täglichen Erfahrung von Unzulänglichkeit und Fehlerhaftigkeit, sind wir auf Barmherzigkeit angewiesen, sehnen wir uns immer wieder nach der gnadenvollen Erfahrung von Barmherzigkeit. Sind es doch die Momente, in denen wir uns wie befreit und erlöst fühlen von so manchen Lasten, die schwer auf uns drücken.* [11]

Eine solche gnadenvolle Erfahrung habe ich gemacht. Eben darum ist mir dieses Thema so wichtig, denn es gibt in unserem persönlichen Umfeld sehr viele Menschen, die in ihrem Leben verletzt, erniedrigt und ausgeraubt wurden. Menschen, die halb tot an unserem Wegesrand liegen und denen wir der oder die Nächste sein können. Diese Verwundeten brauchen zunächst nicht unsere moralischen Urteile, nicht unsere tollen Ratschläge und auch nicht unsere wohl formulierten Handzettel. Was sie zuerst und vor allen Dingen brauchen, ist unsere Barmherzigkeit! Sie brauchen jemanden, der fühlt, was er sieht, und darum tut, was er kann – eine Samariterin oder einen Samariter, der sie aufrichtet, die Wunden reinigt und verbindet, ihnen zur Seite steht, sie auf dem Weg der Heilung begleitet und ihnen so ihre Würde zurückgibt und neues Leben ermöglicht.

Es ist meine tiefste Überzeugung: Wir werden die Menschen um uns herum nur dann mit der frohen Botschaft von Jesus Christus, dem Sohn Gottes, erreichen, wenn wir ihnen mit Barmherzigkeit begegnen. Der von mir sehr geschätzte Papst Franziskus drückt dies sehr treffend und leidenschaftlich aus:

> *Wir brauchen Christen, die für die Menschen unserer Zeit die Barmherzigkeit Gottes und seine Zärtlichkeit allen Geschöpfen gegenüber sichtbar machen. Wir alle wissen, dass die derzeitige Krise der Menschheit nicht nur oberflächlich ist, sie geht in die Tiefe. Aus diesem Grund muss sich die Neuevangelisierung der Sprache der Barmherzigkeit bedienen, während sie dazu aufruft, den Mut zu haben, gegen den Strom zu schwimmen, sich von den Götzen zum einzig wahren Gott zu bekehren – einer Barmherzigkeit, die zuerst aus Gesten und Haltungen besteht und erst dann aus Worten. Die Kirche sagt mitten unter den Menschen von heute: Kommt alle zu Jesus, die ihr euch plagt und schwere Lasten zu tragen habt. Ich werde euch Ruhe schaffen (vgl. Matthäus 11,28-30). Kommt zu Jesus. Er allein hat Worte des ewigen Lebens.*[12]

Indem wir die Sprache der Barmherzigkeit sprechen, tun wir letztlich nichts anderes, als dem Vorbild unseres Vaters im Himmel zu folgen, so wie es Jesus Christus von uns erwartet, wenn er sagt: »Seid barmherzig, wie auch euer Vater barmherzig ist!«[13].

2 |

»UNTER RÄUBERN« – Wie schnell unsere Lebensträume zerplatzen

Ein Mann befand sich auf der Straße von Jerusalem nach Jericho, als er von Räubern überfallen wurde. Sie raubten ihm seine Kleider und sein Geld, verprügelten ihn und ließen ihn halb tot am Straßenrand liegen.

Lukas 10,30

Barmherzigkeit kennt keine Auswahlkriterien

Wörtlich sagt Jesus: »Ein Mensch (ἄνθρωπός) ging hinab von Jerusalem nach Jericho.« Für die damaligen Hörer ist sofort klar: Bei diesem Menschen muss es sich um einen Mann handeln, da eine Frau diesen Weg niemals allein gehen würde. Zudem wird es sich um einen Juden handeln, denn er geht von der Hauptstadt Israels hinab in die bedeutende jüdische Stadt Jericho – ein Weg, der zu 95 Prozent von Juden genutzt wurde.

Auch wir haben vermutlich gleich ein Bild vor Augen, wenn wir diese Erzählung hören, und das ist völlig in Ordnung. Nur dürfen wir dabei nicht vergessen, dass Jesus hier sehr bewusst offenlässt, um wen genau es sich bei dem Reisenden handelt. Es ist einfach ein Mensch – und das bedeutet: Seine Herkunft und soziale Stellung sind ebenso bedeutungslos wie sein Geschlecht oder seine Hautfarbe. Jeder Mensch ist ein Geschöpf Gottes, ist sein Ebenbild. Jeder Mensch ist von Gott geliebt und gewollt – das gibt ihm seine unantastbare Würde. Und wenn ein solcher Mensch unsere Hilfe benötigt, weil er sich in einer Notlage befindet, dann hat er genau diese Hilfe zu erhalten – unabhängig von seiner Nationalität, seinem sozialen Milieu, seiner Religion oder seinen Überzeugungen.

Barmherzigkeit kennt keine Auswahlkriterien – Gottes Barmherzigkeit nicht, und unsere sollte sie auch nicht kennen! Letztlich ist es nicht einmal entscheidend, ob der notleidende Mensch seine schlimme Lage selbst verschuldet hat. Wer seelisch oder körperlich verblutet, braucht keine Moralpredigten und Ratschläge, sondern lebensrettende Erste-Hilfe-Maßnahmen!

Der Abstieg von Jerusalem hinab nach Jericho ist ein Trampelpfad, der sich über rund 27 Kilometer erstreckt und dabei durch die Judäische Wüste führt, eine Gegend voller Steine und Geröll mit zahlreichen Höhlen und unübersichtlichen Abzweigungen. Hier lebte (oder besser hauste) zur Zeit von Jesus ein Teil der verelendeten Landbevölkerung und versuchte, sich durch regelmäßige Raubzüge das Überleben zu sichern.

BARMHERZIGKEIT KENNT KEINE AUSWAHLKRITERIEN.

Bereits der Einstieg in den über eintausend Höhenmeter hinabführenden Pfad wurde die »Blutsteige« genannt, da jeder wusste, dass hinter diesem Einstieg die Gefahr lauerte. Diesen Weg alleine zu gehen war also ziemlich verantwortungslos – es war geradezu eine Einladung, überfallen zu werden. Und eben dies könnte man unserem Reisenden natürlich vorwerfen, als er blutüberströmt und halb tot am Wegesrand liegt: »Wie kann man nur so blöd sein und sich in eine solche Gefahr begeben? Jeder weiß doch, dass es in dieser Gegend von Räubern nur so wimmelt. Tja, mein Freund, nun musst du selbst schauen, wie du hier wieder rauskommst. Wer nicht hören will, der muss halt manchmal fühlen.« So in etwa würde die typische Reaktion eines Besserwissers lauten, der selbst über jeden Fehler erhaben erscheint und den das Leid des Überfallenen völlig kaltlässt. Der Barmherzige jedoch verzichtet auf solche Belehrungen und tut stattdessen das, was wirklich vonnöten ist: Er packt an, um zu helfen und Leben zu retten.

Barmherzigkeit kennt keine Auswahlkriterien, sie gilt auch jenen, die ihr Leiden selbst verschuldet haben! Wer sich mit dieser Vorstellung schwertut, der sollte sich von Zeit zu Zeit daran erinnern, dass Gottes Barmherzigkeit genauso handelt. Auch sie gilt jenen Menschen, die sich durch ihren Ungehorsam und ihr unachtsames Verhalten selbst in Todesgefahr begeben haben. Wer darum heute als Christ lebt, wer Jesus Christus nachfolgt und Gott seinen Vater nennt, der kann dies nur, weil Gott eingegriffen und angepackt hat, indem er in Jesus Mensch geworden ist und die Welt mit sich versöhnt hat: »Gott ist so barmherzig und liebte uns so sehr, dass er uns, die wir durch unsere Sünden tot waren, mit Christus neues Leben schenkte, als er ihn von den Toten auferweckte. Nur durch die Gnade Gottes seid ihr gerettet worden!« [14]

Das Kennzeichen von Gnade ist, dass man sie nicht verdient hat und sie sich auch nicht verdienen kann. Gottes Barmherzigkeit gilt uns gerade nicht, weil wir so tadellos wären, dass er einfach nicht anders kann, sondern weil er unser Elend gesehen hat und ihm das, was er gesehen hat, zu Herzen gegangen ist.

Persönliche Schicksale

Jeder von uns ist früher oder später auf Barmherzigkeit angewiesen. Mir ist noch kein Mensch begegnet, der nicht an irgendeiner Stelle seines Lebensweges »unter die Räuber« gekommen wäre, wobei diese Räuber sehr verschieden aussehen können. Hier nur eine kleine Auswahl von Menschen, denen ich begegnet bin und die sich ihr Leben eigentlich ganz anders vorgestellt hatten:

Ich stehe in der Halle des Hamburger Hauptbahnhofes und frage mich, was ich mit den verbleibenden zweieinhalb Stunden machen soll, da fällt mein Blick auf Georg. Der alte Mann hockt in einer offenen Fotokabine, stützt sich auf seinen Handwagen und kämpft gegen den Schlaf. Sein verwahrlostes Erscheinungsbild deutet darauf hin, dass er auf der Straße lebt und hier im Bahnhof Pfandflaschen sammelt. Sein Anblick geht mir zu Herzen; deshalb gehe ich zu ihm und frage ihn, ob er Lust hat, mit mir zu essen. Zunächst ist er misstrauisch, doch nach ein paar Erklärungen sagt er schließlich zu. In den kommenden zwei Stunden erfahre ich durch Georg sehr viel darüber, wie schnell die eigenen Lebensträume zerplatzen können.

Georg ist 71 Jahre alt und lebt seit sieben Jahren auf der Straße. Aufgrund seines schlurfenden Gangs hatte ich zunächst gedacht, er sei alkoholisiert, doch das ist nicht der Fall. Georg leidet unter »MG« (Myasthenia gravis), einer seltenen neurologischen Erkrankung, die zu Lähmungen führt und von den Augen auf den ganzen Körper übergehen kann. Wenn dies der Fall ist, sind die Chancen auf eine Heilung gering, vor allem dann, wenn die Krankheit erst relativ spät diagnostiziert wurde. Und genau dies ist bei Georg der Fall. Aufgrund seiner Lähmungserscheinungen musste er seinen Beruf als Technischer Zeichner aufgeben, doch lange Zeit konnte keine Ursache gefunden werden. In seiner Verzweiflung betäubte er sich mehr und mehr mit Alkohol, was schließlich zur Trennung von seiner Frau führte.

Georg ist der typische Fall eines Menschen, bei dem es kein Schwarz oder Weiß, kein Gut oder Böse gibt. Er ist eindeutig »unter die Räuber« gekommen, hat aber infolgedessen auch eigene Fehler gemacht. Er hat sein Leben vor die Wand gefahren. Hier, im Bahnhof, darf er in einem gekennzeichneten Wartebereich von Mitternacht bis morgens um 5 Uhr übernachten, danach schlurft er durch die Gegend auf der Suche nach einem Platz, an dem er ungestört die vorbeihetzenden Geschäftsleute beobachten kann. »Alles ist schneller, hektischer und unpersönlicher geworden«, meint Georg. Dennoch steckt ihm von Zeit zu Zeit jemand ein paar Euro zu und Georg ist sich sicher, dass dies an seiner freundlichen Ausstrahlung liegt.

Während wir uns unterhalten, kommt Mareike zu uns, um von Georg eine Zigarette zu schnorren. Mareike ist voll bis unter die Haarspitzen und kann sich nur noch schwer artikulieren. Wenn es stimmt, was sie mir erzählt, dann hat sie vor zwei Jahren ihren Mann durch einen tragischen Autounfall verloren – da waren sie gerade mal zehn Wochen verheiratet. Das hat sie völlig aus der Bahn geworfen. Inzwischen ist sie im Methadon-Programm und muss sich jeden Tag die fünf Euro Rezeptgebühr erbetteln.

Während sie das erzählt, knufft Georg mich in die Seite und gibt mir ohne ein Wort zu verstehen: »Komm schon, Kumpel, die fünf Euro kannst du doch locker verkraften.« Also kaufe ich für alle eine Brezel sowie einen Kaffee und stecke Mareike auch noch die fünf Euro zu, worauf sie sich überschwänglich bedankt und mehrfach betont, ich hätte ihr den Tag gerettet. Etwas skeptisch frage ich mich, worin diese Rettung wohl konkret bestehen wird – aber dennoch habe ich das Gefühl, das Richtige getan zu haben.

Vielleicht sollte ich an dieser Stelle erwähnen, dass ich alles andere bin als die männliche Variante von Mutter Teresa. Solche Begegnungen wie die mit Georg und Mareike hatte ich bislang nicht sehr oft, da ich diese Menschen viele Jahre gar nicht wahrgenommen habe. Falls ich sie doch gesehen habe, so hat mich ihr Anblick wohl meistens kaltgelassen. Das hat sich erst in den letzten Jahren langsam verändert. Wenn ich heute durch eine Stadt wie Hamburg gehe, dann stelle ich erschrocken fest, wie weit die Schere zwischen Arm und Reich dort auseinandergeht. Während die Geschäftsleute mit ihren Business-Koffern zum nächsten Termin eilen, hocken in zahlreichen Hauseingängen Obdachlose in ihren Schlafsäcken und hoffen darauf, dass für sie ein paar Euro abfallen. Während japanische Touristen zur nächsten Sehenswürdigkeit geführt werden, torkelt eine Gruppe Betrunkener über die Straße und sorgt für ein Verkehrschaos. Ich will hier nicht schwarzmalen – diese Stadt hat sicherlich ihre liebenswerten Seiten. Doch wer die Augen nicht verschließt, der sieht auch sehr viel Elend: Drogenhandel, Obdachlosigkeit, Armut, Prostitution und Gewalt.

Ich bin kein Sozialromantiker! Mir ist völlig klar, dass es wesentlich mehr Anstrengungen braucht, als das, was ich getan habe, um diesen Menschen zu helfen. Auch ist mir bewusst, dass es vorschnelle Hilfeleistungen gibt, die im Ergebnis nach hinten losgehen und das Elend nicht verringern, sondern es geradezu fördern (vermutlich kennt jeder den Rat, einem Obdachlosen kein Geld zu geben, da er es an der nächsten Ecke versaufen wird). Das alles weiß ich. Dennoch kann ich an der Not dieser Menschen nicht länger achtlos vorbeilaufen. Und je mehr ich ihre Geschichten höre, umso mehr wird mir klar, dass es das Schicksal bislang recht gut mit mir gemeint hat (wobei ich als Christ wohl eher sagen würde, dass Gott mich reich beschenkt hat). Darum halte ich es für ein Gebot der Barmherzigkeit, etwas davon weiterzugeben.

ETWAS HILFE GEHT IMMER!

Die vielen Argumente hingegen, mit denen wir zu erklären versuchen, warum eine spontane Hilfe ungenügend oder gar kontraproduktiv wäre, scheinen mir der hilflose Versuch zu sein, solche Menschen auf Abstand zu halten und sie mit reinem Gewissen links liegen zu lassen. Etwas Hilfe geht nämlich immer!

Im Wartebereich der Caritas-Kleiderkammer sitzt die junge Alia und schaut sich ängstlich in dem überfüllten Raum um. Sie ist seit vierzehn Monaten in Deutschland und kann sich mit ihren bislang erworbenen Deutschkenntnissen so einigermaßen verständigen. Durch Dritte erfahre ich von ihrer Geschichte – und die schnürt mir das Herz zusammen:

Alia stammt aus Syrien und war dort eine fleißige Schülerin, bevor sie aufgrund des Krieges gemeinsam mit ihrem Bruder nach Ägypten ziehen musste. Ohne Arbeitserlaubnis lebten sie dort am Rande der Gesellschaft und beschlossen, nach Europa zu fliehen, um dort ein neues Leben in Freiheit und Würde anzufangen. Nachdem sie all ihre Ersparnisse zusammengekratzt hatten, wurden sie von einer Schmugglerbande in ein völlig überfülltes Fischerboot gezwängt. Bereits nach wenigen Seemeilen ging das Benzin aus und immer mehr Wasser drang in das marode Boot. Die Kinder schrien in ihrer Todesangst und ihre Mütter fingen an, laut zu beten. Als das Boot schließlich sank, klammerte sich Alia, die nicht schwimmen konnte, verzweifelt an einen Rettungsring. In den nächsten Stunden musste sie mit ansehen, wie zahlreiche Flüchtlinge den Kampf ums Überleben verloren. Einige von ihnen zogen einfach ihre Rettungswesten aus und versanken im Meer. Unter ihnen war auch die Mutter des kleinen Esat. In dem Wissen, dass sie bald sterben würde, übergab sie ihren Sohn Alia und bat sie, sich um ihn zu kümmern. Zwei weitere Tage vergingen, in denen Alia versuchte, sich und den kleinen Esat über Wasser zu halten und die Hoffnung nicht aufzugeben. Schließlich wurden sie von einem Handelsschiff gesichtet und an Bord genommen. Wie durch ein Wunder überlebten Alia und der kleine Esat, doch bis zu fünfzig Menschen ertranken im Mittelmeer, darunter auch ihr Bruder.

Nun sitzt mir diese schwer traumatisierte junge Frau gegenüber, die verzweifelt versucht, das alles hinter sich zu lassen. Ob das ohne fachliche Hilfe gelingen kann – bei allem, was sie durchgemacht hat? Ich weiß es nicht, aber ich kann ihr an diesem Tag zumindest ein guter Zuhörer sein, jemand der sie willkommen heißt und ihr etwas Mut zuspricht. Auch das ist bereits ein kleiner Akt der Barmherzigkeit. Die weitaus größere Barmherzigkeit aber geht von den vielen ehrenamtlichen Helferinnen und Helfern in der Kleiderkammer aus, die sich für Menschen wie Alia einsetzen, weil ihnen ihr Schicksal zu Herzen geht.

Als ich früher Zeitungen austrug, begegnete mir Elena. Morgens um vier Uhr stand sie auf ihrem Balkon und flehte mich an, ihr von der nächsten Tanke eine Flasche Wodka zu besorgen. Ich unterbrach meine Tour und ging zu ihr in die Wohnung, wo sie mir ihre Geschichte erzählte: Elena war über mehrere Jahre sexuell missbraucht worden, sowohl von ihrem Vater als auch von ihrem Onkel. Ihre Mutter wusste davon, doch sie war zu schwach, um etwas dagegen zu unternehmen. Mit den Jahren lernte Elena, den unerträglichen Schmerz in ihrer Seele zu betäuben und zu verdrängen. So wurde sie letztlich suchtkrank, abhängig von Medikamenten und vom Alkohol. Schon mehrmals war sie zur Entgiftung und in Therapie gewesen, doch immer zusammen mit Männern, die zu ihrem Täterkreis gehören könnten und ihr Leiden noch verstärkten. Es gibt Kliniken für traumatisierte Menschen und Kliniken für Alkoholkranke, aber die allerwenigsten von ihnen sind auf beides spezialisiert. Und so fand sie über Jahre nicht die passende Hilfe.

Damals war ich mit dieser Begegnung schlichtweg überfordert. Immerhin weigerte ich mich konsequent, ihr Alkohol zu besorgen. Stattdessen bot ich Elena an, sie in ein Krankenhaus zu fahren. Aber das lehnte sie kategorisch ab. Soweit ich mich erinnere, klingelte ich ein paar Tage später noch einmal bei ihr, doch da öffnete sie nicht.

Mir ist jedoch in lebhafter Erinnerung geblieben, wie urplötzlich auf meinem Lebensweg Menschen auftauchen können, deren

Lebensträume zerplatzt sind, weil sie unter die Räuber gekommen sind: Menschen, die geschlagen und erniedrigt wurden und die man halb tot zurückgelassen hat. Das Gleichnis vom barmherzigen Samariter ist viel mehr als ein literarisches Meisterwerk, es ist die bittere Wahrheit, die sich Tag für Tag tausendfach wiederholt.

Steffi ist Ende vierzig und hat vor Kurzem ihren Ehemann verloren. Nach zwei schweren Jahren mit Bestrahlungen, Chemotherapie und immer neuen Krankenhausaufenthalten hat der Krebs gesiegt und seinem Leben ein Ende gesetzt. Steffi ist am Ende und fällt in eine tiefe Depression. Wer ihr begegnet und die Fähigkeit besitzt, genau hinzuschauen, der sieht eine völlig verzweifelte Frau, die keinerlei Lebensmut mehr besitzt. Als sie ihren Mann kennenlernte, war er bereits an Krebs erkrankt, aber beide hofften auf Heilung und damit auf ein langes gemeinsames Leben. Doch diese Hoffnung wurde bitter enttäuscht. Inzwischen sind vier Wochen vergangen, seit ihr Mann beerdigt worden ist, und alle um sie herum gehen ihren gewohnten Alltagspflichten nach. Irgendwie scheint das Leben an ihr vorbeizulaufen. Was Steffi jetzt braucht, sind Menschen, die nicht achtlos an ihr vorübergehen, sondern fühlen, was sie sehen. Solche Menschen werden für sie da sein, sie besuchen und einfach zuhören.

DAS GLEICHNIS VOM BARMHERZIGEN SAMARITER WIEDERHOLT SICH TAG FÜR TAG TAUSENDFACH.

Werke der Barmherzigkeit sind nicht immer aufwendig, ganz im Gegenteil: Oft sind es kleine Gesten der Zuwendung, die einen Leidenden wieder aufrichten können. Doch auch wenn sie noch so klein sind, sie geschehen nicht einfach von selbst, sondern kommen aus den Herzen von Menschen, die in der Lage sind, mitzufühlen.

Gudrun ist 83 Jahre alt und hat ihr halbes Leben in einer kleinen Zwei-Zimmer-Wohnung inmitten der Stadt verbracht, im Erdgeschoss eines vierstöckigen Mietshauses. Schon sehr viele Menschen hat sie in den vergangenen Jahren kommen und gehen sehen, doch sie ist immer geblieben. Warum soll sie auch woanders hin? Hier fühlt sie sich wohl, hier ist ihr Zuhause und hier wird man sie auch eines Tages raustragen müssen – so stellt sie sich das vor. Doch dann kommt ein Brief, der ihr den Boden unter den Füßen wegzieht. Bereits vor einigen Monaten hat man damit begonnen, das Haus zu renovieren: Da wurde irgendetwas am Dach gemacht und auch die Heizung schien wohl erneuert zu werden. »Soll mir nur recht sein«, dachte Gudrun, »vielleicht wird es dann ja mal richtig warm in meiner Wohnung.« Nie aber hätte sie sich träumen lassen, dass diese Arbeiten zur Katastrophe führen könnten, zur Katastrophe ihres drohenden Auszugs. In dem Brief steht schwarz auf weiß, dass sich ihre monatliche Miete um 260 Euro erhöhen wird – und dieses Geld hat sie nicht!

Gudrun ist am Boden zerstört und hat niemanden, an den sie sich wenden könnte. Mehr und mehr zieht sie sich zurück, grüßt nicht einmal mehr die netten jungen Leute von nebenan. Gudruns Hausarzt verschreibt ihr regelmäßig Schlaftabletten und da sie immer vorsorgt, hat sie inzwischen eine ganze Schublade voller Tabletten. Vermutlich wird man sie wirklich bald raustragen aus ihrer Wohnung. Es sei denn, es gibt in ihrem Umfeld Menschen, die sie wahrnehmen, ihre Verzweiflung sehen und daraufhin tun, was sie können, um ihr zu helfen.

Das Weinen lernen

Dennis ist elf Jahre alt und wurde schon mehrfach von der Polizei aufgegriffen. Er zeigt massive Verhaltensauffälligkeiten, ist aggressiv, hat eine sexualisierte Sprache und bedient sich bei seinen Schimpftiraden einiger Nazi-Ausdrücke. Ein Zuhause hat er nicht mehr, da seine Eltern inzwischen vor Gericht stehen – ihnen wird Verletzung der Fürsorgepflicht sowie schwere Misshandlung vorgeworfen. Als Dennis in staatliche Obhut gekommen ist, war sein Gesundheitszustand besorgniserregend: Er hatte zahlreiche Prellungen, war unterernährt, seine Kleidung war zerrissen, er war verlaust und seine Zähne waren allesamt stark von Karies befallen. Inzwischen geht es ihm körperlich deutlich besser, doch was ist mit seiner Seele? Was wird aus einem Kind, wenn es statt Liebe nur Prügel erhält? Sind solche seelischen Wunden überhaupt heilbar?

Seit ein paar Wochen besucht Dennis regelmäßig »Die Arche«, ein christliches Kinder- und Jugendhilfswerk mitten in der Stadt. Die Mitarbeitenden dort haben es nicht gerade leicht mit ihm. Dennoch investieren sie eine Menge Zeit, Kraft und Geld, um Kindern wie ihm zu vermitteln, dass sie einzigartige und geliebte Geschöpfe Gottes sind. Einrichtungen wie »Die Arche« werden getragen von Menschen, denen das Leid der Kinder zu Herzen geht und die noch nicht verlernt haben, zu weinen. Auch Papst Franziskus weist darauf hin, wie wichtig es ist, angesichts des Elends von Kindern weinen zu können:

> *Gewisse Realitäten des Lebens sieht man nur mit Augen, die durch Tränen reingewaschen sind. Ich lade jeden von euch ein, sich zu fragen: Habe ich gelernt, zu weinen? Habe ich gelernt zu weinen, wenn ich ein hungriges Kind sehe, ein Kind unter Drogeneinfluss auf der Straße, ein obdachloses, ein verlassenes Kind, ein missbrauchtes Kind, ein von der Gesellschaft als Sklave benutztes Kind? Oder ist mein Weinen das eigensinnige Weinen dessen, der weint, weil er gerne noch mehr haben möchte? Das ist das Erste, was ich euch sagen möchte: Lernen wir, zu weinen!… Jesus – im Evangelium – hat geweint. Er weinte um seinen verstorbenen Freund. Er weinte in seinem Herzen um diese Familie,*

die ihre Tochter verloren hatte. Er weinte in seinem Herzen, als er die arme Witwe sah, die ihren Sohn zu Grabe trug. Er war innerlich bewegt und weinte in seinem Herzen, als er die Menschen wie Schafe ohne Hirten sah. Wenn ihr nicht lernt zu weinen, seid ihr keine guten Christen. Und das ist eine Herausforderung. Jun Chura und seine Gefährtin, die heute gesprochen haben, haben uns diese Herausforderung gestellt. Und wenn sie uns fragen: Warum leiden die Kinder? Warum geschieht dies oder jenes Traurige im Leben? – dann möge unsere Antwort entweder Schweigen sein oder ein Wort, das aus Tränen geboren ist. Seid mutig, habt keine Angst zu weinen![15]

Der Papst sagte diese Worte bei einer Begegnung mit Jugendlichen in Manila, doch leidende Kinder gibt es nicht nur auf den Philippinen, sondern ebenso in Berlin, Dortmund, Frankfurt, Wien, Zürich und vielen anderen Städten. Wer bereit ist, hinzuschauen, der wird sie sehen. Und wer fühlt, was er sieht …

Vom Affekt zum Effekt

Noch sehr viel mehr Menschen wären hier zu nennen. Menschen, die krank sind, einsam, traurig, verzweifelt, traumatisiert, misshandelt, erniedrigt oder verwahrlost. Manche von ihnen sind für ihr Leiden mit verantwortlich, da sie die falschen Entscheidungen getroffen haben – aber wer von uns handelt immer nur weise? Andere wiederum hatten nie eine reelle Chance, ihrem Schicksal zu entfliehen. So unterschiedlich diese Menschen auch sein mögen, so haben sie doch alle eines gemeinsam: Jeder von ihnen begegnet tagtäglich vielen anderen Menschen, denen es besser geht. Die meisten gehen achtlos an ihnen vorüber, doch ab und zu geschieht ein kleines Wunder: Jemand bleibt stehen, nimmt sie wahr, stellt kluge Fragen, hört aufmerksam zu, versucht zu verstehen und mitzufühlen. Und dann tut dieser Jemand einfach das, was getan werden muss, weil ihm das Leid zu Herzen geht.

Ich bin fest davon überzeugt, dass auch Ihr Leben gesäumt wird von Menschen, die ausgeraubt und blutend am Wegesrand liegen. Das Abenteuer der Barmherzigkeit kann da beginnen, wo Sie Jesus darum bitten, Ihnen ein barmherziges Herz zu schenken. Ein Herz, das die Notleidenden sieht und deren Leid ihm innere Schmerzen verursacht. Aufgrund dieser inneren Schmerzen werden Sie handeln und tun, was gerade dran ist – aus dem Affekt wird ein Effekt. Sie werden einen Besuch machen und ein guter Zuhörer sein. Sie werden in Ihre Geldbörse greifen und einen Schein herausholen. Sie werden Ihren Kleiderschrank durchforsten und sich von einigen guten Stücken trennen. Sie werden Ihre Rollläden hochziehen und Gäste beherbergen. Sie werden Essen kochen, in die Arme nehmen, die Zeit vergessen, Karten schreiben, Anrufe tätigen und vieles mehr – alles aus einem barmherzigen Herzen heraus. Ganz so, wie Jesus selbst es getan hätte.

3 |

»MACH ES GENAUSO« – Was Jesus von uns erwartet

»Wer von den dreien war nun deiner Meinung nach der Nächste für den Mann, der von Räubern überfallen wurde?«, fragte Jesus. Der Mann erwiderte: »Der, der Mitleid hatte und ihm half.« Jesus antwortete: »Ja. Nun geh und mach es genauso.«

Lukas 10,36-37

Wer ist mein Nächster?

Das Gleichnis vom barmherzigen Samariter steht nicht im luftleeren Raum, sondern in einem ganz bestimmten Zusammenhang, den uns der Evangelist Lukas schildert:

> *Ein Mann, der sich im Gesetz Moses besonders gut auskannte, stand eines Tages auf, um Jesus mit folgender Frage auf die Probe zu stellen: »Meister, was muss ich tun, um das ewige Leben zu bekommen?«*[16]

Vermutlich kennen Sie das auch: Bestimmte Fragen stellen wir nicht deshalb, weil wir nach einer Antwort suchen, sondern aus völlig anderen Motiven. Manche Fragen werden gestellt, um Interesse zu heucheln, und andere, um sich eine unangenehme Wahrheit vom Leib zu halten. Bei der Frage des Gesetzeslehrers ging es darum, Jesus auf die Probe zu stellen und seine Rechtgläubigkeit zu testen. Wollte man heute eine Professorin für Theologie oder einen Pfarrer auf ihre Haltung zum Wort Gottes hin prüfen und aufs Glatteis führen, so würde man sie wohl eher danach fragen, wie sie zur biblischen Bewertung der Homosexualität stehen – damals jedoch war dies noch nicht so ein heiß diskutiertes Thema. Stattdessen wird Jesus nach der *einen* grundlegenden Norm gefragt, mit der sich das gesamte jüdische Gesetz zusammenfassen lässt – nach damaliger Lesart bestehend aus 248 Geboten und 365 Verboten. Eine knifflige und heikle Frage.

Jesus aber lässt sich nicht in die Ecke dessen drängen, der sich rechtfertigen muss. Stattdessen antwortet er mit einer Gegenfrage: »Was steht darüber im Gesetz Moses? Was liest du dort?«[17] Schließlich ist der Fragende ein Experte, da wird er doch wohl eine Antwort kennen!

Selbstverständlich kennt der Mann die Antwort, da er sich mit dieser Problemstellung schon länger befasst hat. Er antwortet mit dem Doppelgebot der Liebe (zusammengefasst aus 5. Mose 6,5 und 3. Mose 19,18): »›Du sollst den Herrn, deinen Gott, von ganzem Herzen, von ganzer Seele, mit deiner ganzen Kraft und all deinen Gedanken lieben.‹ Und: ›Liebe deinen Nächsten wie dich selbst.‹«[18]

LIEBE DEINEN NÄCHSTEN WIE DICH SELBST.

»Na also«, sagt Jesus sinngemäß, »warum fragst du mich dann überhaupt, wenn du die Antwort doch längst kennst? Halte dich daran und du wirst leben!«[19]

Auf einmal ist es der Gesetzeslehrer, der sich genötigt fühlt, sich zu rechtfertigen. Helmut Gollwitzer bemerkt dazu treffend:

Er will sich gegen die Beschämung und Verlegenheit wehren – mehr noch: Er will seine vorherige Überlegenheit retten – mehr noch: Er will sich dem Gericht des Gebotes entziehen, vor dem er als der Nicht-Liebende steht. Er tut das mit einer Frage, die keineswegs aus der Luft gegriffen ist und gegen die nichts zu sagen wäre, wenn sie als echte Frage aus einem bedrängten Herzen käme: »Und wer ist mein Nächster?«[20]

Damals wie heute wurde diese Frage wirklich diskutiert: »Wenn Gott uns zur Nächstenliebe auffordert, wer ist denn dann bitteschön unser Nächster? Gibt es eine Grenze der Nächstenliebe – und falls es sie gibt, wo genau verläuft diese? Wen muss ich lieben und wen nicht?«

Für das Judentum der damaligen Zeit war klar, dass auf jeden Fall jeder Volksgenosse ein Nächster war, doch schon bei den sogenannten »Proselyten« gab es Uneinigkeit. Das waren Menschen, die nicht als Juden geboren, sondern erst später zum Judentum hinzugekommen waren. Richtig hitzig wurde die Debatte, wenn es darum ging, ob das Gebot der Nächstenliebe auch für den Fremdling und den Feind gelten solle. Hier gab es verschiedene Auslegungen: eine verengende, die einzig im Volksgenossen einen Nächsten sah, und eine erweiterte, die das Gebot der Nächstenliebe auch auf den Fremden und den Feind bezog. Wer aber hatte nun recht und woran sollte man sich halten?

Aus heutiger Sicht ist es wohl eher die Globalisierung, die uns bei der Frage nach der Nächstenliebe zu schaffen macht. Da unsere Welt immer enger zusammengerückt ist, hören wir nicht mehr nur vom Leiden unseres Nachbarn, sondern auch von ertrinkenden Flüchtlingen im Mittelmeer und verhungernden Kindern im Jemen. Und damit fühlen wir uns oft überfordert, da wir schließlich nicht überall helfen können. Wer also ist heute unser Nächster?

Vom Objekt zum Subjekt

Über die Frage, ob denn die Nächstenliebe eine Grenze kennt, ließe sich lange diskutieren – so lange, dass bei den vielen tiefgründigen Gedanken die einfachen Taten in Vergessenheit geraten würden. Es gibt ein Theoretisieren, welches im Grunde nur dazu dient, uns die lästige Praxis zu ersparen. Doch bei Jesus kommt man damit nicht durch, denn »alle intellektuellen Fragen wandeln sich bei Jesus zu existenziellen, alle theoretischen zu praktischen, alle unechten zu echten.«[21]

Das muss nun auch unser Gesetzeslehrer erfahren, denn Jesus fragt ihn: »Wer von den dreien war nun deiner Meinung nach der Nächste für den Mann, der von Räubern überfallen wurde?«[22] Und indem Jesus so fragt, dreht er die Fragestellung (»Wer ist mein Nächster?«) um: Auf einmal geht es nicht mehr darum, welcher der zahlreichen Menschen um mich herum mein Nächster ist, sondern darum, für welchen dieser Menschen ich zum Nächsten werde, weil ich an ihnen vorbeikomme und ihre Not nicht übersehe. Der Begriff des Nächsten wird bei Jesus nicht mehr als Objekt gefasst (einer, den ich mir aussuche), sondern als Subjekt: Nun bin ich der Nächste für den, der meine tatkräftige Hilfe braucht – so ist es gewissermaßen der Notleidende, der *mich* aussucht, indem er halb tot auf *meinem* Weg liegt.

Joachim Jeremias schreibt dazu:

> *Der Schriftgelehrte denkt von sich aus, wenn er fragt: Wo ist die Grenze meiner Pflicht (V. 29)? Jesus sagt ihm: denke von dem Notleidenden aus, versetz dich in seine Lage, überleg dir: Wer erwartet Hilfe von mir (V. 36)? Dann wirst du sehen, dass es keine Grenze für das Liebesgebot gibt!*[23]

Bei Jesus sind die Lösungen immer einfach – zumindest einfach zu verstehen: »Nun geh und mach es genauso!«[24]

Die Erzählung vom barmherzigen Samariter ist kein typisches Gleichnis, bei dem die Bildhälfte einer noch zu deutenden Sachhälfte entspricht (wie etwa das Gleichnis vom vierfachen Ackerfeld[25]), sondern es handelt sich hier um eine Beispielerzählung: Der barmherzige Samariter gibt uns ein Beispiel dafür, wo unsere Nächstenliebe gefordert ist und wie sie konkret aussieht. So einfach ist das: Jesus sucht Nachmacher – Menschen, die genau so handeln, wie dieser Samariter gehandelt hat.

Die Frage nach der Grenze der Nächstenliebe hat sich damit noch nicht erledigt, aber für unser tägliches Handeln tritt sie zunächst einmal in den Hintergrund, da wir genug damit zu tun haben, uns um diejenigen zu kümmern, die seelisch oder körperlich blutend an unserem persönlichen Wegesrand liegen – denn für solche Menschen sind wir der Nächste.

Jesus, der Samariter

Das gesamte Gleichnis lässt sich in der Tat in der einen Aufforderung zusammenfassen: »Wenn du das kapiert hast, dann mach es genauso!« Mehr gilt es nicht zu verstehen. Dennoch wurde im Laufe der Jahre sehr viel mehr in diese Erzählung hineingelesen, vor allem durch die allegorische Auslegung, bei der man davon ausgeht, dass ein Text:

> *unter dem, was er von sich aus sagt, offensichtlich etwas anderes verbirgt, was einer von anderswoher kommenden Deutung bedarf, und zwar in der Weise, dass die eigentlichen Worte und*

Glieder des Textes mehr oder weniger vollständig in vergleichender Übertragung durch Begriffe ersetzt werden, die einem dem Wortlaut des Textes fremden, von ihm unabhängigen Sinnzusammenhang angehören.[26]

Mit anderen Worten: Bei der allegorischen Auslegung eines solchen Gleichnisses haben die Hauptfiguren keine eigene Bedeutung, sondern stehen in Wahrheit für etwas ganz anderes, was sich freilich nur dem erschließt, der dies im Glauben zu sehen vermag. Eine solche Auslegung ist mit äußerster Vorsicht zu genießen, da man durch sie letztlich die krudesten Ideen und grausamsten Überzeugungen in eine biblische Geschichte hineininterpretieren kann – was in der Kirchengeschichte leider allzu oft geschehen ist. Dennoch beinhaltet manche Allegorie auch einige Perlen, und zwar immer dann, wenn sie zugleich dem Gesamtzeugnis des Evangeliums entspricht.

Das gilt auf jeden Fall für die allegorische Auslegung dieses Gleichnisses durch den Reformator Martin Luther. Der barmherzige Samariter ist für Luther:

durchweg nicht ein beliebiges Beispiel, sondern niemand anders als Jesus Christus selbst…, welcher allein das Doppelgebot der Liebe erfüllt hat. So ist in der Beispielerzählung vom barmherzigen Samariter für Luther die ganze Heilsgeschichte abgemalt: Ein Mensch (d. h. Adam) fällt unter die Räuber (= Sündenfall und seine Folgen). Priester und Levit (= verschiedene Stufen der alttestamentlichen Heilsgeschichte) helfen ihm nicht. Der Samariter (= Christus) erfüllt ungebeten das Doppelgebot der Liebe und nimmt sich des Halbtoten an, behandelt ihn mit Öl (= Gnade) und Wein (= Kreuz und Leiden), lädt ihn auf sein Tier (d. h. auf sich selbst als das Opfertier), trägt ihn in die Herberge (= Kirche), überlässt ihn der Pflege des Wirtes (= die

Prediger) und hinterlässt dazu vor seinem Weggehen (= Himmelfahrt) zwei Groschen (= Altes Testament und Neues Testament) samt der Verheißung seiner Rückkehr (= Wiederkunft).[27]

Wer als heutiger Ausleger über eine solche Allegorese lächelt, der sollte nicht vergessen, dass Luther hier etwas erkannt und hervorgehoben hat, was sicherlich zur Kernbotschaft des Evangeliums gehört: Letztlich ist es Jesus Christus selbst, der uns das eigentliche Vorbild ist, da er wie eben dieser Samariter im Gleichnis handelt – nicht nur einmalig, sondern während seines gesamten Wirkens. Walter Kardinal Kasper fasst in dieser Hinsicht den Befund des Neuen Testaments sehr schön zusammen:

> *Jesus hat die Botschaft von der Barmherzigkeit des Vaters nicht nur verkündet; er hat sie selbst gelebt. Er hat sich der Kranken und von bösen Geistern Geplagten angenommen. Er konnte von sich sagen: »Ich bin gütig und von Herzen demütig« (Mt 11,29). Er wird von Mitleid gerührt (σπλαγχνισθείς), als er einen Aussätzigen trifft (Mk 1,41) oder dem Leid einer Mutter, die ihren einzigen Sohn verloren hat, begegnet (Lk 7,13). Er hat Mitleid mit den vielen Kranken (Mt 14,14), mit dem Volk, das Hunger hat (Mt 15,32), als er die beiden Blinden, die ihn um Erbarmen anrufen sieht (Mt 20,34), mit den Menschen, die wie Schafe ohne Hirten sind (Mk 6,34). Am Grab seines Freundes Lazarus wird er innerlich erschüttert und weint (Joh 11,35.38). In der großen Gerichtsrede identifiziert er sich mit Armen, Hungernden, Elenden, und Verfolgten (Mt 25,31-46). So begegnen ihm immer wieder Menschen, die rufen »Erbarme dich meiner« beziehungsweise »Erbarme dich unser« (Mt 9,27; Mk 10,47f. u. a.). Noch am Kreuz hat er dem reuigen Schächer verziehen und für diejenigen gebetet, die ihn ans Kreuz gebracht haben (Lk 23,34.43).*[28]

Jesus Christus ist die menschgewordene Barmherzigkeit des himmlischen Vaters – das hat Martin Luther erkannt und betont.

Das heißt dann aber: So zu handeln wie der Samariter im Gleichnis, heißt, so zu handeln, wie Christus handeln würde. Jesus sucht Jüngerinnen und Jünger die bereit sind, das zu tun, was er an ihrer Stelle tun würde. Die Frage ist: WWJD – What would Jesus do?

Nachfolger sind Nachmacher! Das betont auch Papst Franziskus, wenn er fragt:

> *Warum aber wählt Jesus einen Samariter als Hauptperson des Gleichnisses? Weil die Samariter aufgrund unterschiedlicher religiöser Traditionen bei den Juden verachtet waren; und dennoch lässt Jesus erkennen, dass das Herz jenes Samariters gut und großherzig ist und dass er – im Unterschied zum Priester und zum Leviten – den Willen Gottes in die Praxis umsetzt, dem mehr an Barmherzigkeit als an Opfern liegt (vgl. Mk 12,33). Gott will immer die Barmherzigkeit und nicht die gegen alle gerichtete Verurteilung. Er will die Barmherzigkeit des Herzens, weil er barmherzig ist und unsere Armseligkeiten, unsere Schwierigkeiten und auch unsere Sünden gut zu verstehen weiß. Gib uns allen dieses barmherzige Herz! Der Samariter tut genau das: Er ahmt die Barmherzigkeit Gottes nach, die Barmherzigkeit gegenüber den Bedürftigen.*[29]

Partizipieren statt Imitieren

Als wir kleine Kinder waren, waren meine älteren Brüder überhaupt nicht davon begeistert, wenn ich sie nachmachte. Kam einer von ihnen etwa auf die tolle Idee, aus LEGO-Steinen ein Raumschiff zu bauen, so machte ich das selbstverständlich auch. Und wenn ich mein Bauwerk dann stolz präsentieren wollte, waren sie ziemlich sauer auf mich: »Du bist ja nur ein oller Nachmacher!« In diesem Zusammenhang war das Nachmachen also völlig unerwünscht. Und ein »Nachmacher« war damals jemand, der zu doof oder zu ungeschickt ist, um etwas Eigenes hinzubekommen – eben ein typischer Loser.

In der Jesus-Nachfolge ist das anders, denn Jesus ruft seine Jüngerinnen und Jünger ausdrücklich dazu auf, ihn nachzumachen, etwa indem er ihnen die Füße wäscht und anschließend erklärt: »Ich habe euch ein Beispiel gegeben, dem ihr folgen sollt.«[30] Jesus ist nicht beleidigt, wenn wir ihn nachahmen, sondern er erwartet dies von uns! Eines ist jedoch hier schon wichtig zu verstehen:

Wenn Jesus davon spricht, ihn nachzumachen, dann meint er damit nicht, ihn aus eigener Kraft zu imitieren, sondern an ihm zu partizipieren, also an seiner Liebe und Kraft Anteil zu haben. Das ist ein entscheidender Unterschied!

Als Jugendlicher habe ich verzweifelt versucht, meinen älteren Bruder nachzumachen, der es als äußerst talentierter Handballtorwart bis in die Auswahl der deutschen Jugend-Nationalmannschaft geschafft und später in der zweiten Handball-Bundesliga gespielt hat. Das brachte ihm natürlich einiges an väterlicher Anerkennung, die ich auch gerne gehabt hätte. Bei dem Versuch, es ihm gleichzutun, scheiterte ich jedoch kläglich.

Bei einem Spiel unserer Handball-Schülermannschaft stand ich beispielsweise zunächst im Tor, während mein Vater oben auf der Tribüne saß und mir zuschaute. Leider war meine Leistung dermaßen ungenügend, dass ich bereits nach rund 15 Minuten ausgewechselt wurde. Als ich mit meinem Vater im Auto saß und wir nach Hause fuhren, verloren wir kein einziges Wort über das Spiel, denn hätten wir das getan, dann hätten wir auch über meine Leistung sprechen müssen. Und das wäre dann einfach nur peinlich geworden. Das Problem war damals: Ich versuchte, meinen Bruder nachzumachen (also zu imitieren), ohne dabei an seinen Fähigkeiten teilhaben zu können (d. h. zu partizipieren). Ich war schlicht und einfach nicht so gut wie er und hatte somit keine Chance, so spektakulär zu halten, wie er dies tat. Mir fehlten die nötigen Ressourcen.

Nun könnte man die Nachfolge Jesu so verstehen, als ginge es darum, mit den eigenen begrenzten Mitteln verzweifelt zu versuchen, es Jesus gleichzutun und so zu leben wie er – ganz so, wie ich damals versucht habe, meinem Bruder nachzueifern. Doch das ist ein krasses Missverständnis und würde genauso kläglich enden wie meine Versuche als Handball-Torwart. Wer Jesus nachmachen will, der braucht dazu Kraft von oben – und diese bekommt er durch den Heiligen Geist. Jesus lässt seine Jüngerinnen und Jünger nicht als hilflose Waisen zurück, sondern er kommt zu ihnen durch seinen Geist, ja er lebt selbst in ihnen durch diesen Geist.[31] So kann der Apostel Paulus verkündigen: »Ich lebe, aber nicht mehr ich selbst, sondern Christus lebt in mir.«[32]

DER HEILIGE GEIST MACHT HERZEN EMPATHISCH UND HÄNDE BARMHERZIG!

Wenn nun Christus selbst, der auferstandene Herr, in den Gläubigen lebt, dann haben sie auch Anteil an seiner Auferstehungskraft. Ohne diese Kraft des Geistes wäre die Jesus-Nachfolge ein verzweifelter und auswegloser Kampf und Krampf. Doch mit diesem Geist werden wir mehr und mehr in die Lage versetzt, Jesus ähnlicher zu werden und so zu handeln, wie er handeln würde. Der Heilige Geist macht Herzen empathisch und Hände barmherzig! Darum ist es so wichtig, Christus nicht nur nachzuahmen, sondern an seiner Liebe und seiner Kraft Anteil zu haben.

»Das habt ihr für mich getan«

In diesem ersten Teil meines Buches möchte ich Sie davon überzeugen, wie wichtig es ist, sich mit der Frage nach der Barmherzigkeit auseinanderzusetzen. Wir brauchen Barmherzigkeit – und zwar nicht alleine für die Notleidenden auf unserem Lebensweg, sondern ebenso für uns selbst!

Der Evangelist Matthäus überliefert, wie Jesus von seiner Wiederkunft und dem damit verbundenen Gericht über alle Völker spricht. Darin gibt es nur ein einziges Kriterium, welches über Annahme oder Verwerfung entscheidet: die Werke der Barmherzigkeit!

> *Dann wird der König zu denen auf seiner rechten Seite sagen: »Kommt, ihr seid von meinem Vater gesegnet, ihr sollt das Reich Gottes erben, das seit der Erschaffung der Welt auf euch wartet. Denn ich war hungrig, und ihr habt mir zu essen gegeben. Ich war durstig, und ihr gabt mir zu trinken. Ich war ein Fremder, und ihr habt mich in euer Haus eingeladen. Ich war nackt, und ihr habt mich gekleidet. Ich war krank, und ihr habt mich gepflegt. Ich war im Gefängnis, und ihr habt mich besucht.«*
> *Dann werden diese Gerechten fragen: »Herr, wann haben wir dich jemals hungrig gesehen und dir zu essen gegeben? Wann sahen wir dich durstig und haben dir zu trinken gegeben? Wann warst du ein Fremder und wir haben dir Gastfreundschaft erwiesen? Oder wann warst du nackt und wir haben dich gekleidet? Wann haben wir dich je krank oder im Gefängnis gesehen und haben dich besucht?« Und der König wird ihnen entgegnen: »Ich versichere euch: Was ihr für einen der Geringsten meiner Brüder und Schwestern getan habt, das habt ihr für mich getan!«*

Und dann wird sich der König denen auf seiner linken Seite zuwenden und sagen: »Fort mit euch, ihr Verfluchten, ins ewige Feuer, das für den Teufel und seine bösen Geister bestimmt ist! Denn ich war hungrig, und ihr habt mir nichts zu essen gegeben. Ich war durstig, und ihr gabt mir nichts zu trinken. Ich war ein Fremder, und ihr habt mich nicht in euer Haus eingeladen. Ich war nackt, und ihr habt mich nicht gekleidet. Ich war krank, und ihr habt mich nicht gepflegt. Ich war im Gefängnis, und ihr habt mich nicht besucht.«
Dann werden sie fragen: »Herr, wann haben wir dich jemals hungrig oder durstig oder als Fremden, nackt, krank oder im Gefängnis gesehen und dir nicht geholfen?« Und er wird ihnen erwidern: »Ich versichere euch: Was ihr bei einem der Geringsten meiner Brüder und Schwestern unterlassen habt, das habt ihr an mir unterlassen!« Und sie werden der ewigen Verdammnis übergeben werden, den Gerechten aber wird das ewige Leben geschenkt. [33]

In reformatorischen Kreisen erzeugt dieser Text immer wieder Bauchschmerzen, da er die Annahme nahelegt, der Mensch könne einzig durch seine Werke (die Werke der Barmherzigkeit) vor Gott gerecht werden und vor ihm bestehen. Um sich dieses Problems zu entledigen, wird manchmal betont, hier könne es nur um ein Gericht über die Heidenvölker gehen (womit die Christenheit dann fein raus wäre). Doch eine Analyse des Textzusammenhangs lässt meines Erachtens eine solche Deutung nicht zu, denn bei dieser Rede handelt es sich ausdrücklich um eine Belehrung der Jünger. [34] Das Gericht, von dem die Rede ist, betrifft alle Menschen, Heiden wie Christen: »Denn wir alle müssen einmal vor Christus und seinem Richterstuhl erscheinen, wo alles ans Licht kommen wird. Dann wird jeder von uns das bekommen, was er für das Gute oder das Schlechte, das er in seinem Leben getan hat, verdient.«[35]

Die Frage nach der Gerechtigkeit aus Werken oder der Errettung allein durch den Glauben ausführlich zu behandeln, würde den Rahmen dieses Buchs sprengen. Nur so viel sei hier betont: Nach dem Neuen Testament ist es nicht möglich, sich sein Heil durch gute Werke zu verdienen: »Er (Gott) rettete uns, nicht wegen unserer guten Taten, sondern aufgrund seiner Barmherzigkeit. Er wusch unsere Schuld ab und schenkte uns durch den Heiligen Geist ein neues Leben.«[36] Jedoch es ist durchaus möglich, sein Heil durch das Unterlassen ebensolcher Werke zu gefährden! »Entscheidend ist der Glaube, der sich in der Liebe zeigt.«[37] Ein Glaube ohne Werke der Barmherzigkeit ist im Neuen Testament nicht vorgesehen, ja er kann kein Glaube sein:

> *Denn es wird keine Barmherzigkeit für den geben, der anderen gegenüber nicht barmherzig war. Wer aber barmherzig war, wird auch vor dem Gericht Gottes bestehen. Liebe Brüder (und Schwestern), was nützt es, wenn jemand von seinem Glauben spricht, aber nicht entsprechend handelt? Ein solcher Glaube kann niemanden retten. Angenommen, jemand sieht einen Bruder oder eine Schwester um Nahrung oder Kleidung bitten und sagt: »Lass es dir gut gehen, Gott segne dich, halte dich warm und iss dich satt«, ohne ihnen zu essen oder etwas anzuziehen zu geben. Was nützt ihnen das? Es reicht nicht, nur Glauben zu haben. Ein Glaube, der nicht zu guten Taten führt, ist kein Glaube – er ist tot und wertlos.*[38]

Aber kann es so etwas geben: Einen Glauben, der die Lebensführung völlig unberührt lässt und somit auch nicht zu guten Werken führt? Anscheinend schon, denn sonst wären die Ermahnungen der Bibel ja allesamt überflüssig! Offensichtlich gibt es einen Glauben, der nur im Kopf stattfindet, aber nicht das Herz erreicht; ein Glaube, der Gott einen guten Mann sein lässt, ohne darauf bedacht zu sein, selbst gut zu werden; ein Glaube, der als eine Art Lebensversicherung verstanden wird, aber keine Auswirkungen auf die Lebensführung hat. Ein solcher Glaube, betont das Neue Testament, wird im Gericht Gottes nicht bestehen können.

Eben darum sind die Werke der Barmherzigkeit nicht allein für die Notleidenden wichtig, sondern ebenso für diejenigen, die sie ausführen! Dabei muss beachtet werden, dass die Helfenden, von denen Jesus spricht, an keiner Stelle berechnend gehandelt haben, sondern aus einem barmherzigen Herzen heraus. Jesus identifiziert sich so sehr mit den Armen, Schwachen, Kranken und Ausgebeuteten, dass er sagen kann: »Was ihr diesen Menschen getan habt, das habt ihr mir getan!« Doch die Barmherzigen wussten dies nicht. Ihr Impuls, zu helfen, geschah nicht aus einem berechnenden Verstand heraus (»Ich muss dies tun, um vor meinem Herrn zu bestehen«), sondern aus einem mitfühlenden Herzen.

GLAUBENDE MENSCHEN SIND LIEBENDE MENSCHEN.

Glaubende Menschen sind liebende Menschen – und diese Liebe äußert sich durch Werke der Barmherzigkeit. Den Barmherzigen wird das ewige Leben geschenkt. Jesus sagt: »Glücklich sind die Barmherzigen, denn sie werden Barmherzigkeit erfahren.« [39]

4 |

»BARMHERZIGKEIT ÜBEN« – Weil die Not zum Himmel schreit

Darum habe ich meine Propheten geschickt, damit sie euch den Kopf zurechtsetzen, darum habe ich euch mit harten Worten geschlagen: damit sich mein Recht endlich durchsetzt – so wie das Licht nach der Nacht. Ich will, dass ihr barmherzig seid; eure Opfer will ich nicht. Mir geht es darum, dass ihr meinen Willen erkennt, und nicht darum, dass ihr mir Brandopfer bringt.

Hosea 6,5-6

Hunger, Kriege, Flucht und Tod

Während ich diese Zeilen schreibe, stirbt – statistisch gesehen – alle zehn Sekunden ein Kind unter fünf Jahren an den Folgen von Hunger. Derzeit hungern weltweit rund 822 Millionen Menschen und weitere zwei Milliarden leiden an Mangelernährung.[40] Wenn Fachleute vom Hunger sprechen, dann unterscheiden sie drei Arten:

> *Akuter Hunger (Hungersnot) bezeichnet Unterernährung über einen abgrenzbaren Zeitraum. Es ist die extremste Form von Hunger und tritt häufig in Zusammenhang mit Krisen auf wie*

Dürren bedingt durch El Niño, Kriegen und Katastrophen. Oft trifft er Menschen, die bereits unter chronischem Hunger leiden. Das gilt für knapp acht Prozent aller Hungernden.
Chronischer Hunger bezeichnet einen Zustand dauerhafter Unterernährung. Der Körper nimmt weniger Nahrung auf, als er braucht. Obwohl die Medien meist über akute Hungerkrisen berichten, ist chronischer Hunger global am weitesten verbreitet. Er tritt meist in Zusammenhang mit Armut auf. Chronisch Hungernde haben zu wenig Geld für eine gesunde Ernährung, für sauberes Wasser oder eine Gesundheitsversorgung.
Verborgener Hunger ist eine Form des chronischen Hungers. Aufgrund einseitiger Ernährung fehlen wichtige Nährstoffe wie Eisen, Jod, Zink oder Vitamin A. Die Folgen sind auf den ersten Blick nicht unbedingt sichtbar, langfristig führt der Nährstoffmangel aber zu schweren Krankheiten. Insbesondere Kinder können sich geistig und körperlich nicht richtig entwickeln. Das Todesrisiko ist hoch. Weltweit leiden zwei Milliarden Menschen an chronischem Nährstoffmangel, auch in den Industrieländern. Verborgener Hunger schadet nicht nur den einzelnen Menschen, sondern kann die gesamte Entwicklung in den betroffenen Regionen hemmen, weil die Leistungsfähigkeit und Gesundheit der Menschen abnehmen.[41]

Die Brennpunkte des Hungers liegen in Afrika südlich der Sahara und in Südasien. Aber auch in anderen Regionen wird gehungert, wie man dem Welthunger-Index (WHI) der Welthungerhilfe entnehmen kann.[42]

Seit Mitte der 2000er-Jahre steigt außerdem die Zahl der weltweiten kriegerischen Auseinandersetzungen wieder stetig an. So haben Forscher von der Abteilung für Friedens- und Konfliktforschung der Universität Uppsala in den letzten zehn Jahren 23

Kriege gezählt sowie 162 kleinere Konflikte mit weniger als 100 Toten im Jahr.[43]

Mit der Globalisierung sind seit dem Mauerfall auch Kriege komplexer geworden. Zusätzlich zu den beiden gegnerischen Seiten sind heute häufig noch weitere Parteien beteiligt, die zum Beispiel Truppen schicken, Waffen liefern, oder sich mit Militär-Expertise oder Training an Konflikten beteiligen. Bis Anfang der 2000er waren im Schnitt nur zwei oder drei externe Parteien in einem Konflikt involviert. In den Folgejahren stieg der Durchschnitt auf vier bis fünf.[44]

Unter diesen sogenannten »Stellvertreterkriegen« wie in Syrien oder dem Jemen leidet vor allem die Zivilbevölkerung, deren Lebensgrundlage zerstört wird.

Derzeit sind weltweit über 70 Millionen Menschen auf der Flucht und laut dem Flüchtlingswerk der Vereinten Nationen (UNHCR) nimmt die Zahl der Flüchtlinge von Jahr zu Jahr weiter zu. Die größte Gruppe unter ihnen sind Syrer, gefolgt von Afghanen und Südsudanesen (das UNHCR rechnet Binnenvertriebene im eigenen Land und Asylbewerber mit ein). Der Flüchtlingskommissar Filippo Grandi nennt vielfältige Gründe für Flucht und Vertreibung. Abgesehen von den bereits genannten Konflikten und Kriegen gibt es noch andere globale Phänomene wie klimatische Notfälle, Ungleichheiten und Armut oder Epidemien, die Menschen zwingen, ihre Heimat zu verlassen.[45] Viele von ihnen versuchen, über das Mittelmeer nach Europa zu fliehen – mit verheerenden Auswirkungen: Im Jahr 2016 ertranken über 5 000 Menschen im Mittelmeer, 2017 starben oder verschwanden mehr als 3 100 Geflüchtete, 2018 waren mehr als 2 300 Tote und Vermisste zu beklagen und 2019 fanden über 2 100 Menschen den Tod bei ihrer gefährlichen Flucht über das Meer.[46]

Durch die zurückgefahrene Seenotrettung der EU-Länder ist die Flucht über das Mittelmeer wieder zum tödlichsten Seeweg der Erde geworden. »Menschen aus Seenot zu retten ist keine Frage für Debatten oder die Politik, es ist eine Verpflichtung seit Menschengedenken«, mahnt Grandi. »Wir können diese Tragödie beenden, wenn wir den Mut und den Weitblick haben, über das nächste Boot hinauszublicken. Wir müssen einen langfristigen Ansatz der regionalen Zusammenarbeit finden, in deren Mittelpunkt das Leben und die Würde des Menschen stehen.«[47]

Leider ist ein solcher Ansatz in der Europäischen Union bisher nicht in Sicht, da es nach wie vor Länder gibt, die sich weigern, Geflüchtete aufzunehmen. Der inzwischen verstorbene ehemalige CDU-Arbeitsminister Norbert Blüm beschrieb dieses politische Versagen in einem Gastbeitrag in der Süddeutschen Zeitung mit drastischen Worten:

> *Wir reden über Flüchtlinge wie über Sachen und verstecken den Skandal der Herzlosigkeit in kalten Statistiken. Es sind aber Menschen, um die es geht, Verzweifelte, die Zuflucht suchen, und nicht Sachen, die gestapelt oder zurückgeschickt werden müssen. »Asyltouristen« ist ein Wort des kalten Zynismus. War Aylan, das tote Kind, dessen Bild um die Welt ging, ein »Asyltourist«? Friedlich lag der kleine Aylan im Ufersand, ein rotes Shirt, neue Schuhe, seine Haare wie frisch gekämmt. Aylan, geflohen aus Syrien, war ertrunken. Das Schlauchboot war zu klein, die Wellen waren zu hoch. Aylan wollte mit Mutter und Vater dem Gemetzel in seiner Heimat Syrien entfliehen und bei der Tante in Kanada Zuflucht suchen … Die Zyniker, die aus der Flüchtlingsmisere politisches Kapital schlagen wollen, müsste man zwingen, in die Augen halb verhungerter Kinder zu sehen, und den Stammtischbrüdern sollte man erst erlauben, die*

nächste Maß zu bestellen, nachdem sie zuvor eine kalte Nacht in einem Flüchtlingslager im Zelt verbracht haben. Ich empfehle Lesbos. Wenn 500 Millionen Europäer keine fünf Millionen oder mehr verzweifelte Flüchtlinge aufnehmen können, dann schließen wir am besten den Laden »Europa« wegen moralischer Insolvenz. [48]

Und Walter Kardinal Kasper bemerkt:

Das Asyl für Menschen, die verfolgt werden, ist ein Menschenrecht. Hier gilt: »Ich war fremd und obdachlos, und ihr habt mich aufgenommen«, oder auch »nicht aufgenommen« (Mt 25,35.43). Man wird ehrlich fragen müssen, ob die Asylpolitik vieler Staaten, die sich als Rechtsstaaten bezeichnen, angesichts dieser sehr eindeutigen Worte nicht mehr als problematisch, oft sogar skandalös ist. [49]

Meine persönliche Antwort lautet: Sie ist skandalös!

Not und Armut in der Wohlstandsgesellschaft

Gemessen an dem Leid von Millionen von Menschen auf diesem Planeten befinden wir uns im westlichen Europa auf einer Insel der Behüteten. Doch auch in Ländern wie Deutschland wächst die Armut: Laut dem fünften Armuts- und Reichtumsbericht der Bundesregierung aus dem Jahr 2017 leben 15,7 Prozent der Bevölkerung in Armut oder an der Armutsgrenze. Das sind knapp 13 Millionen Menschen. Zum Vergleich: Im Jahr 2002 galten hierzulande noch 12,7 Prozent aller Einwohner als arm. Betroffen von der neuen Armut sind vor allem kranke und alte Menschen, Niedriglöhner und Arbeitslose, kinderreiche Familien und Alleinerziehende. Besonders kritisch sehen Sozialverbände die Armutsquote bei Kindern, die mit 19,7 Prozent deutlich über dem Durchschnitt der Bevölkerung liegt.[50] Darüber hinaus existieren in unserer Gesellschaft Formen der Armut, die nichts mit dem Pro-Kopf-Einkommen zu tun haben:

> *Es gibt auch seelische Armut und Not, Beziehungsarmut, Einsamkeit und Isolation, kulturelle Armut wie mangelnden Zugang zu Bildung und aktiver Beteiligung am gesellschaftlich-kulturellen Leben und schließlich geistliche Armut, die sich in innerer Leere, in Sinn- und Orientierungslosigkeit bis hin zu geistlicher Verwahrlosung ausdrückt. Das sind weit verbreitete Notsituationen auch und gerade in entwickelten und wohlhabenden Gesellschaften. Ihnen kann auch das beste Sozialsystem nur sehr bedingt abhelfen.*[51]

Fasst man all dies zusammen – den Hunger, die Kriege, die vielen Flüchtlinge, die Folgen des Klimawandels und die Armut in den Wohlstandsgesellschaften – so ergibt sich ein erschütterndes Gesamtbild: Trotz zahlreicher Errungenschaften und Verbesserungen in den Bereichen Bildung, Forschung, Technik, Wirtschaft und Medizin gibt es auf unserem Planeten nach wie vor eine Not, die zum Himmel schreit. Die alten Worte des Apostels Paulus scheinen darum heute treffender denn je: »Wir wissen, dass die ganze Schöpfung bis zu diesem Augenblick mit uns seufzt, wie unter den Schmerzen einer Geburt.«[52] Wer schon einmal eine Geburt miterlebt hat, der weiß, dass dieses »Seufzen« wahrlich nicht leise geschieht: Es ist ein verzweifeltes und lautes Schreien vor Schmerzen.

Wenn nun aber das Leiden in dieser Welt zum Himmel schreit, dann stellt sich die Frage, warum ein allmächtiger Gott – wenn es ihn denn gibt – nicht eingreift. Lässt ihn das Leiden seiner Kinder kalt?

Wie kann Gott das zulassen?

Die Erfahrung von Leid führte schon in der Antike zu religionskritischen Fragen. So verweist der Apologet Lactantius auf eine Argumentation des griechischen Philosophen Epikur, wonach Gott entweder gut und gerecht oder allmächtig ist, aber niemals beides zugleich: [53] »Entweder ist Gott gut, aber nicht allmächtig und kann dem Übel nicht wehren, dann ist er nicht Gott; oder aber er ist allmächtig, aber nicht gut, er könnte, aber will dem Übel nicht wehren, dann ist er ein bösartiger Dämon.« Auch in der Gegenwart wird dieser Gedanke immer wieder aufgegriffen, und zwar nicht nur von Verächtern eines Glaubens an Gott, sondern auch von Menschen, die gerne glauben würden, es aber nicht schaffen, weil sie an der Erfahrung von Schmerz und Leid verzweifeln.

Im Januar 2020 jährte sich die Befreiung des Konzentrationslagers Auschwitz-Birkenau zum fünfundsiebzigsten Mal. Ich habe mir zu diesem Thema auf YouTube die Dokumentation »Zeugen der Zeit« mit dem damals 89-jährigen Holocaust-Überlebenden Eduard Kornfeld angesehen. [54] Kornfeld betont, dass er sehr religiös erzogen wurde, doch heute sei in ihm eine innere Leere: »Ich hab keine Angst vor Gott. Sollte es ihn geben, habe ich Vorwürfe zu machen: Dort in Auschwitz war er nicht und in keinem Konzentrationslager!« [55]

Ich kann Kornfeld sehr gut verstehen, denn mir bleibt angesichts seines Leidens jeglicher fromme Rechtfertigungsversuch Gottes im Hals stecken.

Bei einem der evangelistischen Straßeneinsätze, von denen ich im ersten Kapitel geschrieben habe, hatte ich eine Begegnung, die mir bis heute im Gedächtnis geblieben ist: Ich ging auf eine Frau mittleren Alters zu und drückte ihr eines unserer Traktate in die Hand. Nachdem sie einen kurzen Blick darauf geworfen hatte, gab sie mir den Zettel zurück, schaute mir voller Wut und Schmerz in die Augen und meinte: »Unser Sohn ist vor drei Jahren an Leukämie gestorben. Also kommen Sie mir bloß nicht mit Ihrem Geschwafel von einem liebenden Gott!« Ich wusste nichts zu erwidern.

Fachleute aus dem Bereich Theologie bezeichnen die Not, den Glauben an einen allmächtigen und liebenden Gott mit der Erfahrung von Elend und Leid zu vereinbaren, gerne als »Theodizee-Frage« (die Frage nach der Rechtfertigung Gottes). Wenn in einer Diskussion diese Frage auftaucht, fühlen sich Gläubige manchmal reflexartig genötigt, den Anwalt Gottes zu spielen, indem sie das Leiden von Menschen um eines angeblich höheren Ziels willen instrumentalisieren, nach dem Motto: Du leidest, weil

- Gott dich von Sünde reinigen will
- Du zum Zeugnis werden sollst für andere Menschen
- Gottes Kraft an dir sichtbar werden soll
- Gott dich vorbereiten will für höhere Aufgaben.

Doch eine solche Argumentation ist nicht nur zynisch (was angesichts des Holocaust besonders deutlich wird), sondern sie ist auch ein erneutes Unrecht an den Opfern, da sie ihnen die Verantwortung aufbürdet, das Unmögliche möglich zu machen und in ihrem Leid einen verborgenen Sinn zu erkennen. In den allermeisten Fällen gibt es diesen Sinn schlichtweg nicht! Gerade im biblischen Buch Hiob wird deutlich, wie das Forschen nach vermeintlichen Ursachen für das Leid die Betroffenen noch tiefer ins Elend stürzt. Hiobs Freunde pochen darauf, er müsse irgendeine schlimme Sünde begangen haben, sonst würde Gott ihm ein solches Leiden nicht zumuten. Sie sind damit klassische Vertreter eines Tun-Ergehen-Zusammenhangs: »Wenn du fromm lebst, dann wird es dir immer gut gehen.« Doch Hiob weist dies von sich. Stattdessen ringt er – innerlich zerrissen – mit einem Gott, den er nicht mehr versteht und von dem er doch nicht loskommt.

DAS FORSCHEN NACH VERMEINTLICHEN URSACHEN FÜR DAS LEID STÜRZT DIE BETROFFENEN NOCH TIEFER INS ELEND.

Wer die Bibel von vorne bis hinten durchliest, wird feststellen, dass die bei Lactantius formulierte Theodizee-Frage an keiner Stelle systematisch behandelt wird. Der einzelne Glaubende kennt:

- **Fragen:** »War es denn völlig umsonst, dass ich mein Herz rein hielt und kein Unrecht beging? Jetzt habe ich nichts als Sorgen von früh bis spät, jeder Morgen bringt mir neuen Kummer.« [56]
- **Zweifel:** »Bist du wirklich der, der kommen soll, oder sollen wir auf einen anderen warten?« [57]
- **Klage:** »Mein Gott, mein Gott, warum hast du mich verlassen?« [58]
- und sogar die **Anklage** Gottes: »Warum muss ich endlos leiden? Warum sind meine Wunden unheilbar? Du hast mich im Stich gelassen wie ein Bach, der im Sommer austrocknet und kein Wasser mehr gibt.« [59]

Was er aber nicht kennt, das ist eine erkenntnistheoretische Abhandlung darüber, wie ein allmächtiger und liebender Gott das Leid zulassen kann. Das hängt vor allem damit zusammen, dass die Betroffenen nicht aus einer kritischen Distanz heraus argumentieren, sondern als Menschen, die schon oft Gottes Treue und Hilfe erfahren haben, gerade in schwierigen und scheinbar ausweglosen

Situationen. Aufgrund dieser Erfahrungen vertrauen sie ihm – und eben weil sie ihm vertrauen, leiden sie auch an ihm. Ihr Glaube wird durchgeschüttelt und hat doch Bestand. Denn »das Herz hat seine Gründe, die der Verstand nicht kennt«.[60]

Ich möchte hierbei betonen, dass man kein naiver oder gar dummer Mensch ist, wenn man zu dem Ergebnis kommt, dass sich die Theodizee-Frage mit dem Verstand nicht lösen lässt. Das zeigt der 1791 veröffentlichte Aufsatz »Über das Misslingen aller philosophischen Versuche in der Theodizee« des deutschen Philosophen Immanuel Kant. Kant war mit Sicherheit ein ziemlich kluges Köpfchen. Doch auch er kommt – nachdem er die gängigen Versuche der Rechtfertigung Gottes unter die Lupe genommen hat – zu dem Schluss, »dass alle bisherige Theodizec das nicht leiste, was sie verspricht, nämlich die moralische Weisheit in der Weltregierung gegen die Zweifel, die dagegen aus dem, was die Erfahrung an dieser Welt zu erkennen gibt, gemacht werden, zu rechtfertigen.«[61] Für Kant ist dieses Versagen aber nicht verwunderlich, geht er doch davon aus, »dass unsre Vernunft zur Einsicht des Verhältnisses, in welchem eine Welt, so wie wir sie durch Erfahrung immer kennen mögen, zu der höchsten Weisheit stehe, schlechterdings unvermögend sei.«[62]

Mit einfacheren Worten: Wir werden Gott nie begreifen können, da er unser Denken und Verstehen übersteigt. Deshalb kann es eine theoretische Antwort der Theodizee-Frage nicht geben!

Was aber kann es dann geben? Wie ist es möglich, angesichts des Leidens in dieser Welt am Glauben an einen Gott der Liebe festzuhalten?

Der Modus der Hoffnung

Christinnen und Christen schauen nicht auf das Leiden der Welt und kommen dann zu dem Schluss, dass es einen Gott der Liebe geben muss. Das wäre absurd! Wenn sie trotz des verzweifelten Aufschreis der gesamten Schöpfung an einen Gott glauben, der Liebe ist, dann nur deshalb, weil sie wieder und wieder auf Jesus schauen, den Sohn Gottes. In ihm erkennen sie die leidenschaftliche Liebe des Vaters, der in seiner Barmherzigkeit Mensch geworden ist, um die Menschheit aus ihrem Elend zu befreien.

Indem Gläubige auf Jesus schauen, sehen sie einen Gott, der fühlt, was er sieht, und darum tut, was er kann. Sie sehen einen Schöpfer, der sich selbst erniedrigt, den Weg durch das Leiden wählt, sich für die Schwachen, Armen, Kranken und Ausgegrenzten aufopfert und letztlich bereit ist, sein Leben hinzugeben, indem er sich foltern und hinrichten lässt. Doch damit endet die Geschichte von Jesus nicht! Die Evangelien berichten, dass Christus nicht im Grab geblieben, sondern von den Toten auferstanden ist – zu einem unvergänglichen, ewigen Leben. Zeugen seiner Auferstehung gab es nicht, wohl aber eine immer größer werdende Zahl von Menschen, die berichteten, den Auferstandenen gesehen zu haben. Die meisten von ihnen waren bereit, für diese Botschaft als Märtyrer zu sterben, was deutlich dagegenspricht, dass es sich hier um einen frommen Wunschtraum oder eine Projektion handelt.

»Christus ist auferstanden, er ist wahrhaftig auferstanden!« – das ist bis heute das zentrale Bekenntnis der Christenheit – überall auf der Welt. Aus diesem Glauben heraus sowie aus der persönlichen Erfahrung der Barmherzigkeit Gottes erwächst für sie die begründete Hoffnung, dass das gegenwärtige Leiden in dieser Welt ein Ende haben wird. So schreibt der Apostel Petrus:

Gelobt sei der Gott und Vater unseres Herrn Jesus Christus, denn er hat uns in seiner großen Barmherzigkeit wiedergeboren. Jetzt haben wir eine lebendige Hoffnung, weil Jesus Christus von den Toten auferstanden ist. Denn Gott hat für seine Kinder ein unvergängliches Erbe, das rein und unversehrt im Himmel für euch aufbewahrt wird.[63]

Jesus Christus wird wiederkommen und einen neuen Himmel und eine neue Erde schaffen, in denen Gerechtigkeit wohnt.[64] All das zum Himmel schreiende Unrecht, die Schmerzen und das unsägliche Leiden so vieler Menschen werden in der neuen Welt Gottes ein Ende haben.

Diese christliche Hoffnung sieht sich einer harten Kritik ausgesetzt: Man wirft den Christen oft vor, sie würden aus dieser Welt fliehen, indem sie sich einen Himmel erträumen. Dabei sei es doch viel besser, diese Welt zu gestalten, als sich mit so einem religiösen Kram einfach wegzubeamen.

Doch ist diese Kritik berechtigt? Flüchten Gläubige aus dem Elend der Welt, anstatt mit anzupacken? Wenn ich ehrlich bin, so befürchte ich, dass dies bei manchen wirklich der Fall ist. Es gibt Gläubige, die sich in ihr frommes Glashaus zurückziehen und ausschließlich in ihrer eigenen Welt leben. Doch typisch christlich ist so eine Weltflucht nicht! In Wahrheit liegt in der christlichen Hoffnung auf das Jenseits eine ungeheure Dynamik für das Diesseits: Denn Christinnen und Christen haben es nicht nötig, sich an dieser Welt festzukrallen. Auch müssen sie nicht verzweifelt versuchen, ihre kurze Lebenszeit so voll wie nur irgend möglich zu packen. Mit beiden Beinen fest auf dieser Erde und mit dem Herzen im Himmel entwickeln sie eine innere Gelassenheit, die den Kopf und die Hän-

CHRISTEN HABEN ES NICHT NÖTIG, SICH AN DIESER WELT FESTZUKRALLEN.

de freimacht, um aktiv zu werden und ihre Umgebung mitzugestalten. Wer sich nicht ständig um die Optimierung seines eigenen Lebens kümmern muss, der hat die nötigen Ressourcen, um sich für das Leben der anderen einzusetzen. So ist es gerade die Hoffnung auf Gottes Ewigkeit, die es den Jesus-Nachfolgenden ermöglicht, ein Leben in Barmherzigkeit zu führen.

Auch Christen lösen die Theodizee-Frage nicht, aber sie leben in einem Modus der Hoffnung, der sie befähigt, mitten im Leiden nicht aufzugeben, sondern auf Gottes Zusagen zu vertrauen. Ja mehr noch: Die Hoffnung wird in ihnen zu einer Kraft, die sie in Bewegung setzt, um sich dem Leid entgegenzustellen. Zur christlichen Identität gehört darum auch immer ein trotziges Trotzdem, das Walter Kardinal Kasper wie folgt beschreibt:

> *Die Erinnerung begründet Hoffnung, die auf die ausstehende Verheißung wartet und sich am Unverstandenen, Widerständigen wundreibt. Doch die Frage, die bleibt, ist erst beantwortet, wenn Gott wirklich und für alle vollendet, wozu er uns schuf. Bis dahin gelingt Identität nur im Modus der Hoffnung. Auch in Traurigkeit, Zweifel und Angst bleibt das Starke und Widerständige der Hoffnung. So gibt uns das christologische Bekenntnis keine theoretische und keine fertige Antwort, aber es erschließt uns einen Weg.* [65]

Angesichts des Elends in dieser Welt gibt es für mich keinen besseren Weg als eben diesen christlichen Modus der Hoffnung. Über viele Jahre wurde mein Leben von der Verzweiflung bestimmt, was dazu führte, dass ich mich ständig nur um mich selbst drehte. Inzwischen jedoch füllt sich mein Herz mehr und mehr mit der Hoffnung auf Gottes Herrlichkeit. Ich gehe fest davon aus, dass das Beste erst noch kommen wird. Also lasse ich mich nicht länger runterziehen, sondern lasse mich von Jesus gebrauchen, um mein persönliches Umfeld ein klein wenig hoffnungsvoller zu machen.

Die Antwort der Barmherzigkeit

Als ich in der Klinik versuchte, mich von meinem angstbesetzten, krankmachenden Gottesbild zu befreien, indem ich diesem Sklaventreiber-Gott einen vernichtenden Brief schrieb, da schleuderte ich ihm unter anderem den Hunger in der Welt an den Kopf: »*Du gibst den Menschen ihre Speise zur rechten Zeit* – Gilt das auch für die Millionen Afrikaner, die jährlich verhungern?«[66] Inzwischen habe ich jedoch Gottes Barmherzigkeit erfahren und bin mir sicher, dass nicht er es ist, der sich rechtfertigen muss, sondern ich. Denn Jesus forderte seine Nachfolgerinnen und Nachfolger auf, die erfahrene Barmherzigkeit an andere weiterzugeben, als er sagte: »Seid barmherzig, wie auch euer Vater barmherzig ist.«[67]

Ich bin mir sicher: Wenn ich einmal vor Jesus stehe, dann wird er mich nicht fragen, was ich alles weiß und ob ich das richtige Glaubensbekenntnis spreche, sondern wie ich gelebt habe. Und angesichts des Hungers in dieser Welt gilt für mich heute der Satz meines Herrn: »Gebt ihr ihnen zu essen.«[68] Darum spende ich regelmäßig an World Vision und die Welthungerhilfe. Das mag ein Tropfen auf den heißen Stein sein, doch wenn ich andere dazu bewegen kann, dies auch zu tun, dann wird aus dem Tropfen ein heilsamer Regen. Mir ist völlig klar, dass sich dadurch die weltweiten Strukturen, die zum Hunger führen, nicht ändern werden. Doch wenn ich warten würde, bis sie sich ändern, würde ich unzählige Menschen verhungern lassen. Also warte ich nicht länger auf die Erfüllung dessen, was ich nicht beeinflussen kann, sondern tue stattdessen lieber einfach das, was ich kann (wobei spenden dabei für mich nur ein erster Schritt ist, der nächste ist die Veränderung meines Konsumverhaltens).

Das gilt auch für den Bereich der Seenotrettung: Damit nicht noch mehr Flüchtlinge im Mittelmeer ertrinken, unterstütze ich durch meine Fördermitgliedschaft das Bündnis »United4Rescue« (»Gemeinsam Retten e. V.«), welches sich zum Ziel gesetzt hat, die zivilen Seenotrettungsorganisationen mit einem eigenen Schiff zu unterstützen. Ich bin mir durchaus im Klaren darüber, dass damit die eigentlichen Fluchtursachen nicht gelöst werden. Doch wollte ich darauf warten, bis sie gelöst werden, würde ich zahlreiche Menschen ertrinken lassen. Und das will ich nicht. »Man lässt keine Menschen ertrinken. Punkt.«[69]

Ich bin ein großer Fan von Erich Kästners Ausspruch: »Es gibt nichts Gutes, außer man tut es!« So will ich Sie mit den oben genannten Zahlen und Fakten auch nicht erschlagen, sondern vielmehr aufzeigen, wie wichtig und dringlich Werke der Barmherzigkeit sind – und die kann jeder tun! Auf gar keinen Fall darf es uns passieren, dass wir zu gut informierten Zuschauern werden, wie Papst Franziskus dies beschreibt:

> *Wir verfügen über viele Informationen und Statistiken bezüglich der Armut und des menschlichen Leids. Es besteht die Gefahr, höchstinformierte und oberflächliche Zuschauer dieser Realität zu sein oder auch schöne Reden zu halten, die mit mündlichen Lösungen und dem Desinteresse gegenüber den wirklichen Problemen enden. Zu viele Worte, zu viele Worte, zu viele Worte! Es geschieht jedoch nichts! Das ist eine Gefahr … Worte haben wir viele gehört. Das, was wir brauchen, sind Taten, euer Handeln, das christliche Zeugnis, zu den Leidenden zu gehen, ihre Nähe zu suchen, wie Jesus es getan hat. Ahmen wir Jesus nach: Er geht durch die Straßen und hat weder die Armen, die Kranken*

noch die Behinderten, denen er auf dem Weg begegnet, eingeplant; bei der ersten Begegnung blieb er stehen und wurde zu einer Präsenz, die Hilfe bringt, zu einem Zeichen der Nähe Gottes, der Güte, Vorsehung und Liebe ist.[70]

Gott ist Güte, Vorsehung und Liebe – und diese Liebe erreicht die Menschen durch unsere Taten der Barmherzigkeit.

Wie aber wird man zu einem Menschen, der vom Wissen zum Tun durchdringt?

Papst Franziskus sagt: »Wer die Barmherzigkeit Gottes erfährt, fühlt sich dazu gedrängt, bei den Letzten und den Armen zum Urheber von Barmherzigkeit zu werden.«[71]

Genau so ist es! Wer angesichts seiner eigenen Not und seines eigenen Elends von der Barmherzigkeit Gottes überwältigt wird, der kann gar nicht anders, als diese weiterzugeben an andere Notleidende und Elende.

Solche Nachfolgerinnen und Nachfolger von Jesus gibt es auf der ganzen Welt. Sie handeln barmherzig an den Menschen, die ausgeraubt, blutend und halb tot an ihrem Wegesrand liegen. Und eben darin liegt für mich die einzig überzeugende christliche Antwort auf die Theodizee-Frage: Bewegt von der Barmherzigkeit Gottes und erfüllt von der Hoffnung auf seine Herrlichkeit lassen sich Männer und Frauen dazu bewegen, dem Leiden zu begegnen, indem sie fühlen, was sie sehen, und tun, was sie können.

Warum wir Barmherzigkeit brauchen

Einzig die gelebte Barmherzigkeit hat die Kraft, diese Welt wärmer und gerechter zu machen.

Einzig die gelebte Barmherzigkeit vermag vor dem Richterstuhl Gottes zu bestehen.

Einzig die gelebte Barmherzigkeit lässt Menschen erkennen, dass Gott für sie ist und sie liebt.

Einzig die gelebte Barmherzigkeit wird auch uns helfen, wenn wir ausgeraubt, blutend und halb tot am Wegesrand liegen.

Darum brauchen wir Barmherzigkeit!

TEIL 2

»SAMARITER-STYLE«

WIE BARMHERZIGKEIT FUNKTIONIERT.

5 |

»GOTTES HERZ« – Barmherzigkeit im Alten Testament

Wo ist ein Gott wie du, der die Sünden vergibt und die Missetaten seines Volkes verzeiht? Der nicht für immer an seinem Zorn festhält, sondern der sich freut, wenn er barmherzig sein kann? Er wird sich wieder über uns erbarmen, alle unsere Sünden zertreten und alle unsere Verfehlungen ins tiefe Meer werfen!

Micha 7,18-19

Die persönliche Lesebrille

Um ehrlich zu sein, habe ich es nicht so mit dem Alten Testament. Mir ist völlig klar, dass dieser Teil der göttlichen Heilsgeschichte unerlässlich ist, wenn man sich mit dem Gott der Bibel gründlich auseinandersetzen will. Dennoch fällt mir der Zugang zu einigen alttestamentlichen Texten bis heute schwer, denn unter ihnen gibt es ziemlich skurrile, märchenhaft anmutende und vor allem auch erschreckend grausame Erzählungen. Ich kann mich noch gut daran erinnern, wie ein (von mir sehr geschätzter) Kollege eine Bibelarbeit zu »Achans Diebstahl« hielt, einer Erzählung aus dem siebten Kapitel des Buches Josua. Der Pastor nahm diese schreckliche Geschichte zum Anlass, um über den Zusammenhang zwischen unserem Gehorsam und dem Segen Gottes zu sprechen. Weder störte ihn dabei der von Gott geforderte »Bann« über Jericho (bei dem die komplette Stadtbevölkerung ausgerottet wurde, samt den Frauen und Kindern) noch die Tatsache, dass der Delinquent Achan sowie seine unschuldigen Angehörigen von den eigenen Volksgenossen auf den Befehl Gottes hin zu Tode gesteinigt wurden.

Liebhaber des Alten Testaments werden mir sicher entgegnen, dass ich an diese Geschichten nicht mit dem Maßstab einer humanistisch geprägten Bildung herangehen darf. Das ist mir klar, aber mein Problem liegt darin, dass ich – wie jeder andere auch! – die Bibel nun einmal nicht als neutraler Beobachter lese, sondern durch die Brille meiner Biografie und des dadurch geprägten Gottesbildes. Mir ist es ein Rätsel, dass es Christinnen und Christen gibt, die immer wieder dem Impuls nachgeben, Gott für jede in der Bibel geschilderte Grausamkeit in Schutz zu nehmen. Ebenso ist es diesen Geschwistern vermutlich ein Rätsel, warum ich bei einigen der alttestamentlichen Berichte nicht in der Lage bin, das darin liegende Evangelium zu erkennen. Für mich bleibt die Geschichte von Achans Diebstahl bis heute ein Alptraum, hat sie doch meine tief sitzende kindliche Angst verstärkt, dass mich dieser grausame Gott steinigen würde, sobald ich einen Fehler mache. Andere Bibelleser finden in ihr dagegen wichtige Erkenntnisse für ihren persönlichen Glauben. So hat wohl jeder seine persönliche Lesebrille.

Nun hat sich mein Gottesbild aufgrund der erfahrenen Barmherzigkeit Gottes in den letzten Jahren ziemlich gewandelt. Und so lese ich das Alte Testament inzwischen durch eine etwas hellere Brille (auch wenn sie wohl niemals rosarot werden wird). Dabei ist mir eines ziemlich klar geworden:

Die These, nach welcher der Gott des Alten Testaments ein grausamer und unberechenbarer Despot ist, während der Gott des Neuen Testaments keinen Zorn kennt und ausschließlich barmherzige Liebe ist – diese These ist unhaltbar! Denn weder ist der Gott des Neuen Bundes der »liebe Gott« (Gott ist Liebe, aber eben nicht der »liebe Gott« im Sinne eines kuscheligen alten Opas, der Fünf gerade sein lässt) noch ist der Gott Abrahams, Isaaks und Jakobs der »zornige Gott« (der nur darauf wartet, zu vernichten, und das Leiden genießt). So simpel ist die Sache nicht! Walter Kardinal Kasper betont völlig zu Recht: »Bei Gott versagt alle noch so kluge Theologie; er passt in kein Schema.«[72]

So sollte man weder vom zornigen noch vom barmherzigen Gott gedankenlos daherreden, als wäre das die selbstverständlichste und einfachste Sache der Welt.

Ist Gott sympathisch?

Als jemand, der in einem christlichen Elternhaus groß geworden ist und die biblischen Geschichten mit der Muttermilch aufgesogen hat, habe ich nie daran gezweifelt, dass es einen Gott gibt, der diese Welt geschaffen hat. Woran ich aber über viele Jahre nicht glauben konnte, ist, dass dieser Schöpfer des Universums mich kleinen »Volker« beim Namen nennt, dass er mich sieht, mich kennt und mich liebt. Und angesichts des unsäglichen Leids in dieser Welt konnte ich mir nicht vorstellen, dass ihn meine persönliche Situation irgendwie bewegt. Schließlich hatte Gott Wichtigeres zu tun, als sich ausgerechnet um so einen gescheiterten Typen wie mich zu kümmern.

Wenn ich heute auf diese dunkle Zeit zurückschaue, stelle ich fest: Was mich am meisten gequält und runtergezogen hat, das waren nicht die Zweifel an der Existenz Gottes, sondern die Zweifel an seinem Herzen! Vermutlich wäre ich damals als Atheist besser dran gewesen, denn letztlich tut es weniger weh, von der Nichtexistenz Gottes auszugehen als sich an einen Gott zu hängen, dem man schlichtweg egal ist.

VERMUTLICH WÄRE ICH DAMALS ALS ATHEIST BESSER DRAN GEWESEN.

Für den persönlichen Glauben ist deshalb die folgende Frage existenziell: Wenn es ihn wirklich gibt, diesen Schöpfer des Universums, welche Beziehung hat er dann zu seinen Geschöpfen? Bewegt ihn ihr Leiden oder lässt es ihn kalt? Kann man wirklich von einem »sympathischen« Gott sprechen, also von einem Gott, der mitleiden kann?

In den Anfängen der Kirche wurde diese Frage verneint. Die meisten der Kirchenväter schlossen sich in ihrer Theologie den griechischen Philosophen an, die davon ausgingen, dass Gott leidensunfähig ist. Für sie war Gott der Jenseitige und Erhabene, der als der Schöpfer von seiner Schöpfung unbeeinflusst bleibt. Als der Vollkommene gibt es in ihm und an ihm keinen Mangel – und eine Gemütsbewegung wie das Leiden hätten sie als einen solchen Mangel angesehen.

Nun ist aber der Glaube weniger eine intellektuelle Überzeugung (ein Fürwahr-Halten), sondern vielmehr eine leidenschaftliche Beziehung (ein Sich-Hingeben). Wie aber soll ich mich einem Gott hingeben, dessen jenseitige Erhabenheit darin besteht, dass er als der »unbewegte Erstbeweger«[73] emotionslos im Himmel thront, während unten auf der Erde die Hölle los ist?

Erfreulicherweise lehrt die Bibel einen solchen unbewegten Gott gar nicht, ganz im Gegenteil: Der Gott, der sich Abraham offenbart und mit ihm und seinen Nachkommen einen Bund schließt, ist ein überaus leidenschaftlicher Gott. Er hat ein Herz, das fühlt, was es sieht!

Wenn die Bibel vom menschlichen Herz spricht, dann meint sie damit nicht im biologischen Sinne das lebenswichtige Organ, sondern in einem anthropologischen Sinne die innere Schaltzentrale des Menschen. Das Herz ist der Sitz unserer Gefühle, unserer Urteilskraft, unseres Willens und unserer Pläne. Im Herzen werden wir traurig, zornig oder eifersüchtig, im Herzen empfinden wir Mitleid oder schmieden böse Pläne. Das, was wir erleben, geht uns zu Herzen, es trifft uns innerlich und ruft eine Reaktion hervor.

Die Bibel geht jedoch noch einen Schritt weiter und spricht davon, dass nicht nur wir Menschen ein solches Herz haben, sondern auch Gott. Sie sagt, dass Gott sich Menschen nach seinem Herzen erwählt; sie spricht vom Herzen Gottes, das sich um den Menschen und seine Sünde bekümmert, und davon, dass er sein Volk mit aufrichtigem Herzen führt.[74] Bei einem der alttestamentlichen Propheten findet die Botschaft vom Herzen Gottes schließlich ihren unvergleichlichen und dramatischen Höhepunkt.

Eine dramatische Wende

Zu den seltsamsten Dingen, die Gott je von einem Menschen verlangt hat, gehört sicherlich die Weisung Jahwes an seinen Propheten Hosea: »Geh und heirate eine Hure. Mit ihr sollst du Hurenkinder zeugen.«[75] Der Prophet kam diesem Befehl tatsächlich nach: Er heiratete eine Prostituierte namens Gomer und zeugte mit ihr drei Kinder. Der erstgeborene Sohn erhielt den Namen Jesreel (= Gott sät) als Hinweis auf den bald hereinbrechenden Zorn Gottes über das Volk Israel. Das zweite Kind war ein Mädchen, das Hosea »Lo-Ruhama« nennen musste (= »kein Erbarmen«) als Zeichen für die Erbarmungslosigkeit dieses Zorns. Der zuletzt geborene Sohn erhielt den Namen »Lo-Ammi« (= »nicht mein Volk«), um deutlich zu machen, dass Jahwe sein Volk ein für alle Mal verstoßen hatte. Nicht gerade erbauliche Namen. – Was muss es für ein Kind bedeuten, mit der Hypothek eines solchen Namens herumzulaufen?

Was uns heute (zu Recht) völlig abwegig erscheint, das wird zur Zeit des Alten Testaments als eine prophetische Zeichenhandlung verstanden: Der Prophet wird durch sein eigenes Schicksal in den Inhalt seiner Botschaft hineingenommen. Vergleichbares gibt es bei den anderen großen Propheten, wie etwa bei Jesaja, der den göttlichen Befehl erhielt, drei Jahre lang halb nackt und barfuß herumzulaufen.[76]

Was nun den Propheten Hosea betrifft, so soll er durch diese seltsame Heirat am eigenen Leib erfahren, wie ungeheuer schmerzvoll es ist, sich mit ganzer Hingabe und ganzer Kraft an einen Menschen zu binden, der einen immer wieder verletzt und erniedrigt. Der ständige Ehebruch seiner Frau erfüllt Hosea mit einer Mischung aus Schmerz und Zorn, und eben diese Gefühle erfüllen auch Jahwe, der ihn zum Propheten berufen hat: Das Volk Israel war seine geliebte Braut, der er alles zu Füßen gelegt hatte. Doch anstatt diese Liebe zu erwidern, betrieb Israel Ehebruch, indem es anderen Göttern hinterherlief. Eben darum war sein göttlicher Zorn entbrannt, aus dem es nun scheinbar keinen Ausweg mehr gab: »Denn ich will mich meines Volkes Israel nicht mehr erbarmen und will ihm seine Schuld nicht mehr vergeben.«[77] Die Situation ist aussichtslos und das Volk Gottes scheint verloren.

Doch dann kommt es zu einer dramatischen Wende. Die Neues Leben Bibel übersetzt die entscheidende Aussage Gottes mit »schon bei dem Gedanken [an dein Leiden] bricht mir das Herz«[78]. Das ist jedoch eine etwas romantisierende Übersetzung. Der hebräische Grundtext ist hier viel drastischer, denn dort heißt es: »Mein Herz kehrt sich in mir um.«

Aufgrund seines barmherzigen Herzens ist Gott nicht in der Lage, sein Volk völlig zu verstoßen, schon bei dem Gedanken daran wird ihm übel. An die Stelle des ursprünglich geplanten Vernichtungsumsturzes tritt nun ein Umsturz in Gott selbst: Seine barmherzige Liebe siegt in ihm über seinen gerechten Zorn – sein Herz dreht sich in ihm um! Die vom Propheten Hosea gleich mitgelieferte Begründung Jahwes macht deutlich, wie tief diese Barmherzigkeit im göttlichen Wesen verankert ist: »Denn ich bin Gott und kein Mensch. Ich bin der Heilige, der mitten unter euch wohnt, und ich will nicht voller Zorn über euch herfallen.«[79]

Der heilige Gott lässt sich nicht hier und da mal zu einer mildtätigen Handlung der Barmherzigkeit hinreißen, die er später wieder bereut. Vielmehr ist seine Barmherzigkeit ein Ausdruck seines göttlichen Wesens: Gott hat ein durch und durch barmherziges Herz! Walter Kardinal Kasper folgert daraus:

> *An dieser menschlich zutiefst anrührenden Stelle zeigt sich, dass Gott schon im Alten Testament nicht der Gott des Zornes und der Gerechtigkeit, sondern der Gott der Barmherzigkeit ist. Er ist auch nicht ein apathischer Gott, der jenseits aller Not und Sünde der Welt thront; er ist ein Gott, der ein Herz hat, das im Zorn auflodert, das sich aber dann auch vor Barmherzigkeit buchstäblich umdreht.*[80]

Wir werden Gott niemals begreifen und ihn in die Schubladen unseres begrenzten Verstandes stecken können. Doch aufgrund der uns überlieferten Offenbarung Gottes wird eines ganz deutlich: Gott ist keine herzlose Maschine, die ungerührt im Himmel ihr Programm abspult, während die Menschen auf der Erde leiden. Gott ist ein leidenschaftlicher Gott, Gott hat ein Herz!

GOTT HAT EIN HERZ!

Um uns dies zu verdeutlichen, redet das Alte Testament dermaßen menschlich von Gott, dass es manchen Glaubenden schwerfällt, dies zu akzeptieren. Sie befürchten: »Ein Gott, der Gefühle zeigt, ein solcher Gott handelt vielleicht unberechenbar und aus einem Affekt heraus. Aber wäre er dann noch Gott? Müsste er nicht vielmehr emotionslos über den Dingen thronen und einzig aus seiner göttlichen Weisheit und Allmacht heraus handeln?«

Man mag diese Frage für irrelevant halten – halt ein typisches konstruiertes Problem von irgendwelchen verkopften Theologen. Aber das wäre eine krasse Fehleinschätzung, denn an der Frage nach der Leidensfähigkeit Gottes entscheidet sich auch seine Glaubwürdigkeit.

Wenn Gott kein Herz hätte, wäre er letztlich nicht viel hilfreicher als »Alexa«, der Sprachassistent von Amazon. Dann könnte ich mich zwar immer an ihn wenden und würde sicherlich auch ein paar hilfreiche Tipps und Antworten erhalten, aber eines dürfte ich von diesem »Alexa-Gott« nicht erwarten: Dass er mit meiner Situation mitfühlt und eingreift. Auch wahrhaft lieben könnte mich ein solcher Gott nicht, denn bei ihm wäre die Liebe keine brennende Leidenschaft des Herzens, sondern ein kalter Algorithmus auf einer göttlichen Festplatte.

Wollten Sie einem solchen Gott Ihr Leben anvertrauen?

Wie eine Mutter

Weil Gott ein Herz hat und fühlt, was er sieht, darum wird im Alten Testament auch dort von seiner Barmherzigkeit geredet, wo der Begriff als solcher noch gar nicht vorkommt. Bereits in den ersten Kapiteln der Bibel wird deutlich, wie Gott dem überhandnehmenden Bösen seinen entschlossenen Widerstand entgegensetzt: Bei der Vertreibung aus dem Paradies gibt Gott den Menschen Kleider, damit sie voreinander ihre Scham bedecken und ihre Würde behalten können. Dem Brudermörder Kain macht Gott ein Zeichen auf die Stirn, um ihn vor Vergeltung zu schützen. Nach der Sintflut fängt Gott mit Noah und seiner Familie neu an und setzt den Regenbogen zum sichtbaren Zeichen dafür, dass er die Erde nie mehr verfluchen und vernichten wird. Gott segnet die Menschen neu und stellt ihr Leben unter seinen besonderen Schutz. Dem wenig später erneut aufkeimenden Chaos widersetzt sich Gott schließlich durch die Berufung Abrahams. Mit Abraham beginnt die Heilsgeschichte Gottes mit allen Menschen – in ihm sollen alle Geschlechter der Erde gesegnet sein.[81]

Zu einer Ur-Erfahrung der Barmherzigkeit Gottes gehört für das Volk Israel die Befreiung aus der Sklaverei in Ägypten, denn gerade dort wird deutlich, dass Gott ein Herz hat und fühlt, was er sieht. So heißt es in 2. Mose 3,7-8:

> *Ich habe gesehen, wie mein Volk in Ägypten unterdrückt wird. Und ich habe ihr Schreien gehört. Ich weiß, wie sehr es leidet. Ich bin gekommen, um sie aus der Gewalt der Ägypter zu retten und sie aus Ägypten zu führen in ein schönes, weites Land, in ein Land, in dem Milch und Honig überfließen.*

Genau dies sind die klassischen Kennzeichen der Barmherzigkeit: Wer fühlt, was er sieht, der tut, was er kann!

Am Berg Sinai schließlich offenbart Gott seinem Volk sowohl seinen Namen als auch sein Wesen, also das, was ihn in seinem Innersten ausmacht: »Ich bin der Herr, der barmherzige und gnädige Gott. Meine Geduld, meine Liebe und Treue sind groß.«[82] Im hebräischen Grundtext steht hier ein Wort, welches von »Rächäm« abgeleitet ist, dem Begriff für den Mutterschoß oder ganz allgemein für das Innerste des Menschen. Der evangelische Theologe Jürgen Moltmann schreibt dazu:

> *In der hebräischen Sprache, von der das Alte und das Neue Testament geprägt sind, ist das Erbarmen ein echtes »Bauchgefühl«. Rächäm ist ein so tiefes Mitgefühl, dass sich die Eingeweide zusammenkrampfen. Rächäm ist weiblich und weist auf mütterliche Geburtsschmerzen hin, unter denen neues Leben in die Welt gebracht wird. Rächäm ist auf der einen Seite ein hinreißendes Gefühl der Empathie und Compassion: Ich werde persönlich in den erbärmlich leidenden Armen hineinversetzt und komme ihm spontan zur Hilfe: Ich muss, ich kann nicht anders! Rächäm ist auf der anderen Seite das schöpferische Gefühl, mit dem eine neue Tat beginnt und Leben geboren wird.* [83]

Dass die Barmherzigkeit Gottes (»Rachamim«) auch für seine Mütterlichkeit steht, wird besonders durch ein Wort des Propheten Jesaja deutlich: »Kann eine Mutter etwa ihren Säugling vergessen? Fühlt sie etwa nicht mit dem Kind, das sie geboren hat? Selbst wenn sie es vergessen würde, vergesse ich dich nicht!« [84] Gott fühlt, wie eine Mutter fühlt, Gott leidet mit seinen Kindern, wie nur eine Mutter leiden kann, die ihre Kinder empfangen, getragen und geboren hat und darum aufs Engste mit ihnen verbunden ist. So ist Gott, er ist ein Gott voller mütterlicher Barmherzigkeit!

Keine billige Gnade

Zugleich ist dieser Gott auch ein gerechter Gott. Darum möchte ich hier einem Missverständnis entgegenwirken: Die Barmherzigkeit Gottes ist im Alten Testament kein Ausdruck einer göttlichen

Gleichgültigkeit oder gar einer zerstörerischen Co-Abhängigkeit und einer billigen Gnade. Vielmehr steht sie stets in einem unauflöslichen Zusammenhang mit Gottes Heiligkeit und Gerechtigkeit! Dass Gott gerecht ist, ist für den alttestamentlichen Frommen eine nicht diskutierbare Selbstverständlichkeit.

Aufgrund seiner Heiligkeit kann Gott gar nicht anders, als das Böse zu bestrafen und das Gute zu belohnen. Doch ist dies für die Glaubenden keine schreckliche oder angsteinflößende Wahrheit, sondern eine tröstende. Sie hoffen geradezu darauf, dass sich Gottes universale Gerechtigkeit durchsetzen wird, und warten auf die Ankunft eines gerechten Messias.[85] In einer Welt, in der die Armen unterdrückt und die Hilflosen ausgebeutet werden – in einer solchen ungerechten Welt ist das Durchsetzen von Recht und Gerechtigkeit ein Ausdruck von Barmherzigkeit gegenüber den Unterdrückten und Ausgebeuteten. So ist die Botschaft von Gottes Barmherzigkeit an keiner Stelle die Botschaft einer billigen Gnade:

> *Gott erwartet von uns das Tun von Recht und Gerechtigkeit (Am 5,7.24; 6,12 u. a.) oder nach einer anderen Formel das Tun von Recht und Freundlichkeit (Hos 2,21; 12,2 u. a.). Darum steht die Barmherzigkeit nicht gegen die Botschaft von der Gerechtigkeit. In seiner Barmherzigkeit hält Gott vielmehr seinen gerechten Zorn zurück; ja er nimmt sich selbst zurück. Er tut dies, um dem Menschen eine Chance zur Bekehrung zu geben. Die Barmherzigkeit Gottes schenkt dem Sünder eine Gnadenfrist und will seine Bekehrung; sie ist letztlich die Gnade zur Bekehrung.*[86]

Besonders deutlich wird dies in den Worten, die Gott durch den Propheten Jesaja an sein Volk richtet. Nachdem Israel aufgrund seiner Treulosigkeit ins Exil verschleppt worden ist, gibt ihm Gott in seiner Barmherzigkeit eine neue Chance:

»Einen Augenblick habe ich dich verstoßen, doch voll Barmherzigkeit werde ich dich zurückholen. In einem Moment des Zorns habe ich kurz mein Antlitz vor dir verborgen, doch mit ewiger Gnade habe ich Erbarmen mit dir«, spricht der Herr, dein Erlöser. »Wie ich zur Zeit Noahs geschworen habe, dass ich die Erde nie mehr überfluten will, so schwöre ich jetzt, dass ich dir nie mehr zürnen und nie mehr drohen werde. Auch wenn Berge weichen und Hügel beben, soll meine Gnade nicht von dir gehen; und der Bund meines Friedens soll niemals wanken«, spricht der Herr, der Erbarmen mit dir hat.[87]

Kasper folgert daraus:

Die Barmherzigkeit ist Ausdruck einer frei und gnädig eingegangenen inneren Verpflichtung Gottes gegen sich selbst und gegenüber dem von ihm erwählten Volk. Gott ist in seiner absoluten Freiheit zugleich absolut zuverlässig. Ihm kann man trauen, auf ihn kann man in jeder Situation bauen.[88]

Auf ihn, den barmherzigen und gerechten Gott ist absolut Verlass!

Ein Gott der Armen und Schwachen

Wenn das Alte Testament von Gottes Barmherzigkeit redet, dann hat es dafür ein reichhaltiges Vokabular:

- Gottes Güte (»Chäsäd«) betont seine Zuwendung[89]
- Gottes Gnade (»Chanan«) legt den Fokus auf seine Großzügigkeit[90]

- Gottes Erbarmen (»Rachamim«) erinnert an seine mütterliche Herzlichkeit[91]

Da die Barmherzigkeit zu Gottes innerstem Wesen gehört, bildet sich in den Schriften des Alten Testaments die sogenannte »Gnadenformel« heraus, mit der sozusagen sein »Markenkern« beschrieben wird:

- Gott sagt: »Ich bin der Herr, der barmherzige und gnädige Gott. Meine Geduld, meine Liebe und Treue sind groß.« (2. Mose 34,6; vgl. auch 4. Mose 14,18)
- Nehemia sagt: »Du bist ein Gott, der vergibt, gnädig und barmherzig, langsam zum Zorn und voll beständiger Liebe.« (Nehemia 9,17)
- Der Psalmist schreibt: »Doch du, Herr, bist ein gnädiger und barmherziger Gott mit viel Geduld und voll Gnade und Wahrheit.« (Psalm 86,15)
- »Barmherzig und gnädig ist der Herr, geduldig und voll großer Gnade.« (Psalm 103,8)
- »Wer kann die Wunder vergessen, die er vollbringt? Gnädig und barmherzig ist unser Herr!« (Psalm 111,4)
- »Der Herr ist gnädig und barmherzig, geduldig und voller Gnade.« (Psalm 145,8)
- Jona bekennt: »Ich wusste, dass du ein gnädiger und barmherziger Gott bist, dass du geduldig und voller Gnade bist, weil du das Unheil bedauerst.« (Jona 4,2)

Dabei werden die alttestamentlichen Schriften nicht müde, zu betonen, dass Gottes Barmherzigkeit in besonderer Weise den Armen und Schwachen gilt. Dies zeigt sich im Verbot der Unterdrückung und Ausbeutung von Ausländern, Witwen und Waisen, im Schutz des Armen vor Gericht und im Verbot von Zinsgeschäften.[92] Selbst das Gebot des Sabbats drückt Gottes Zuwendung zu den Schwachen aus, denn es beinhaltet, dass auch den Sklaven und Fremden ein Tag der Ruhe und des Durchatmens gewährt werden soll.[93] Ähnliches gilt für das Sabbatjahr (= jedes siebte Jahr), in dem den Schuldnern ihre Schulden zu erlassen sind, den Sklaven wieder die Freiheit gewährt werden muss und die Felder zugunsten der Armen brachliegen sollen.[94]

JAHWE HAT EIN LEIDENSCHAFTLICHES HERZ FÜR DIE ARMEN, MACHTLOSEN UND SCHWACHEN.

Insbesondere die alttestamentlichen Propheten weisen immer wieder leidenschaftlich darauf hin, dass Gott ein Gott der Armen und Schwachen ist: So klagt der Prophet Amos über Ausbeutung, Rechtsbeugung und Unterdrückung im Land. Zudem übt er scharfe Kritik an der in Saus und Braus lebenden Oberschicht. Anstelle der rauschenden religiösen Feste und der vielen Brandopfer fordert Amos als wahren Gottesdienst die Einhaltung von Recht und Gerechtigkeit.[95] Bei Jesaja, Hesekiel, Hosea, Micha und Sacharja finden sich ähnlich deutliche Worte.[96]

Gerade bei den Propheten wird somit deutlich, dass Jahwe ein leidenschaftliches Herz für die Armen, Machtlosen und Schwachen hat. Der barmherzige Gott sieht ihr Elend, fühlt mit ihnen mit und setzt sich mit ganzer Kraft für sie ein, indem er sie durch seine Weisungen schützt und Strukturen der Gerechtigkeit schafft.

Kein Gott des Gemetzels!

Walter Kardinal Kasper erläutert:

> *Zusammenfassend können wir sagen: Die Botschaft von Gottes Barmherzigkeit durchzieht das ganze Alte Testament. Immer wieder neu besänftigt Gott seinen gerechten heiligen Zorn und erweist seinem untreuen Volk trotz dessen Untreue Barmherzigkeit, um ihm neu eine Chance zur Umkehr zu geben. Er ist Schützer und Bewahrer der Armen und Rechtlosen. Vor allem die Psalmen sind der schlagende Gegenbeweis zu der immer wieder erhobenen Behauptung, der Gott des Alten Testaments sei ein eifersüchtiger Gott der Rache und des Zorns. Der Gott des Alten Testaments ist vielmehr vom Buch Exodus bis zum Buch der Psalmen »gnädig und barmherzig, langmütig und reich an Gnade« (Ps 145,8; vgl. 86,15; 103,8; 116,5).*[97]

An vielen Stellen des Alten Testaments wird deutlich, wie furchtbar es ist, in die Hände eines zornigen Gottes zu fallen. Seine Strafgerichte sind blutig, grausam und vernichtend. Und doch ist dieser Gott kein Gott des Gemetzels. So ruft er sein Volk wieder und wieder zur Umkehr auf, um eben diese Strafe nicht vollziehen zu müssen. Und über all den entsetzlichen und für uns heute nur schwer zu ertragenden Gerichtsstellen strahlt letztlich immer wieder das auf, was im Wesen seines Herzens begründet ist: Gottes Barmherzigkeit. Jürgen Moltmann betont zu Recht:

> *Gottes große Barmherzigkeit ist stärker als sein Zorn über die Bosheit der Menschen und die Untreue seines Volkes: »Ich habe dich einen Augenblick verlassen, aber mit großer Barmherzigkeit will ich dich sammeln.« (Jes 54,7f.) Zorn und Gnade sind*

nicht gleichwertig: Gottes Zorn ist zeitlich, seine Gnade ewig, Gottes Gerichte sind zeitlich, seine Barmherzigkeit ist ewig. Sein Zorn ist nichts anderes als seine verwundete Liebe.[98]

Wenn ich meine angstbesetzte und panische Lesebrille ablege, wenn ich die Heiligkeit und Größe Gottes beim Lesen des Alten Testaments in Betracht ziehe und mir zudem klar mache, dass ich persönlich auf einer wohlbehüteten Insel des Friedens und des Wohlstands lebe, dann wird mein Blick (und vor allem auch mein Herz) freier, um in eben diesen Texten das barmherzige Herz Gottes zu erkennen; das leidenschaftliche Herz eines Gottes, der fühlt, was er sieht, und darum tut, was er kann.

Meine eigenen Erfahrungen bestätigen die Barmherzigkeit Gottes. Denn als das destruktive Chaos aus Zwangserkrankung, Alkoholabhängigkeit und Selbstverachtung in mir immer größer und unerträglicher wurde, erlebte ich solch ein machtvolles Eingreifen dieses barmherzigen Gottes, wie ich es mir niemals hätte vorstellen können, war er doch für mich bis dahin ein grausamer Despot gewesen.

Zu den tiefsten und reichsten Erfahrungen meines Lebens gehört die innere Gewissheit, dass der Schöpfer des Universums mich sieht, mich kennt und beim Namen nennt. Mein Leiden ist ihm nicht egal, sondern es geht ihm zu Herzen. Warum dies so ist, verstehe ich nicht: »Dieses Wissen ist zu wunderbar für mich, zu groß, als dass ich es begreifen könnte!«[99] Aber das muss ich wohl auch nicht. Wichtig ist, dass ich darauf mein Leben bauen kann. Einem Gott des Gemetzels würde ich mein Leben nicht anvertrauen, wohl aber dem Gott, der mein Leben neu gemacht hat, denn dieser Gott ist »barmherzig und gnädig«, »geduldig und voll großer Gnade«.[100]

6 |

»UMGEDREHTE EINGEWEIDE« – Gottes Barmherzigkeit im Neuen Testament

Gelobt sei der Gott und Vater unseres Herrn Jesus Christus, denn er hat uns in seiner großen Barmherzigkeit wiedergeboren. Jetzt haben wir eine lebendige Hoffnung, weil Jesus Christus von den Toten auferstanden ist.

1. Petrus 1,3

Kyrie eleison!

Entschuldigen Sie bitte, wenn ich etwas ausschweifend werde. Aber in diesem Kapitel kann ich von Jesus schreiben – endlich! Erinnern Sie sich an meine Formulierung im vierten Kapitel?

> *Christinnen und Christen schauen nicht auf das Leiden der Welt und kommen dann zu dem Schluss, dass es einen Gott der Liebe geben muss. Das wäre absurd! Wenn sie trotz des verzweifelten Aufschreis der gesamten Schöpfung an einen Gott glauben, der Liebe ist, dann nur deshalb, weil sie wieder und wieder auf Jesus schauen.* [101]

Genau das gilt es jetzt zu tun, denn durch die Menschwerdung seines Sohnes offenbart uns Gott sein Herz. Jesus ist sozusagen die »Essential Version« Gottes: Wer ihn sieht, der sieht den Vater![102] Darum heißt es im Evangelium nach Johannes: »Niemand hat Gott je gesehen. Doch sein einziger Sohn, der selbst Gott ist, ist dem Herzen des Vaters ganz nahe; er hat uns von ihm erzählt.«[103]

Wenn ich dieser Erzählung lausche, wenn ich in den Evangelien lese, dann sehe ich den Sohn Gottes, wie er zu denen geht, die von der Gesellschaft ausgestoßen und verachtet werden:

> *Ich sehe einen Jesus, der fühlt, was er sieht, und darum tut, was er kann. Im Auftrag seines himmlischen Vaters setzt er sein Leben ein, um Menschen zu heilen und zu befreien. Jesus weint mit den Weinenden und leidet mit den Leidenden. Er ist immer gerade dort zu finden, wo es seinen frommen Zeitgenossen zu unangenehm oder zu dreckig wird. Sein Herz schlägt leidenschaftlich für die, die verwundet sind und vom Leben nichts mehr erwarten, denn für die Kranken ist er gekommen, nicht für die Gesunden!*[104]

Jesus ist die menschgewordene Barmherzigkeit Gottes – das hat mich schon seit meiner Jugend fasziniert, gerade in den Zeiten, in denen ich mich besonders dreckig und unwürdig fühlte. Vermutlich habe ich gespürt, dass es diese barmherzige Liebe ist, die mich aus meiner Dunkelheit befreien kann.

JESUS IST DIE MENSCHGEWORDENE BARMHERZIGKEIT GOTTES.

Das geht mir auch heute noch so. Neulich besuchte ich mit meiner Frau Claudia einen Gottesdienst der evangelischen Landeskirche, der meiner Seele überaus guttat. Der Kirchsaal, das gedämpfte Licht, die Kerzen auf dem schönen

Altar, die mächtigen Orgelklänge und vor allem auch die liturgischen Gebete vermittelten mir das Gefühl, gemeinsam mit meinen Schwestern und Brüdern Jesus ganz nahe zu sein. Gleich zu Beginn flehten wir unseren Herrn mit dem Ausruf: »Kyrie eleison!« (Herr, erbarme dich!) um sein Erbarmen an. Dieser Schrei nach Barmherzigkeit stammt ursprünglich aus dem Mund eines blinden Bettlers namens Bartimäus, von dem der Evangelist Markus berichtet:

> *Ein blinder Bettler namens Bartimäus (der Sohn des Timäus) saß am Straßenrand, als Jesus vorüberging. Als Bartimäus hörte, dass Jesus von Nazareth in der Nähe war, begann er zu schreien: »Jesus, Sohn Davids, hab Erbarmen mit mir!«*
> *»Sei still!«, fuhren die Leute ihn an.*
> *Aber er schrie nur noch lauter: »Sohn Davids, hab Erbarmen mit mir!«*
> *Als Jesus ihn hörte, blieb er stehen und sagte: »Sagt ihm, er soll herkommen.«*
> *Da riefen sie den blinden Mann. »Nur Mut«, sagten sie. »Komm, er ruft dich!«*
> *Bartimäus warf seinen Mantel ab, sprang auf und kam zu Jesus.*
> *»Was soll ich für dich tun?«, fragte Jesus.*
> *»Rabbuni«, sagte der blinde Mann, »ich möchte sehen!«*
> *Da sagte Jesus zu ihm: »Geh nur. Dein Glaube hat dich geheilt.«*
> *Und im selben Augenblick konnte der Blinde sehen! Dann folgte er Jesus auf seinem Weg.* [105]

Dass auch ich diesem Jesus heute folge, hat mit einer ganz ähnlichen Erfahrung zu tun. Denn in meinen dunkelsten Tagen, als ich im Frühjahr 2010 in der Psychiatrie war – voller Selbsthass und ohne jegliche Lebensperspektive – da habe auch ich geschrien: »Herr, erbarme dich!« Und genau das hat Jesus getan: Er hat mich aus dem zerstörerischen Kreislauf von Sucht und Scham befreit, oder um es mit Psalm 18 zu formulieren: »Er streckte seine Hand aus vom Himmel und rettete mich; er zog mich aus tiefem Wasser herauf.«[106]

Nach wie vor ist es die Barmherzigkeit meines Herrn, durch die ich lebe, etwa wenn die Angst in mir so stark wird, dass sie mir die Luft zum Atmen nimmt und mir das Blut in den Adern gefrieren lässt. Dann reicht meine Kraft immer noch für das sogenannte Atemzug-Gebet: Mit dem Einatmen bete ich: »Herr, Jesus Christus«, und beim Ausatmen füge ich hinzu: »Erbarme dich meiner!« Schon oft habe ich erlebt, wie mir dieses Gebet geholfen hat (oder besser: wie die Barmherzigkeit meines Herrn mir geholfen hat), indem ich vor einer sich nahenden Panikattacke bewahrt wurde und den Mut erhielt, vorwärtszugehen.

Manchmal schießen durch meinen Kopf Tausende von sinnvollen und weniger sinnvollen Gedanken und bringen mein Gehirn zum Kochen – wie die Strahlung in einem Kernreaktor. Dann habe ich Angst davor, einen Super-GAU zu erleben und völlig durchzuknallen. Wenn eben möglich, ziehe ich mich in solchen Zeiten zurück, gehe auf die Knie und bitte Jesus um sein Erbarmen. Bis heute hat er mich nie enttäuscht!

Eben darum ist für mich die Liturgie im Gottesdienst kein leeres Geschwätz, sondern Ausdruck meiner Beziehung zu Gott, und das Gebet gleich zu Beginn ist für mich existenziell: »Kyrie eleison! Herr, hab Erbarmen mit mir!«

Wunibald Müller schreibt treffend:

Erst dann, wenn ich das zugeben kann, nicht nur mit den Lippen, sondern aus dem Herzen, erst dann, wenn ich meine überhohe Mauer, hinter der ich mich versteckt habe, mich dabei überheblich verhaltend, zum Einsturz bringe, meine Not, meine Zweifel, meine Bedürftigkeit zugebend, erst dann, wenn ich in mir selbst einbreche, komme ich in Berührung mit dem Grunde meiner Barmherzigkeit, kann ich mein Kyrie eleison aus der Tiefe rufen. [107]

Eine himmlische Vorgeschichte

Gott kommt in Raum und Zeit, er wird als Mensch geboren und damit Teil unserer Geschichte. Insgesamt ist die Geburt des Jesus von Nazareth so gut bezeugt, dass ihre Historizität von kaum einem ernst zu nehmenden Wissenschaftler angezweifelt wird.

Aber obwohl es sich bei der Geburt von Jesus um ein reales Geschehen in der Geschichte handelt, kommt dieses Geschehen doch nicht alleine aus der Geschichte. Da steckt noch mehr dahinter! Der Evangelist Matthäus schreibt, dass sich durch diese Geburt die Verheißungen der alttestamentlichen Propheten erfüllt haben: »All das geschah, damit sich erfüllt, was Gott durch seinen Propheten angekündigt hat.« [108] Und Lukas betont in den ersten Kapiteln seines Evangeliums, dass diese Geburt ihren Ursprung im Herzen Gottes des Vaters hat, sie ist Ausdruck seiner großen Barmherzigkeit. Denn »seine Barmherzigkeit gilt von Generation zu Generation allen, die ihn ehren.« [109] Durch die Geburt seines Sohnes nimmt sich Gott seines Volkes an: »Er hat seine Verheißung nicht vergessen, barmherzig zu sein.« [110] Doch nicht alleine dem Volk Israel gilt Gottes Barmherzigkeit, sondern allen Menschen: »Durch die Güte und Barmherzigkeit Gottes wird nun das Licht des Himmels uns besuchen, um die zu erleuchten, die in der Dunkelheit und im Schatten des Todes sitzen, und um uns auf den Weg des Friedens zu leiten.« [111]

So hat die Geburt DES Jesus von Nazareth also eine himmlische Vorgeschichte. Sie nimmt ihren Anfang nicht in der Befruchtung einer Eizelle, sondern im Herzen Gottes, in seiner Barmherzigkeit und leidenschaftlichen Liebe zu seinen Geschöpfen: »Gott ist so barmherzig und liebte uns so sehr, dass er uns, die wir durch unsere Sünden tot waren, mit Christus neues Leben schenkte, als er ihn von den Toten auferweckte.« [112]

Auch darum ist es unmöglich, den Gott des Alten und des Neuen Testaments gegeneinander auszuspielen, denn es ist das barmherzige Herz ein und desselben Gottes, welches das Volk Israel geleitet hat und aus diesem Volk schließlich den »Messias«, den verheißenen Retter hervorgehen ließ. Fachleute aus dem Bereich Theologie bezeichnen diese Entwicklung gerne als die »Heilsgeschichte« Gottes mit den Menschen.

Nach meinem Geschmack hätte diese Geschichte auch etwas schneller gehen können. Dann wären etliche Eroberungskriege und Strafgerichte Gottes erst gar nicht nötig gewesen. Stattdessen hat Gott mit der Geburt seines Sohnes gewartet, bis »die Zeit erfüllt war.« [113]

DIE GEBURT DES JESUS VON NAZARETH HAT EINE HIMMLISCHE VORGESCHICHTE.

Allerdings ist mein Geschmack und meine Sicht der Dinge für den Schöpfer des Universums wohl nicht ausschlaggebend. Wie Hiob könnte Gott auch mich fragen: »Hast du den Überblick über die ganze Weite der Erde? Sag es mir, wenn du dich mit all diesen Dingen auskennst!« [114] Dann müsste ich kleinlaut antworten: »Sorry, Herr, aber diesen Überblick habe ich nicht!«

Gott weiß, was er tut und er weiß, wann er es tut – darauf vertraue ich.

Ein barmherziges Herz

Das irdische Leben des Jesus von Nazareth war ein Leben voller Barmherzigkeit. Aus der Vielzahl der neutestamentlichen Berichte möchte ich einen herausgreifen, das Wunder einer Totenauferweckung, von dem der Evangelist Lukas berichtet:

> *Bald darauf zog Jesus mit seinen Jüngern weiter zur Stadt Nain. Eine große Menschenmenge folgte ihnen. Als er sich der Stadt näherte, kam ihm ein Trauerzug entgegen. Der Tote war der einzige Sohn einer Witwe gewesen, und viele trauerten mit ihr. Als der Herr sie sah, empfand er großes Mitleid mit ihr. »Weine nicht!«, sagte er. Und er ging hinüber zur Bahre und berührte sie. Die Träger blieben stehen. »Ich sage dir«, sprach Jesus, »steh auf!« Da setzte sich der Verstorbene auf und fing an zu sprechen! So gab Jesus ihn seiner Mutter zurück.* [115]

Im griechischen Grundtext heißt es, dass sich Jesus die Eingeweide umdrehten (σπλαγχνίζομαι) angesichts des Leidens, welches er zu sehen bekam. Das große Mitleid, von dem dieser Text erzählt, äußert sich also auch körperlich: Was Jesus sieht, das geht ihm durch und durch, es dreht ihm den Magen um. Und eben darum handelt er.

Die Evangelien berichten von zahlreichen Wundern, mit denen Jesus Menschen von ihrem Leiden befreit hat: Er trieb Dämonen aus, heilte Kranke und erweckte Tote auf. Jesus selbst betonte, dass diese Wunder ein Zeichen für die mit ihm beginnende Gottesherrschaft waren, sie bestätigten und beglaubigten seine Verkündigung. Seinen Kritikern, die ihm Gotteslästerung vorwarfen, begegnete er mit den Worten:

Ihr habt Boten zu Johannes dem Täufer geschickt, um ihn zu hören, und er hat die Wahrheit gesagt. Das beste Zeugnis für mich stammt jedoch nicht von einem Menschen… ich habe ein größeres Zeugnis als das von Johannes: meine Taten. Sie sind mir vom Vater gegeben, damit ich sie ausführe und vollende, und sie bezeugen, dass der Vater mich gesandt hat. [116]

So sind die vielen Wunder, die Jesus getan hat, also beglaubigende Zeichen seiner Verkündigung. Das heißt nun aber längst nicht, dass Jesus sie jenseits aller Gefühle wie eine zuvor programmierte Maschine getan hätte! Jesus brauchte keinen Wecker, der ihn daran erinnerte: »Es ist mal wieder Zeit für ein Zeichen.« Vielmehr blieb dem Sohn Gottes gar nichts anderes übrig, als diese Wunder zu tun, denn das Leiden der Menschen ging ihm so zu Herzen, dass er einfach handeln musste. Wer fühlt, was er sieht, der tut, was er kann!

Wieder und wieder machen die Schreiber der Evangelien deutlich, dass die zahlreichen Wunder von Jesus ihren Ursprung in seinem barmherzigen Herzen haben: Jesus wird vom Mitleid gerührt, als er einen Aussätzigen trifft, er hat Mitleid mit den vielen Kranken, er erbarmt sich über eine hungrige Menschenmenge und über die Menschen, die wie Schafe ohne Hirten sind. [117]

Wo immer Jesus an den Menschen handelt, tut er dies, weil ihm ihr Leiden durch und durch geht. Und weil viele Hilfesuchende dies spüren, appellieren sie zu Recht an seine Barmherzigkeit. [118] Dem Ausruf »Kyrie eleison« vermag Jesus einfach nicht zu widerstehen, ist er doch die menschgewordene Barmherzigkeit Gottes.

Sein barmherziges Herz brachte den Sohn Gottes dazu, nicht allein *an* den Menschen zu handeln, sondern auch *für* sie! Sein ganzes irdisches Leben war eine einzige Hingabe, und diese Hingabe geschah aufgrund seiner Barmherzigkeit. Jesus sagte, dass er nicht gekommen war, »um sich dienen zu lassen, sondern um anderen zu dienen und sein Leben als Lösegeld für viele Menschen hinzugeben.«[119]

Aufgrund dieser freien Entscheidung zur liebevollen Hingabe war Jesus bereit, alles Göttliche aufzugeben und ein Mensch zu werden wie wir. Er identifizierte sich nicht nur mit den Armen, Kranken und Ausgestoßenen, sondern er ging selbst ihren Leidensweg, indem er sich verspotten, foltern und hinrichten ließ – durch die Kreuzigung, die grausamste Hinrichtungsart, die je erfunden worden ist.

Warum dies alles? Um das zu tun, was getan werden musste!

Der Apostel Paulus spricht davon, dass Jesus, der ohne Sünde war, am Kreuz auf Golgatha die Sünde der Welt auf sich genommen hat. Er hat durch seinen Tod die Strafe bezahlt, die wir verdient hätten. Und mit seiner Auferstehung ebnete er uns den Weg zum Herzen des Vaters und zu einem unvergänglichen (ewigen) Leben in seiner Gegenwart. Um dies zu verdeutlichen, spricht Paulus von einem heiligen Tausch, der durch Jesus stattgefunden hat: »Denn Gott machte Christus, der nie gesündigt hat, zum Opfer für unsere Sünden, damit wir durch ihn vor Gott gerechtfertigt werden können.«[120] Und wenig später schreibt er: »Ihr kennt ja die große Liebe und Gnade von Jesus Christus, unserem Herrn. Obwohl er reich war, wurde er um euretwillen arm, um euch durch seine Armut reich zu machen.«[121]

Der Reformator Martin Luther nannte dies einen »fröhlichen Wechsel«. Es ist so ähnlich wie bei einer Pendelbahn in den Bergen:

Pendelbahnen sind meist zweispurig. Bei dieser Bauart verkehren zwei Fahrzeuge jeweils auf einer eigenen, aus einem oder mehreren Tragseilen bestehenden Fahrbahn. Beide Fahrzeuge sind mit einem in der Bergstation über eine Seilscheibe geführten Zugseil fest verbunden, das sie hin- und her bewegt, sodass ein Fahrzeug bergauf gezogen wird, während das andere bergab fährt.[122]

So ist auch der Sohn Gottes herabgestiegen in unsere Dunkelheit und unseren Schmerz, damit wir gleichsam aufsteigen können in das heilvolle Licht der Liebe Gottes. Jürgen Moltmann schreibt dazu:

Die Inkarnation in Jesus Christus ist auch die Fleischwerdung des göttlichen Erbarmens zu den Verlorenen, den Kranken und Armen, um sie zu finden, zu heilen und aufzurichten. Nicht nur die Passionsgeschichte Christi ist Ausdruck göttlicher Barmherzigkeit, sondern auch die Auferstehung Christi von den Toten. »Der uns nach seiner großen Barmherzigkeit wiedergeboren hat zu einer lebendigen Hoffnung durch die Auferstehung Christi« (1 Petr 1,3). Durch Gottes Barmherzigkeit wird nicht nur Not beseitigt, sondern auch neues Leben geboren.[123]

Bei manchen frommen Zeitgenossen steht die Barmherzigkeit gerade deshalb unter Verdacht, weil sie Angst haben, sie könnte auf Kosten der Gerechtigkeit gehen. Doch das Neue Testament macht unmissverständlich klar, dass dies nicht der Fall ist, denn das stellvertretende Sterben von Jesus ist geradezu ein Ausdruck der Gerechtigkeit Gottes:

Nach der menschlichen Logik hätte die Gerechtigkeit für uns als Sünder das Todesurteil bedeutet. Nun aber bedeutet Gerechtig-

keit den Freispruch zum Leben. Die Forderung des Gesetzes ist damit nicht aufgehoben, vielmehr hat Jesus Christus die Forderung der Gerechtigkeit für uns und an unserer Stelle erfüllt. [124]

Gott ist und bleibt der gerechte Gott. Doch durch die Hingabe seines Sohnes wird deutlich, dass seine Gerechtigkeit nicht eine verurteilende und strafende Gerechtigkeit ist, sondern eine gerecht machende. Gott macht uns in Christus gerecht. Darum gilt: »Wer mit Christus lebt, wird ein neuer Mensch. Er ist nicht mehr derselbe, denn sein altes Leben ist vorbei. Ein neues Leben hat begonnen!« [125]

GOTTES GERECHTIGKEIT IST NICHT VERURTEILEND ODER STRAFEND, SONDERN GERECHT MACHEND.

Der gerecht machende liebende Gott sieht uns in Christus an und spricht: »So bist du mir recht!« In einer durch und durch leistungsorientierten Gesellschaft fällt es vielen Menschen schwer, dies anzunehmen, denn es geschieht aus reiner Gnade. So gerne wir dies auch täten – wir können uns die Liebe Gottes nicht verdienen, sie ist ein Geschenk:

Gott ist so barmherzig und liebte uns so sehr, dass er uns, die wir durch unsere Sünden tot waren, mit Christus neues Leben schenkte, als er ihn von den Toten auferweckte. Nur durch die Gnade Gottes seid ihr gerettet worden!... Weil Gott so gnädig ist, hat er euch durch den Glauben gerettet. Und das ist nicht euer eigenes Verdienst; es ist ein Geschenk Gottes. [126]

Kasper fasst diese Botschaft sehr schön zusammen:

So haben am Kreuz Gottes Barmherzigkeit und damit das Leben endgültig den Sieg davongetragen. Gott war es, der durch Christus die Welt mit sich versöhnt hat (2 Kor 5,18). Gott ist der

Gott der Barmherzigkeit (2 Kor 1,3), der reich ist an Erbarmen (Eph 2,4). Durch sein Erbarmen sind wir aus dem Tod errettet (Eph 4,24) und wiedergeboren zu einer lebendigen Hoffnung (1 Petr 1,3; Tit 3,5). So kann Paulus sagen: Nichts kann uns trennen von seiner Liebe, nicht Bedrängnis, noch Not, nicht Verfolgung, Hunger oder Kälte, Gefahr oder Schwert (Röm 8,35f.). In jeder menschlich noch so aussichtslosen Situation, im Leben wie im Sterben sind wir von Gott angenommen, gehalten und geliebt.[127]

Ich versichere Ihnen: Darauf können Sie Ihr Leben bauen! Ich selbst bin ein Mensch voller Ängste. Die Ärzte sprechen in diesem Zusammenhang von »generalisierter Angst«, denn sie richtet sich nicht auf ein konkretes angstbesetztes Szenario, sondern ist ein Grundgefühl, das in mir hochsteigt: Ich *habe* dann nicht etwa Angst, sondern ich *bin* Angst, und zwar durch und durch.

In den vergangenen Jahren haben Ärzte und Therapeuten einiges versucht, um mir diese Angst zu nehmen. So habe ich verschiedene Medikamente genommen und einige Meditationsübungen gemacht, doch das bedrohliche und einschnürende Grundgefühl ist geblieben. Dann habe ich gelesen, dass es noch einen anderen Weg gibt, um die Angst zu vertreiben: die Erfahrung der göttlichen Liebe! In seinem ersten Brief schreibt der Apostel Johannes: »Unsere Liebe kennt keine Angst, weil die vollkommene Liebe alle Angst vertreibt.«[128]

Inzwischen habe ich erfahren, was er damit meint, denn je mehr ich mich für die göttliche Liebe öffne und mich von ihr in der Tiefe meiner Seele durchströmen lasse, umso mehr muss das Grundgefühl der Angst weichen. Gott ist ein barmherziger Gott: Er hat meine Ängste und Zwänge gesehen und mein Schreien gehört. Und was Gott gesehen und gehört hat, das hat ihn nicht einfach kaltgelassen, sondern es hat sein barmherziges Herz berührt. Darum hat er mich – durch zahlreiche Krisen hindurch – an den Punkt gebracht, an dem ich endlich kapituliert habe und mir nichts anderes mehr geblieben ist, als mich in seine liebenden Arme fallen zu lassen. Nun gehe ich nicht mehr alleine durchs Leben, sondern mit Jesus Christus, der durch seinen Heiligen Geist in mir wohnt.

Auch mein Alltag ist vollgestopft und manchmal ziemlich chaotisch (vor allem, weil ich ein Chaot bin), doch ich übe mich darin, bei Christus zur Ruhe zu kommen und jenseits aller Pläne, Gedanken und Tagträume in seiner Liebe zu »baden«, so wie die Blumen sich für das Licht der Sonne öffnen. Der Jesuitenpriester und Exerzitienmeister Franz Jalics schreibt:

> *Wenn wir nur ahnten, welch gewaltige umwandelnde Kraft die Gegenwart Gottes in sich trägt! Die ständige Aufmerksamkeit auf seine Gegenwart und das sorglose Vertrauen auf Ihn erheben und reinigen uns wie nichts anderes in der Welt. Es ist ohne Zweifel, dass eine Psychotherapie nützlich oder manchmal notwendig sein kann. Verschiedene Therapieformen können helfen, vieles bewusster zu machen, aber die eigentliche Heilkraft kommt von der Gegenwart Gottes.*[129]

Ich bin noch relativ am Anfang auf diesem Weg der Kontemplation, das heißt der bewundernden Betrachtung der Liebe Gottes. Doch jetzt schon kann ich sagen: Nichts vermag ein Leben so sehr zu heilen wie die Strahlen der barmherzigen Liebe Gottes!

Wie der Sohn, so der Vater

Bei Jesus kommen Wort und Tat immer zusammen: Was er verkündigt, das lebt er, und was er lebt, das verkündigt er. So ist es auch bei der Barmherzigkeit: Sein ganzes Leben ist ein Ausdruck barmherziger Liebe und durch seine Verkündigung macht er deutlich, dass dies der Haltung seines himmlischen Vaters entspricht. Als die fromme Elite (die Schriftgelehrten und Pharisäer) ihm vorhält, dass er sich mit stadtbekannten Sündern abgibt und sogar mit ihnen zu Mittag isst (eine sehr enge und herzliche Form der Gemeinschaft), antwortet er ihnen mit einer Erzählung, die wir als »Gleichnis vom verlorenen Sohn« kennen (die man jedoch besser als das »Gleichnis vom barmherzigen Vater« bezeichnen sollte):

Ein Mann hatte zwei Söhne. Der jüngere Sohn sagte zu seinem Vater: »Ich möchte mein Erbteil von deinem Besitz schon jetzt haben.« Da erklärte der Vater sich bereit, seinen Besitz zwischen seinen Söhnen aufzuteilen.
Einige Tage später packte der jüngere Sohn seine Sachen und ging auf Reisen in ein fernes Land, wo er sein ganzes Geld verprasste. Etwa um die Zeit, als ihm das Geld ausging, brach in jenem Land eine große Hungersnot aus, und er hatte nicht genug zu essen. Da überredete er einen Bauern, ihm Arbeit zu geben, und er durfte seine Schweine hüten. Der junge Mann war so hungrig, dass er die Schoten, die er an die Schweine verfütterte, am liebsten selbst gegessen hätte. Aber niemand gab ihm etwas.
Schließlich überlegte er und sagte sich: »Daheim haben die Tagelöhner mehr als genug zu essen, und ich sterbe hier vor Hunger! Ich will zu meinem Vater nach Hause gehen und sagen: Vater, ich habe gesündigt, gegen den Himmel und auch gegen dich, und ich bin es nicht mehr wert, dein Sohn zu heißen. Bitte stell mich als einen deiner Tagelöhner ein.«
So kehrte er zu seinem Vater nach Hause zurück. Er war noch weit entfernt, als sein Vater ihn kommen sah. Voller Liebe und

Mitleid lief er seinem Sohn entgegen, schloss ihn in die Arme und küsste ihn. Sein Sohn sagte zu ihm: »Vater, ich habe gesündigt, gegen den Himmel und auch gegen dich, und bin es nicht mehr wert, dein Sohn zu heißen.«
Aber sein Vater sagte zu den Dienern: »Schnell! Bringt die besten Kleider im Haus und zieht sie ihm an. Holt einen Ring für seinen Finger und Sandalen für seine Füße. Und schlachtet das Kalb, das wir im Stall gemästet haben, denn mein Sohn hier war tot und ist ins Leben zurückgekehrt. Er war verloren, aber nun ist er wiedergefunden.« Und ein Freudenfest begann.
Währenddessen war der ältere Sohn draußen auf den Feldern und arbeitete. Als er heimkam, hörte er Musik und Tanz im Haus und fragte einen der Diener, was da los sei. »Dein Bruder ist wieder da«, erfuhr er, »und dein Vater hat das Kalb geschlachtet, das wir gemästet hatten, und gibt nun ein großes Fest. Wir feiern, dass er wohlbehalten zurückgekehrt ist.«
Da wurde der ältere Bruder zornig und wollte nicht ins Haus gehen. Sein Vater kam heraus und redete ihm zu, aber er sagte: »All die Jahre habe ich schwer für dich gearbeitet und dir nicht ein einziges Mal widersprochen, wenn du mir etwas aufgetragen hast. Und in dieser ganzen Zeit hast du mir nicht einmal eine junge Ziege gegeben, um mit meinen Freunden ein Fest zu feiern. Doch jetzt, wenn dein Sohn daherkommt, nachdem er dein Geld mit Huren durchgebracht hat, feierst du und schlachtest unser bestes Kalb.«
Sein Vater sagte zu ihm: »Sieh, mein lieber Sohn, du und ich, wir stehen uns sehr nahe, und alles, was ich habe, gehört dir. Wir mussten diesen Freudentag feiern, denn dein Bruder war tot und ist ins Leben zurückgekehrt! Er war verloren, aber jetzt ist er wiedergefunden!«[130]

Das Kernstück dieses wunderbaren Gleichnisses bildet der Vers 20, in dem es heißt: »Er war noch weit entfernt, als sein Vater ihn kommen sah (was wohl voraussetzt, dass sein Vater täglich nach ihm Ausschau gehalten hat). Voller Liebe und Mitleid lief er seinem Sohn entgegen, schloss ihn in die Arme und küsste ihn.« Der Vater fühlt, was er sieht: Als er seinen Sohn erblickt, da wird er innerlich zutiefst bewegt. Wie bei Jesus ist auch hier davon die Rede, dass sich sein Innerstes umdreht. Er läuft seinem geliebten Sohn entgegen, nimmt ihn in die Arme und überhäuft ihn mit Küssen. Keine Standpauke oder Strafpredigt, kein »Hättest du mal nur auf mich gehört«, sondern einfach pure, leidenschaftliche Liebe. So ist Gott, so ist der barmherzige Vater!

Jeder von uns hat sein persönliches Bild von Gott, und dieses Bild wird geprägt durch unsere frühen Kindheitserfahrungen: durch unsere Familie und das in ihr vorherrschende Klima. Wenn Sie schon als kleines Kind das Gefühl hatten, eine überflüssige Last zu sein, ein Klotz am Bein Ihrer Eltern, dann wird es Ihnen sehr schwerfallen, sich die Umarmung und die Küsse dieses Vaters vorzustellen. Wenn Ihnen stets vermittelt wurde, dass Sie sich die elterliche Liebe durch eine vorbildliche Leistung verdienen müssen, dann können Sie nur schwer glauben, dass der Sohn nicht wenigstens einige Strafarbeiten zu erledigen hatte.

UNSER GOTTESBILD WIRD GEPRÄGT DURCH UNSERE FRÜHEN KINDHEITSERFAHRUNGEN.

Mir ist es über viele Jahre nicht möglich gewesen, diese bedingungslose Liebe an mich heranzulassen. Bedingt durch eine Zwangserkrankung und das dadurch entstandene kranke Gottesbild war Gott für mich ein unberechenbarer Himmelsdespot, der nur darauf wartet, dass ich irgendeinen Fehler begehe, um mich dann unbarmherzig und hart abstrafen zu können. Zwar habe ich mein Geld nicht mit »Sex, Drugs and Rock 'n' Roll« durchgebracht, doch letztlich habe ich es ähnlich gemacht wie der verlorene Sohn im Gleichnis: Ich habe mich mit einem riesigen Knall von diesem Gott (oder besser: von diesem Gottesbild) verabschiedet.

Doch als ich mein Leben vollständig vor die Wand gefahren hatte und nicht mehr weiterwusste, da habe ich Jesus als den barmherzigen Samariter erfahren: Er hat mich aufgerichtet, mich reingewaschen von meiner Scham, meine seelischen Wunden mit seiner Liebe versorgt, mich aufgepäppelt und mir neue Kraft und Hoffnung gegeben. Heute weiß ich: Er hat dies alles in Einheit mit Gott dem Vater getan. Dieser Vater ist voller barmherziger Liebe für diejenigen, die gestrandet sind und keinen Ausweg mehr sehen. Er ist ganz besonders denen nahe, »die verzweifelt sind; er rettet die, die den Mut verloren haben.« [131]

Wenn es Ihnen schwerfällt, dies zu glauben, dann empfehle ich Ihnen, einmal in Ruhe das Evangelium nach Lukas zu lesen. Achten Sie dabei besonders darauf, wie Jesus den Menschen begegnet, mit denen sonst niemand etwas zu tun haben will, und machen Sie sich klar: Jesus ist die »Essential Version« Gottes – wie der Sohn, so der Vater!

7 |

»GÖTTLICHER DREIKLANG« – Sehen, Fühlen, Handeln

Schließlich näherte sich ein Samaritaner. Als er den Mann sah, empfand er tiefes Mitleid mit ihm. Er kniete sich neben ihn, behandelte seine Wunden mit Öl und Wein und verband sie. Dann hob er den Mann auf seinen eigenen Esel und brachte ihn zu einem Gasthaus, wo er ihn versorgte.

Lukas 10,33-34

Eine Kausalkette

Mit seiner Beispielerzählung vom »barmherzigen Samariter« malt Jesus den Menschen vor Augen, wie Barmherzigkeit konkret funktioniert: Sie vollzieht sich immer in einem Dreiklang aus Sehen, Fühlen und Handeln, wobei in diesem Dreiklang die einzelnen Töne nacheinander einsetzen und voneinander abhängig sind; fehlt der erste Ton, so kann es nicht zum zweiten kommen, fehlt der zweite, so bleibt auch der dritte auf der Strecke. Es handelt sich also um eine Kausalkette.

Damit dem Überfallenen geholfen werden kann, muss er zunächst einmal gesehen werden, was ja generell nicht selbstverständlich ist. In der Erzählung von Jesus liegt der Mann aber hilflos und halb tot am Wegesrand, sodass die Vorbeikommenden gar nicht anders können, als hinzuschauen. Gesehen haben ihn also alle drei, der Priester, der Tempeldiener und der Samariter. Doch nur bei Letzterem wurde aus dem Sehen ein Handeln. Das liegt daran, dass er der Einzige war, dem das, was er sah, zu Herzen ging: »Er empfand tiefes Mitleid mit ihm.« Im griechischen Grundtext wird hier wieder das Verb »splanchnizomai« (σπλαγχνίζομαι) verwendet. Als der Samariter den Verwundeten sieht, da geht es ihm durch und durch, sein Innerstes dreht sich in ihm um.

Sowohl bei dem Priester als auch bei dem Tempeldiener wird eine vergleichbare Reaktion nicht erwähnt. Mit anderen Worten: Das Leid, welches sie sehen, lässt sie kalt, es berührt sie nicht weiter (Wir würden heute wohl sagen: »Es ging ihnen am Arsch vorbei«). Und so marschieren sie an dem Verletzten vorbei, ohne für ihn auch nur einen Finger zu krümmen. Weil ihnen das Mitleid fehlt, kommt es nicht zum Handeln.

Zum Dreiklang der Barmherzigkeit gehören also zwingend alle drei Töne: das Sehen, das Fühlen und das Handeln. Dies ist auch bei Gott so.

Der Gott, der mich sieht

Gottes Barmherzigkeit beginnt immer mit dem Sehen. Als sein Volk in Ägypten unterdrückt und versklavt wird, beruft Jahwe einen Viehhirten namens Mose, um Israel in die Freiheit zu führen. Aus einem brennenden Dornbusch heraus hört Mose die Stimme Gottes: »Ich habe gesehen, wie mein Volk in Ägypten unterdrückt wird. Und ich habe ihr Schreien gehört. Ich weiß, wie sehr es leidet.« [132] Jahwe sieht das Leiden seines Volkes, und was er sieht, das geht ihm so zu Herzen, dass er eingreift und Israel auf wunderbare Weise befreit.

Doch richtet sich der Blick Gottes nicht nur auf sein Volk, sondern auch auf den Einzelnen, insbesondere auf Menschen, die sonst niemand sieht – so zum Beispiel auf eine hilflose Sklavin namens Hagar. Diese floh aufgrund der ständigen Erniedrigungen durch ihre Herrin in die Wüste und wäre dort wohl elendig verdurstet, wenn ihr nicht ein Engel Gottes begegnet wäre.

»DU BIST EIN GOTT, DER MICH SIEHT!«

Nachdem Hagar durch diesen Engel Trost und Hoffnung empfangen hatte, gab sie Gott einen neuen Namen. Sie nannte ihn: »Du bist ein Gott, der mich sieht!« (»El-Roi«), denn sie hatte erkannt: »Ich habe den gesehen, der mich sieht!« [133]

Maria, die Mutter von Jesus, war ein jüdisches Mädchen ohne besonderes Ansehen. Doch gerade sie wurde von Gott ausgewählt, um den »Christus« auf die Welt zu bringen, den verheißenen Messias. Maria empfing diese Botschaft ebenfalls durch einen Engel, und staunend lobte sie Gott mit den Worten: »Er hat die Niedrigkeit seiner Magd angesehen.« [134]

Schließlich sah auch Jesus selbst immer wieder die Not des Einzelnen. Unter den vielen Kranken, die am Teich von Betesda auf eine wundersame Heilung hofften, sah Jesus ausgerechnet den einen Gelähmten, der bereits seit 38 Jahren dort lag und jede Hoffnung begraben hatte. [135]

Als Jesus gerade eine Stadt verließ, sah er einen Mann vor seinem Zollhaus sitzen, der sonst von allen anderen Juden verachtet und gemieden wurde. Und eben diesen Steuereintreiber namens Levi sprach Jesus an: »Komm, folge mir nach!« Der Steuereintreiber reagierte sofort: »Da stand Levi auf, ließ alles liegen und folgte ihm nach.« [136]

Auf seinen Reisen durch Palästina sah Jesus immer wieder gerade die Menschen, denen sonst kaum jemand Beachtung schenkte: »Unterwegs sah Jesus einen Mann, der von Geburt an blind war.«[137] Die meisten seiner Zeitgenossen hatten sich an den Anblick dieses blinden Bettlers längst gewöhnt und gingen achtlos an ihm vorbei. Doch nicht so Jesus, seine Barmherzigkeit begann immer mit dem Sehen.

Mit dem Herzen sehen

Auch bei uns wird dies nicht anders sein. Gelebte Barmherzigkeit kommt aus unserem Mitgefühl, und unser Mitgefühl entsteht durch Augen, die sehen. Nun ist aber gerade dieses Sehen auf das Elend des Einzelnen alles andere als selbstverständlich. Und das hängt mit einem Phänomen zusammen, welches man »selektive Wahrnehmung« nennt. Da unser Gehirn mit den vielen Reizen, die in jeder Sekunde auf uns einprasseln, absolut überfordert wäre, ist es gezwungen, zu filtern. Das betrifft unser Gehör ebenso wie unsere Augen: Vieles von dem, was wir sehen, erlangt erst gar nicht unsere Aufmerksamkeit, da es von unserem Gehirn als nicht relevant eingestuft und aussortiert wird. Haben wir jedoch eine Beziehung dazu und gibt es in unserem Gehirn einen inneren Anreiz, eine Motivation, ändert sich unsere Wahrnehmung. Dann sehen wir auf einmal Dinge, die immer schon da waren, denen wir bislang aber keine Beachtung geschenkt haben.

In meiner Biografie habe ich dazu das folgende Beispiel erwähnt: Gleich nachdem unser ältester Sohn bei einer recht bekannten Kfz-Werkstatt eine Lehre als Mechatroniker angefangen hatte, ist mir die Werbung dieser Werkstatt an vielen Stellen ins Auge gesprungen, etwa auf einem Taxi oder auf der Nummernschildhalterung eines vor mir fahrenden Fahrzeugs. Diese Werbung war natürlich schon immer da gewesen, nur war sie mir bisher nicht aufgefallen, weil ich keinerlei Bezug dazu hatte – ich war nicht motiviert, sie zu sehen, und so nahm ich sie nicht bewusst wahr.

Vermutlich haben Sie schon ähnliche Erfahrungen gemacht: Wenn Sie etwa ein ganz bestimmtes Auto gekauft haben, fällt Ihnen zum ersten Mal auf, wie viele andere Modelle Ihres Wagens sonst noch in der Stadt herumfahren.

Viele Frauen sehen plötzlich überall Schwangere, wenn sie selbst ein Baby erwarten. Natürlich waren diese schon immer da, aber Ihr Gehirn hat diese Wahrnehmung bislang einfach gefiltert, weil sie für Sie nicht von Bedeutung war. So haben Sie gesehen, ohne bewusst wahrzunehmen.

Jesus sagt: »Seid barmherzig, wie auch euer Vater im Himmel barmherzig ist.«[138] Wenn wir das wirklich umsetzen wollen, wenn wir also barmherzige Menschen sein wollen, dann ist die Erkenntnis wichtig, dass Barmherzigkeit mit einer inneren Bereitschaft beginnt: Wir werden das Elend der Menschen nur dann sehen und bewusst wahrnehmen, wenn wir es sehen *wollen*! Fehlt uns diese innere Motivation, so werden wir zu denen gehören, die achtlos an den Leidenden vorbeilaufen.

Überlegen Sie doch einmal, wie vielen Menschen Sie begegnen, ohne sie bewusst wahrzunehmen. Da ist die Kassiererin im Supermarkt, die extra ein Namensschild trägt, damit wir sie als das sehen, was sie ist: eine einzigartige Persönlichkeit. Allzu oft aber ist diese Frau für uns nichts anderes als eine anonyme Dienstleisterin, und dass es ihr schlecht geht, fällt uns gar nicht auf, denn dazu müssten wir ihr in die Augen schauen und ihre Traurigkeit sehen wollen. Oder denken Sie an Ihre Kolleginnen und Kollegen im Büro. Würde es Ihnen auffallen, wenn einer von ihnen ein dickes Paket Sorgen mit sich herumträgt oder starke Schmerzen hat?

Wer seine Mitmenschen bewusst wahrnimmt, der kann eine ganze Menge an ihnen beobachten: an ihren Augen, ihrem Gang, ihrer Körperhaltung. So kann man in der Regel sehen, wenn es jemandem dreckig geht, aber auffallen wird einem diese Not erst dann, wenn man sie wirklich sehen will.

Dazu ein letztes Beispiel: Wenn Sie durch eine Stadt wie London spazieren, dann sind Sie selbstverständlich zunächst einmal darauf fixiert, die vielen Sehenswürdigkeiten zu sehen. Doch in einer solchen Stadt gibt es darüber hinaus eine Menge Menschen, die auch des Sehens würdig sind: Da sind die vielen Obdachlosen in den Hauseingängen, die Junkies im Park, die bettelnden Flüchtlinge vor den Geschäften und die Gangs aus perspektivlosen Jugendlichen – sie alle gehören zu dieser Stadt, doch kaum jemand beachtet sie oder nimmt sie bewusst wahr, sie werden einfach übersehen, weil niemand sie wirklich sehen will.

Ich kann das gut verstehen und will darüber nicht richten. Hinter diesem Verhalten steckt oft die Angst, dass uns das Elend dieser Menschen überfordern könnte. Darum gehen wir lieber rasch vorbei. Doch so viel steht fest: Ohne das Sehen gibt es keine Barmherzigkeit! Wenn wir also barmherzige Menschen werden wollen, dann brauchen wir zuerst ein entsprechendes Herz. Erst wenn unser Herz (als unsere innere Schaltzentrale) wirklich motiviert ist, die Not unserer Mitmenschen zu sehen, erst dann werden wir sie auch bewusst wahrnehmen.

Der Musikproduzent und Liedermacher Arne Kopfermann schreibt in einem Lied, das als Bitte an Gott formuliert ist:

Lass mich sehn mit deinen Augen, lass mich sehn.
Füll mein Herz mit deinen Tränen
für die Menschen dieser Welt.
Du streckst deine Hände aus nach einem Volk,

das dich nicht sucht,
das wie eine Herde ohne Hirten in die Irre geht.
Herr, ich brauche dein Erbarmen,
lass mich mit deinen Augen sehn.[139]

Wenn wir barmherzig werden wollen, dann sollten wir uns dieses Gebet zu eigen machen – egal ob mit diesen oder anderen Worten. Denn das wirkliche Sehen fängt nicht mit unseren Augen an, sondern bereits in unseren Herzen, wie »der kleine Prinz« es sehr treffend formuliert: »Man sieht nur mit dem Herzen gut!«[140]

»Das habt ihr mir getan«

Zum richtigen Sehen gehört nun aber noch etwas Zweites, nämlich das, was ich sehe, auch auszuhalten. Das kann schwierig sein, da die Bedürftigkeit der Menschen manchmal alles andere als ansehnlich ist. Der Überfallene am Wegesrand sah bestimmt nicht besonders schön aus, so wie er da lag: röchelnd, sabbernd, halb nackt und voller Blut. Wer so etwas zu sehen bekommt, der reagiert reflexartig mit Angst, Abscheu oder Ekel. Wer weiß, vielleicht hatte sich der Verwundete auch vor Todesangst in die Hose gemacht, was für denjenigen, der sich ihm näherte, eine zusätzliche Prüfung darstellte. Zu tun, was man kann, ist nicht immer romantisch, sondern es kostet in vielen Fällen ein Höchstmaß an Überwindung!

ZU TUN, WAS MAN KANN, KOSTET IN VIELEN FÄLLEN EIN HÖCHSTMASS AN ÜBERWINDUNG.

In meiner Arbeit als Suchtberater habe ich einige Situationen erlebt, die ich bis dahin nicht für möglich gehalten hätte: So habe ich mich auf vollgepinkelte Sofas gesetzt, Menschen aus ihren Ausscheidungen herausgezogen,

Zimmer voller Müll, Schimmel und kleiner Krabbeltiere gereinigt oder übel stinkende Wunden inspiziert. Das hat mich so geschüttelt, dass ich mich am liebsten selbst mit Wodka desinfiziert hätte (was in meinem Fall jedoch ein Verhängnis wäre, da ich trockener Alkoholiker bin). Nun habe ich mir diesen Beruf ja bewusst ausgesucht und hätte die Wahl, ihn nicht zu machen. Doch jeder von uns kommt manchmal in Situationen, die wir uns nicht ausgesucht haben und in denen unsere tatkräftige Hilfe gefragt ist. Dann müssen wir uns in kürzester Zeit entscheiden: Entweder vorbeigehen und so tun, als hätten wir den Hilfesuchenden nicht gesehen, oder aber handeln und uns über ihn erbarmen.

Bevor wir in solche Situationen kommen, sollten wir uns als Nachfolgerinnen und Nachfolger von Jesus Christus eines klar machen: Wenn wir solchen Menschen begegnen, dann begegnen wir unserem Herrn, und den Geringsten Gutes zu tun, das bedeutet, Christus Gutes zu tun! Erinnern Sie sich an das, was Jesus zu denen sagt, die am großen Gerichtstag an seiner rechten Seite stehen? »Ich versichere euch: Was ihr für einen der Geringsten meiner Brüder und Schwestern getan habt, das habt ihr für mich getan!« [141] Der Franziskanerpater Richard Rohr kommentiert diesen Satz sehr treffend:

> *Jesus bringt es auf den Punkt. Kannst du das Abbild Christi selbst in den geringsten Brüdern und Schwestern erkennen? Dies ist für ihn das einzige Kriterium im Blick auf das Jüngste Gericht. Nichts über die Gebote, nichts darüber, wie oft du in die Kirche gegangen bist, nichts über die Unfehlbarkeit des Papstes: einzig und allein unsere Fähigkeit, wahrzunehmen. Sehen wir Christus in den geringsten Schwestern und Brüdern? Sehen wir Christus in denen, die bei unseren Erfolgsspielen nicht mithalten können? Sie stinken. Sie sind eine Landplage. Sie leben*

von der Stütze, von unseren Steuergeldern und liegen uns auf der Tasche. Wenn wir in ihnen das Abbild Christi sehen, dann sehen wir wirklich. [142]

Verabschieden wir uns also von der falschen Vorstellung, Barmherzigkeit sei ein Akt bequemer Herablassung, der uns nichts weiter kostet, und fangen wir stattdessen damit an, selbst in den »erbärmlichsten Kreaturen« unseren Herrn zu sehen. Wenn wir Christus nachfolgen, dann werden wir uns gerade über solche Menschen erbarmen und dabei unsere Angst und unseren Ekel überwinden.

Falsches und wahres Mitleid

Am Beispiel des Priesters und des Tempeldieners wird deutlich, dass das Sehen alleine noch nicht ausreicht. Erst wenn dieses Sehen ein Mitleiden hervorruft, wenn es dem Betrachtenden durch und durch geht, erst dann kommt es zur barmherzigen Tat. So war es bei dem barmherzigen Samariter und so wird es auch bei uns sein. Doch Mitleid ist nicht gleich Mitleid:

Manches Mitleid ist lediglich ein Mitleid des Mitleidenden mit sich selber, wie etwa beim Angstmitleid, das sich vor allem daraus speist, dass man Angst davor hat, in das gleiche Leid wie der Andere hineinzugeraten. Es ist ein abwehrendes Mitleid, zum Teil auch aus einem schlechten Gewissen heraus, dass es einem selbst noch so gut geht. Im Mitleid für den anderen Menschen will man gewissermaßen eine Genugtuung leisten, damit man nicht selbst in diese Situation kommt. Das Mitleid wird dann zum Ausdruck des Selbstmitleids. [143]

Im schlimmsten Fall greifen dann vermeintlich mitleidende Menschen, wie zum Beispiel Fachleute aus Pflege oder Medizin, zu tödlichen Maßnahmen, um das Leiden, das sie selbst nicht ertragen können, vorzeitig abzuschaffen. Bekannt wurde zum Beispiel der Fall des Krankenpflegers Stephan L., der insgesamt 29 Menschen getötet haben soll.[144]

Auch in der Literatur ist dies ein Motiv. In seinem Roman »Ungeduld des Herzens« lässt Stefan Zweig einen jungen Leutnant namens Hofmiller in eine verhängnisvolle Mitleidsfalle tappen: Hofmiller verlobt sich mit der gelähmten Edith, ohne ihre leidenschaftliche Liebe erwidern zu können. Der Arzt der jungen Frau bringt das Dilemma auf den Punkt:

> *Mitleid – schön! Aber es gibt eben zweierlei Mitleid. Das eine, das schwachmütige und sentimentale, das eigentlich nur Ungeduld des Herzens ist, sich möglichst schnell freizumachen von der peinlichen Ergriffenheit vor einem fremden Unglück, jenes Mitleid, das gar nicht Mitleiden ist, sondern nur instinktive Abwehr des fremden Leidens von der eigenen Seele. Und das andere, das einzig zählt – das unsentimentale, aber schöpferische Mitleid, das weiß, was es will, und entschlossen ist, geduldig und mitduldend durchzustehen, bis zum Letzten seiner Kraft und noch über dies Letzte hinaus. Nur wenn man zum Ende geht, bis zum äußersten bitteren Ende, nur wenn man die große Geduld hat, kann man Menschen helfen. Nur wenn man sich selber aufopfert dabei, nur dann!*[145]

Genau dies hat der barmherzige und mitleidende Gott in Jesus Christus getan. Er ist bis zum äußersten bitteren Ende gegangen, bis zum Tod am Kreuz, bis zum Letzten seiner Kraft und noch darüber hinaus, um uns aus unserer Schuld und Scham zu befreien und uns das Leben zu ermöglichen, welches er immer schon für uns vorgesehen hatte: »Gott war in Christus und versöhnte so die Welt mit sich selbst.«[146]

Gott geht für uns den Weg in die Dunkelheit, den Weg durch Schmerzen, Leid und Einsamkeit. Am Kreuz lässt er sich verhöhnen und bespucken, dort stirbt er qualvoll in einer Mischung aus Verbluten und Ersticken. Wenn die Bibel also betont, dass Gott Mitleid mit uns hat und fühlt, was er sieht, dann ist damit sicherlich nicht jene schwache und sentimentale Form des Mitleidens gemeint, die Stefan Zweig so treffend beschreibt. Vielmehr ist Gott bereit, sich sein Mitleid alles – wirklich alles – kosten zu lassen.

Wer von Mitgefühl ergriffen wird, der sollte sich deshalb selbst prüfen und darauf achten, um welche Form des Mitleidens es sich handelt: um das schöpferische Mitleid, das bereit ist, Opfer zu bringen, oder um die Ungeduld des Herzens, die das Leiden möglichst schnell loswerden will. Wunibald Müller schreibt dazu:

> *Es gibt sie natürlich, die kranke Form von Nächstenliebe, bei der ich mich selbst ausbeute, ich mir versage, zu leben, weil ich mich selbst nicht für lebens- und liebenswert erachte. Und es gibt jenes sogenannte Helfersyndrom, das mich zum Sklaven macht. Es ist von daher auch wichtig, sich mit sich selbst auseinanderzusetzen und sich damit konfrontieren zu lassen, dass meinem anscheinend spontanen und uneigennützigen Verhalten möglicherweise auch eine recht ungesunde und eigennützige Tendenz zu Grunde liegen mag, die nicht Ausdruck echten barmherzigen Verhaltens ist, sondern vielmehr echtes barmherziges Verhalten verhindert und verzerrt.*[147]

Die Befreiung von einem schwachen und sentimentalen Mitleid liegt nun aber gerade nicht darin, dass man zu einer professionellen und gefühlskalten Maschine mutiert, sondern vielmehr darin, dass man

> *... in der Tiefe der eigenen Existenz verwundbar bleibt, dass die Weichteile nicht verhärten, sodass sie gar nicht mehr »herumdrehbar« sind durch das Leid von Menschen. Um die Offenheit für diese emotionale Tiefe geht es, ohne die Versteinerungen nicht durchbrochen werden können, ohne die niemand fähig wäre, um des leidenden Menschen willen Barmherzigkeit vor Recht ergehen zu lassen, ohne die alles kalt bliebe, auch der Glaube. Denn Mitleid ist emotionaler Grund der Barmherzigkeit und damit auch des Glaubens an einen barmherzigen Gott.* [148]

Nicht weniger Mitgefühl ist darum die Lösung, sondern weniger oberflächliches und selbstbezogenes Mitgefühl!

Wenn es Ihnen jedoch so geht, wie Müller es beschreibt, und Sie sich selbst nicht als lebens- und liebenswert erachten, nützen alle guten Vorsätze nichts. Dann ist es notwendig, innerlich heil zu werden, zu entdecken, wie wertvoll Gott Sie geschaffen hat, um aus der Beziehung zu ihm Barmherzigkeit zu leben. Vielleicht ist dafür die Hilfe von Fachleuten aus Seelsorge und Therapie notwendig. Dann scheuen Sie sich nicht, diese in Anspruch zu nehmen.

OHNE EIN VERWUNDBARES, MITFÜHLENDES HERZ KÖNNEN WIR NICHT ZU BARMHERZIGEN MENSCHEN WERDEN.

Ohne ein verwundbares, mitfühlendes Herz können wir nicht zu barmherzigen Menschen werden. Als der Samariter den Überfallenen sah, da »empfand er tiefes Mitleid mit ihm«. [149] Wenn Ihr Herz motiviert ist, das Leiden der Menschen wirklich zu sehen, dann beten Sie bitte auch darum, dass Ihnen das, was sie sehen, zu Herzen geht. Bitten Sie den Heiligen Geist, dass er sie innerlich verwundbar macht, so wie sich Christus für uns verwundbar gemacht hat. Sie können dies mit Ihren eigenen Worten tun oder aber Sie schließen sich dem Gebet von Schwester Maria Faustyna Kowalska an:

> *Hilf mir, Herr, dass mein Herz barmherzig ist, auf dass ich alle Leiden der Nächsten empfinde, dass ich niemandem mein Herz versage, aufrichtigen Umgang auch mit denen pflege, von denen ich weiß, dass sie meine Güte missbrauchen werden; ich selbst werde mich im barmherzigsten Herzen Jesu verschließen. Über eigene Leiden will ich schweigen. Deine Barmherzigkeit, o mein Herr, soll in mir ausruhen.* [150]

Papst Franziskus weist auf einen weiteren Weg hin, ein verwundbares Herz zu erlangen: das Betrachten der Wunden Christi:

> *Wir können viel von Theologie sprechen, so viel… gute Dinge von Gott sprechen…, aber der Weg besteht darin, dass du in der Lage bist, Jesus Christus zu betrachten, das Evangelium zu lesen, was Jesus Christus getan hat: Er ist der Herr! Und dich in Jesus Christus zu verlieben und Jesus zu sagen, dass er dich erwählen möge, um ihm nachzufolgen, um zu sein wie er. Und das tut man mit dem Gebet und auch, indem man die Wunden des Herrn berührt. Nie wirst du Jesus Christus kennenlernen, wenn du nicht seine Wundmale, seine Wunden berührst.* [151]

Dies entspricht ganz dem, was der Apostel Paulus lehrt: Je mehr wir Jesus Christus anschauen, umso mehr werden wir in sein Bild verwandelt werden. [152] So wird seine Verwundbarkeit auch zu der unsrigen.

Der Durchbruch zur Tat

Wer von dem Leiden, das er sieht, innerlich ergriffen wird, der kann gar nicht anders, als unmittelbar zu handeln. Barmherzigkeit ist der Durchbruch zur Tat:

> *Barmherzigkeit schlägt auf die Schicht durch, die nicht mehr irgendwelchen Berechnungen oder anderen Interessen verfügbar gemacht werden kann. Es hat Durchbruchcharakter gegen alle Vorstellungen des Strafenwollens und der Rache, gegen alle Ideologien, Vorurteile, Konflikte und Feindschaften, und gegen sogenannte Gesetzmäßigkeiten und Prinzipien. Ein solches Mitleid ist nicht mehr hintergehbar, weil es unmittelbar auf Magen, Herz und Nieren durchschlägt und jeder Verhärtung widersteht, zum Beispiel indem man vorübergeht und Begründungen sucht, sich nicht treffen zu lassen.* [153]

Wie immer nun unsere barmherzige Tat im Einzelnen aussieht – klar ist, dass sie uns auf jeden Fall herausreißen wird aus dem, was wir eigentlich vorhatten. So heißt es im Gleichnis: »Er kniete sich neben ihn, behandelte seine Wunden mit Öl und Wein und verband sie. Dann hob er den Mann auf seinen eigenen Esel und brachte ihn zu einem Gasthaus, wo er ihn versorgte.« [154] Mit Joachim Jeremias können wir davon ausgehen, dass es sich bei dem Samariter um einen Kaufmann handelte, der »auf einem Esel oder Maultier seine Waren mit sich führte, auf einem zweiten selbst ritt. Dafür, dass er Kaufmann war, der die Strecke öfter zurücklegte, spricht auch seine Bekanntschaft mit dem Wirt und die Ankündigung baldiger Rückkehr.« [155]

Der Kaufmann zerreißt sein Gewand und macht daraus einen Verband (es ist kaum davon auszugehen, dass er einen Erste-Hilfe-Koffer bei sich hatte), er lindert die Schmerzen mit Öl und desinfiziert die Wunden mit Wein. Dann bringt er den Verletzten zur nächsten Herberge, übernachtet dort mit ihm und pflegt ihn. Am nächsten Morgen sorgt er dafür, dass sein Schützling weiterhin die bestmögliche Versorgung erhält, indem er dem Wirt zwei Denare bezahlt (ein Denar entsprach etwa einem vollen Tageslohn).

Sein ursprünglicher Zeitplan hat sich für diesen Kaufmann also erledigt. Stattdessen investiert er eine Menge an Zeit, Kraft, Geld und Herzblut, um sich für einen Mann einzusetzen, mit dem ihn überhaupt nichts verbindet. Ganz im Gegenteil: Zwischen den Juden und den Samaritern bestand eine tiefe Abneigung, die eine lange Vorgeschichte hatte. Zum unversöhnlichen Hass kam es schließlich durch einen Vorfall zwischen 6 und 9 n. Chr., als die Samariter während des jüdischen Passahfestes den Tempelplatz kultisch verunreinigten, indem sie dort um Mitternacht heimlich menschliche Knochen ausschütteten. Der evangelische Theologe Helmut Gollwitzer schreibt daher: »Es ist also sachlich zutreffend, wenn man zur Vergegenwärtigung bei heutiger Nacherzählung des Gleichnisses hier den Angehörigen der Menschengruppe einsetzt, die der jeweiligen Gruppe der Hörer am verächtlichsten oder feindlichsten ist.«[156]

Ein starkes Gefühl der Verbundenheit und Solidarität dürfte es also kaum gewesen sein, was den Kaufmann aus Samaria zu seiner Hilfsaktion bewogen hat, sondern vielmehr sein barmherziges Herz. Papst Franziskus fragt:

> *Warum … wählt Jesus einen Samariter als Hauptperson des Gleichnisses? Weil die Samariter aufgrund unterschiedlicher religiöser Traditionen bei den Juden verachtet waren; und dennoch lässt Jesus erkennen, dass das Herz jenes Samariters gut und großherzig ist und dass er – im Unterschied zum Priester und zum Leviten – den Willen Gottes in die Praxis umsetzt, dem*

mehr an Barmherzigkeit als an Opfern liegt (vgl. Mk 12,33). Gott will immer die Barmherzigkeit und nicht die gegen alle gerichtete Verurteilung. Er will die Barmherzigkeit des Herzens, weil er barmherzig ist und unsere Armseligkeiten, unsere Schwierigkeiten und auch unsere Sünden gut zu verstehen weiß. Gib uns allen dieses barmherzige Herz! Der Samariter tut genau das: Er ahmt die Barmherzigkeit Gottes nach, die Barmherzigkeit gegenüber den Bedürftigen.[157]

Dabei begibt sich der Samariter aufgrund seiner mitgeführten Waren übrigens wirklich in Gefahr – viel mehr als die beiden Geistlichen vor ihm. Denn es könnte ja durchaus sein, dass die Räuber noch in der Nähe sind und seine Rettungsaktion beobachten. In dem Fall wäre auch er ihrer rohen Gewalt hilflos ausgeliefert. Er hätte also einen guten Grund, ebenfalls schnell weiterzugehen und so zu tun, als ginge ihn die ganze Sache nichts an. Er könnte denken: »Sollen sich doch andere um diesen armen Mann kümmern!« Stattdessen bleibt er sofort stehen und greift beherzt ein, denn Barmherzigkeit ist der Durchbruch zur Tat. Dabei bleibt es nicht bei einer einzelnen punktuellen Handlung, sondern diese hat weitreichende Konsequenzen:

Der Mann bleibt der Aufgabe treu, trachtet nicht, sie baldmöglichst wieder loszuwerden, sondern erkennt an, dass sie eingedrungen ist in sein Leben. Dies zeigt die unverhältnismäßig breite Aufzählung seiner Maßnahmen bis zum Auftrag an den Herbergswirt: Schlag auf Schlag geschieht das Notwendige hintereinander; der Mann bleibt der Situation treu und lässt von ihren Erfordernissen, das heißt von den Erfordernissen des anderen, diktieren, was er zu tun hat. Er improvisiert – aber er organisiert auch.[158]

Nicht immer wird die barmherzige Tat so viel Zeit, Kraft und Geld kosten wie im Falle des barmherzigen Kaufmanns aus Samaria. Immer aber wird sich die Barmherzigkeit am Leiden des Nächsten orientieren – und dann wird sie tun, was getan werden muss! Es gibt eben nichts Gutes, außer man tut es![159] Etwas differenzierter drückt es der evangelische Theologe Dietrich Bonhoeffer aus:

> *Die Frage: Wer ist denn mein Nächster? ist die letzte Frage der Verzweiflung oder der Selbstsicherheit, in der der Ungehorsam sich rechtfertigt. Die Antwort ist: Du selbst bist der Nächste. Gehe hin und sei gehorsam in der Tat der Liebe. Nächster zu sein ist nicht eine Qualifikation des Anderen, sondern ist sein Anspruch an mich, sonst nichts. In jedem Augenblick, in jeder Situation bin ich der zum Handeln, zum Gehorsam Geforderte.*[160]

In diesen Zusammenhang gehört auch die Mahnung des Apostels Jakobus:

> *Denn es wird keine Barmherzigkeit für den geben, der anderen gegenüber nicht barmherzig war. Wer aber barmherzig war, wird auch vor dem Gericht Gottes bestehen. Liebe Brüder, was nützt es, wenn jemand von seinem Glauben spricht, aber nicht entsprechend handelt? Ein solcher Glaube kann niemanden retten. Angenommen, jemand sieht einen Bruder oder eine Schwester um Nahrung oder Kleidung bitten und sagt: »Lass es dir gut gehen, Gott segne dich, halte dich warm und iss dich satt«, ohne ihnen zu essen oder etwas anzuziehen zu geben. Was nützt ihnen das? Es reicht nicht, nur Glauben zu haben. Ein Glaube, der nicht zu guten Taten führt, ist kein Glaube – er ist tot und wertlos.*[161]

Papst Franziskus kommentiert:

> *Das ist eine so klare, so direkte, so einfache und vielsagende Botschaft, dass keine kirchliche Hermeneutik das Recht hat, sie zu relativieren. Die Reflexion der Kirche über diese Texte dürfte deren ermahnende Bedeutung nicht verdunkeln oder schwächen, sondern vielmehr helfen, sie sich mutig und eifrig zu eigen zu machen. Warum komplizieren, was so einfach ist?*[162]

An dieser biblischen Botschaft gibt es tatsächlich nichts zu deuteln. Insofern lande ich dann doch wieder bei Erich Kästner: »Es gibt nichts Gutes, außer man tut es!«

Ohne den Durchbruch zu barmherzigen Taten ist der christliche Glaube tot und damit so wert- und fruchtlos wie ein toter Olivenbaum. Doch tief verwurzelt in Jesus Christus werden die Augen der Menschen, die ihm folgen, sehend, ihre Herzen empfindsam und ihre Hände tätig. Ihr Glaube bringt Frucht, indem er zur Tat wird. Den Notleidenden wird geholfen und Gott wird geehrt!

8 |

»DEIN REICH KOMME« – Die Folgen der Barmherzigkeit

Glücklich sind die Barmherzigen, denn sie werden Barmherzigkeit erfahren.

Matthäus 5,7

Hilfe für die Notleidenden

Gelebte Barmherzigkeit ist kein Handeln mit versteckten Motiven. Sie ist nicht berechnend, sondern geschieht aus einem mitleidenden und gehorsamen Herzen heraus: Wer fühlt, was er sieht, der tut, was er kann. Punkt.

Insofern ist die erste und wichtigste Folge der Barmherzigkeit zunächst einmal die, dass einem (oder mehreren) notleidenden Menschen geholfen wird. Im Falle unseres Gleichnisses ist dies der Überfallene am Wegesrand, der ohne die Hilfe des Samariters wohl elendig verbluten oder verdursten würde. Und in unserer Zeit und unserer Gesellschaft sind es vernachlässigte Kinder, gestrandete Flüchtlinge, frierende Obdachlose, pflegebedürftige Senioren, Opfer von Gewalt und Täter der Gewalt, psychisch oder körperlich Kranke, Menschen mit Handicap, Einsame, Mittellose, Hilflose,

Trauernde, Sterbende und viele mehr, die tagtäglich die Hilfe von Menschen erfahren, die für sie zum Nächsten werden.

Viele der Helferinnen und Helfer arbeiten im Bereich der Care-Arbeit, also dort, wo man den Schwachen, Ausgegrenzten und Notleidenden mit tatkräftiger Wertschätzung begegnet: in Krankenhäusern, Alten- und Pflegeheimen, Betreuungseinrichtungen und Beratungsstellen, in Kindergärten, (Sonder-)Schulen, Sozialstationen, Hospizen und an vielen anderen Stellen. Sie tun dies mit großer Einsatzbereitschaft und Leidenschaft, oft über die Grenzen der eigenen Belastungsfähigkeit hinaus. Und dennoch wird ihnen die gebührende Anerkennung in der Regel versagt.

Während ich diese Zeilen schreibe, ist dies ausnahmsweise einmal anders, denn da sich unser ganzes Land im »Corona-Modus« befindet, erhalten Menschen, die im Gesundheitswesen und in der Grundversorgung arbeiten, eine ganz besondere Aufmerksamkeit. Wir erkennen, dass ihre tägliche Arbeit für uns »systemrelevant« ist, und applaudieren ihnen laut. Das ist auch völlig angemessen. Darüber hinaus aber kann man diesen Menschen nur wünschen, dass ihnen die jetzige Anerkennung nach der Corona-Krise noch erhalten bleibt und dass sie sich auf ihren Gehaltszettel auswirkt. Die Kolumnistin Samira El Ouassil bemerkt messerscharf:

> *Besonders hilfsbereite und/oder finanziell abhängige Personen, die in den systemrelevanten Berufen arbeiten, arbeiten schon ohnehin mehr, als sie können, eben weil ihre Berufe so systemrelevant sind, und kriegen dann dafür auch noch weniger, als sie sollten. Das ist ein komplett verkorkstes Prinzip, in dem die Personen, die derart viel gesellschaftlichen Wert schaffen, gleich zweimal ausgebeutet werden. Und die Schieflage nicht nur staatlich dankend angenommen, sondern aus Pragmatismus eingeplant wird.*[163]

Eine Explosion der Freiheit

Barmherzigkeit hat Folgen für die, denen sie widerfährt: Kranke werden versorgt, Hungernde gespeist, Einsame besucht, Flüchtende eingeladen, Sterbende begleitet, Trauernde getröstet. Wo immer sie auch auftaucht: Barmherzigkeit lindert Not – und darum geht es. Für viele der Menschen, die sie erfahren, geht es dabei aber um noch mehr: Nicht selten machen sie zum ersten Mal seit Langem die Erfahrung, dass sich jemand wirklich für sie interessiert – und das gibt ihnen ihre Würde zurück.

Darum ist Barmherzigkeit nicht allein Balsam für den Körper, sondern auch für die Seele. Ein Beispiel für diesen Zusammenhang sind alkoholabhängige Menschen. Das Trinken des Zellgifts Ethanol ist in unserer Gesellschaft so anerkannt, dass man sich fast schon rechtfertigen muss, wenn man darauf verzichtet. Selbst alkoholische Exzesse sind ab und zu okay und man kann sich am nächsten Tag vor seinen Kollegen damit brüsten. Nur eines darf auf gar keinen Fall passieren: Man darf nicht süchtig werden und die Kontrolle über seinen Konsum verlieren. Denn wenn das passiert, ist es mit der gesellschaftlichen Akzeptanz sofort vorbei. Dann ist man auf einmal der »Alki« und gilt als ein Mensch ohne Anstand und Willenskraft.

SUCHTKRANKE BETRACHTEN SICH OFT ALS GESELLSCHAFTS-MÜLL, DEN MAN GETROST ENTSORGEN KANN.

Zugegeben: Manchmal wollen suchtkranke Menschen gar keine Heilung, sondern nur ein Pflaster, oder sie missbrauchen die Hilfsbereitschaft anderer, um an Stoff zu kommen. Doch wenn sie wirklich Hilfe suchen, dann sind sie oft so voller Scham und Hass auf sich selbst, dass es schwer ist, sie davon zu überzeugen, dass man ihnen hilft, weil sie es wert sind. Sie selbst betrachten sich als Gesellschafts-Müll, den man getrost entsorgen kann. Durch die Erfahrung der Barmherzigkeit erkennen sie mehr und mehr, dass sie einzigartige Menschen sind: angenommen, geliebt und wertgeschätzt. Sie müssen sich nicht länger verachten, sondern können endlich barmherziger zu sich selbst werden. Wunibald Müller nennt dies eine »Explosion der Freiheit«:

> *Barmherzigkeit gegenüber sich selbst: Wo das gelingt, wirklich zugelassen und erfahren wird, da krachen die Nähte auf, da zerspringen die Ketten, die bis dahin mich niedergehalten, bedrückt, gedrückt, eingesperrt durchs Leben haben gehen lassen … Wo ich mir wirklich in Barmherzigkeit begegnen kann, da findet eine Explosion der Freiheit statt, da stürzen Götter und Götzen vom Sockel, die mich bisher bestimmt, manipuliert, zensiert haben. Da wird mich niederhaltenden, mich heruntermachenden, mich aufreibenden Schuldgefühlen der Boden weggezogen. Wo ich mir in Barmherzigkeit zu begegnen vermag – wirklich –, … da kann ich nur aufschreien und tanzen vor Freude, da geschieht mir ein Wunder. Da berührt mich Gott selbst, lässt ER mich seine zärtliche Barmherzigkeit spüren, zumindest aber erahnen.* [164]

Auch ich gehöre zu den suchtkranken Menschen, die eine solche Erfahrung gemacht haben. Ich habe das Wunder erlebt, von dem Müller schreibt. Und ich kann es nur bestätigen: Sich endlich selbst in Barmherzigkeit begegnen zu können – das ist wirklich eine Explosion der Freiheit.

Barmherzigkeit für die Barmherzigen

Barmherzigkeit hat Folgen für die, denen sie widerfährt – und darum geht es an allererster Stelle. Sie hat aber auch Folgen für diejenigen, die sie ausüben und leben. Und diese Folgen sind gewaltig. Jesus sagt: »Glücklich sind die Barmherzigen, denn sie werden Barmherzigkeit erfahren.«[165] Mein Pastorenkollege Sebastian Rink schreibt in einem Buch über die Bergpredigt:

> *Jesus scheint überzeugt: Wer barmherzig handelt, wird hautnah miterleben, welch tiefe Bedeutung und höchster Wert der Barmherzigkeit zukommen. Der/Die wird erfahren, wie heilsam es ist, nicht auf Paragrafen davonzureiten, sondern bei den vergessenen Menschen sitzen zu bleiben. Bei denen, die ausgeschlossen sind aufgrund äußerer Umstände oder innerer Werte.*[166]

Wieder einmal möchte ich hier ausdrücklich vor einem romantisierenden Missverständnis warnen: Die barmherzige Tat ist nicht immer erfolgreich und wird auch nicht in allen Fällen gedankt. Manchmal opfert man sich auf, man macht und tut und sorgt sich, nur um am Ende frustriert und verärgert festzustellen, dass die Hilfe schamlos ausgenutzt worden ist. Doch immer wieder gibt es eben auch das andere: Man sieht, wie Menschen innerlich und äußerlich heil werden und aufblühen, weil jemand ihnen ihre Würde zurückgibt. Und diese heilsame Wirkung der Barmherzigkeit zu erleben ist dann wirklich ein Stück Himmel auf Erden.

Nach den Worten von Jesus sind barmherzige Menschen darüber hinaus aber vor allem deshalb glücklich zu preisen, weil ihnen selbst Barmherzigkeit widerfahren wird. Damit setzt Jesus voraus, dass auch sie in Situationen kommen werden, in denen sie auf Barmherzigkeit angewiesen sind. Und er betont: In solchen Situationen dürfen sich die Barmherzigen der Barmherzigkeit ihres himmlischen Vaters gewiss sein!

Wie wichtig diese innere Gewissheit ist, möchte ich an einem persönlichen Beispiel verdeutlichen:

Vor einiger Zeit bekam ich einen Telefonanruf, in dem mich eine Frau aus meiner Heimat darum bat, mich um ihren depressiven und alkoholabhängigen Neffen zu kümmern, der ganz in meiner Nähe wohnte, nach dem Motto: »Könnten Sie nicht mal bei ihm vorbeischauen?« Da ich den Eindruck hatte, dass dieser Mensch mir quasi vor die Füße gelegt wurde, sagte ich zu. Doch dann schob ich den versprochenen Besuch über mehrere Wochen vor mir her aus Angst, abgelehnt zu werden. Als ich den Mann schließlich doch besuchte, war unser Gespräch erfreulich offen und herzlich.

Wenig später wurde ich darüber informiert, dass er nicht mehr zu Hause sei, sondern in der Psychiatrie auf der Entgiftungsstation. Nach einigem Zögern besuchte ich ihn auch dort und wir vereinbarten, dass er nach seiner Entlassung zu mir in die Beratungsstelle des Blauen Kreuzes kommen würde. Er kam tatsächlich und machte auf mich einen zuversichtlichen Eindruck. Als er nach rund einer Stunde mein Büro verließ, war ich mir sicher, er sei auf einem guten Weg. Doch dann rief mich etwas später seine Schwester an und bat mich, mal bei ihm zu Hause vorbeizuschauen. Sie könne ihn telefonisch nicht erreichen und habe kein gutes Gefühl. Wieder ließ ich wertvolle Zeit verstreichen, bis ich am übernächsten Tag endlich bei ihm klingelte. Niemand öffnete mir und in der Wohnung regte sich nichts.

Als ich daraufhin bei seiner Schwester anrief, erhielt ich die schreckliche Nachricht, dass er sich in seiner Wohnung umgebracht hatte – mit einer Mischung aus Alkohol und Tabletten. In diesem Moment brachen in meinem Gewissen alle schützenden Dämme, und eine Flutwelle von Selbstanklagen überrollte mich: »Volker, den Tod dieses Mannes hast du zu verantworten. Hättest du dich leidenschaftlicher und professioneller um ihn gekümmert, dann wäre er jetzt noch am Leben.«

Meine Frau und meine Kollegen versuchten mich davon zu überzeugen, dass dies nicht der Wahrheit entsprach, doch ihre tröstenden Worte erreichten mich nicht und konnten mich nicht davon abhalten, mich weiter selbst zu zerfleischen. Doch dann kam mir das Vorwort des Psychoanalytikers Dr. Haßfeld zu meinem eigenen Buch in den Sinn. Dort schreibt er über einen der Apostel:

> *Johannes weist uns darauf hin, dass wir uns ganz einem gütigen Gott anvertrauen können und nicht einem überstrengen Gewissen ausgeliefert sind: »Doch auch wenn unser Gewissen uns schuldig spricht, dürfen wir darauf vertrauen, dass Gott barmherziger mit uns ist als wir selbst. Er kennt uns ganz genau« (1. Johannes 3,20; HFA).*[167]

Diesem gütigen Gott habe ich mich im Gebet anvertraut – und das Ergebnis war ein befreiendes Wunder: Ich habe in der Tiefe meines Herzens die Barmherzigkeit Gottes erfahren und seitdem sind die quälenden Selbstanklagen vorbei! Durch diese Erfahrung ist mir klar geworden: Wer barmherzig ist, der wird niemals perfekt sein und den Menschen, für die er sich einsetzt, wohl immer etwas schuldig bleiben. Doch in all seiner Fehlerhaftigkeit darf er umso mehr darauf vertrauen, dass ihm die Barmherzigkeit Gottes gilt, denn Gottes Herz schlägt für diejenigen, die ein barmherziges Herz haben.

Rettung im Gericht

Im dritten Kapitel habe ich bereits etwas angedeutet, das ich hier noch einmal näher erläutern möchte:

Wenn Jesus davon spricht, dass die Barmherzigen glückselig sind, weil ihnen Barmherzigkeit widerfahren wird, dann bezieht sich dies auch auf das göttliche Gericht, also auf den Tag, an dem sich jeder Mensch vor dem heiligen Gott verantworten muss. Nun weiß ich natürlich nicht, ob Sie überhaupt an ein »Jüngstes Gericht« glauben und was dieses Wort bei Ihnen auslöst. Ich persönlich rechne fest damit und stelle fest: Die Vorstellung von diesem Gerichtstag ist für mich tröstend und erschreckend zugleich: Tröstend, weil sie bedeutet, dass jedes Unrecht einmal gesühnt werden wird, und sei es bislang noch so verborgen gewesen. Erschreckend ist jedoch, dass an diesem Tag auch meine Lebensbilanz, mein Tun und Lassen, an den göttlichen Maßstäben gemessen werden wird. Und dabei wird es für mich sicherlich nicht gut aussehen, es sei denn, ich begegne einem barmherzigen und gnädigen Richter.

Allerdings habe ich die begründete Hoffnung, dass dies so sein wird. Das Neue Testament sagt recht unmissverständlich, dass es am Tag des Gerichts keine Barmherzigkeit geben wird für diejenigen, die anderen gegenüber nicht barmherzig waren. Das bedeutet nun aber umgekehrt: »Wer aber barmherzig war, wird auch vor dem Gericht Gottes bestehen.«[168] Wie schon erwähnt gibt es bei mir in Sachen Barmherzigkeit noch sehr viel Luft nach oben. Dennoch würde ich mich als einen barmherzigen Menschen bezeichnen – und eben darin liegt meine Hoffnung.

»WER ABER BARMHERZIG WAR, WIRD AUCH VOR DEM GERICHT GOTTES BESTEHEN.«

Bitte verstehen Sie mich nicht falsch: Wie bereits erläutert kann sich niemand sein Heil verdienen, auch nicht durch ein barmherziges Leben. Es geht in diesem Zusammenhang also nicht um eine Werkgerechtigkeit, sondern vielmehr darum, dass ein Glaube ohne Taten der Barmherzigkeit kein lebendiger, sondern ein toter Glaube ist – und ein toter Glaube vermag den Menschen nicht zu retten.

Auf den Punkt gebracht: Die Frage nach der eigenen Barmherzigkeit ist von höchster Relevanz für das eigene Heil, die eigene Rettung im Jüngsten Gericht, denn unbarmherzige Menschen werden dort einem unbarmherzigen Gott begegnen. Doch »himmelsglücklich« werden die Barmherzigen sein, denn sie werden Barmherzigkeit erfahren.

Der Weg zum Herzen der Menschen

Gelebte Barmherzigkeit ist kein Mittel zum Zweck; sie geschieht nicht, um Menschen auf diese Weise für Jesus zu gewinnen, sondern um Not zu lindern. By the way: Das stört mich auch an dem Begriff »Freundschafts-Evangelisation«: Er vermittelt den Eindruck, dass man nur deshalb Freundschaften schließt, weil man Menschen ködern und sie »zu Jesus führen« will. Ich persönlich schließe Freundschaften in erster Linie, weil sie mir guttun und ich sie brauche. In einer guten und tragfähigen Freundschaft werde ich dann aber auch ganz selbstverständlich über meinen Glauben an Jesus sprechen, der meinem zerbrechlichen Leben Sinn, Halt und Hoffnung gibt.

Ebenso verhält es sich mit der Barmherzigkeit: Sie geschieht in erster Linie deshalb, weil ein notleidender Mensch sie braucht. Mit der Zeit werde ich als Christ jedoch ganz selbstverständlich darauf zu sprechen kommen, dass ich selbst jemand bin, der Barmherzigkeit erfahren hat: die Barmherzigkeit Gottes, die mir in Jesus Christus begegnet. Einem von Gott geliebten Menschen das Evangelium vorzuenthalten, das wäre im höchsten Maße unbarmherzig! Gerade weil die Barmherzigkeit um das Wohl und Heil des ganzen Menschen bemüht ist, wird sie sowohl durch Taten als auch durch Worte von Jesus reden – aber eben in dieser Reihenfolge. Papst Franziskus sagt:

> *Es ist entscheidend für die Kirche und für die Glaubwürdigkeit ihrer Verkündigung, dass sie in erster Person die Barmherzigkeit lebt und bezeugt! Ihre Sprache und ihre Gesten müssen die Barmherzigkeit vermitteln und so in die Herzen der Menschen eindringen und sie herausfordern, den Weg zurück zum Vater einzuschlagen.* [169]

In den vergangenen dreißig Jahren hat sich unsere Gesellschaft sehr stark verändert. Was früher selbstverständlich war, ist es heute längst nicht mehr. Vielleicht lässt sich am ehesten am Web 2.0, also am interaktiven Internet, verdeutlichen, was uns als postmoderne Menschen prägt: Wir sind es gewohnt, die Welt auf unser Smartphone zu laden, abzuwägen, zu vergleichen und schließlich alles zu löschen, was uns unattraktiv oder irrelevant erscheint. Für die Kirche bedeutet dies, dass sie ihr Monopol auf die Klärung religiöser Fragen ein für alle Mal verloren hat. Auf dem spirituellen Markt der Möglichkeiten ist sie nicht mehr als ein Anbieter unter vielen – und ein zweifelhafter Anbieter noch dazu, wenn man etwa ihren zögerlichen Umgang mit den Formen sexueller Gewalt in den eigenen Reihen betrachtet. Die Kirche steckt in einer tiefen Relevanzkrise, sie wird vielfach belächelt, gerade noch geduldet, aber kaum noch wirklich ernst genommen!

Und die Freikirchen? Die haben weniger Skandale auf dem Buckel und sind in der Regel noch nicht alt genug, um sich ihren Ruf völlig verspielt zu haben. Dennoch stecken auch sie fest, und zwar gerade dort, wo ihr Herz am leidenschaftlichsten schlägt: in der sogenannten Evangelisation, also in dem Bemühen, Menschen in die Nachfolge von Jesus zu rufen. Die Freikirchen befinden sich in einer fetten Evangelisationskrise. Laut einer Studie von Philipp Bartholomä, Professor für praktische Theologie an der FTH Gießen, erlebt der Bund Freier evangelischer Gemeinden (FeG) mit 0,7 Bekehrungen pro Gemeinde pro Jahr noch das stärkste Bekehrungswachstum aller freikirchlichen Bünde.[170] Mit anderen Worten: In den anderen Freikirchen sieht es noch übler aus als im Bund FeG! Und dort lassen sich pro Gemeinde in drei Jahren im Durchschnitt nur zwei Menschen zu einem Leben in die Nachfolge von Jesus rufen!

Was also ist zu tun? Welche Formen der Verkündigung braucht es, um der frohen Botschaft von Jesus Christus wieder Gehör zu verschaffen?

Aus der Vielzahl der Antworten möchte ich hier (etwas vereinfacht) zwei Gruppen herausgreifen: Auf der einen Seite ist da der konservative Flügel, der betont: »Wir müssen damit aufhören, uns dem Zeitgeist anzupassen und den Leuten nach dem Mund zu reden. Stattdessen sollten wir umso klarer und deutlicher das reine Wort Gottes verkündigen. Das heißt: Wir brauchen wieder viel mehr Predigten über den Zorn Gottes und über die Hölle. Wir sollten die Menschen zur Buße rufen, anstatt ihnen ständig Honig ums Maul zu schmieren.«

Demgegenüber steht der progressive Flügel, der erklärt: »Wir müssen die Botschaft des Evangeliums dem postmodernen Menschen anpassen. Wir sollten ihm einen Gott verkündigen, mit dem er etwas anfangen kann, einen Gott, der ihm dabei hilft, seine eigenen Ziele zu verwirklichen. Hören wir also endlich damit auf, an unseren Hörern herumzufrickeln und sie schlechtzumachen. Malen wir ihnen den lieben Gott ins Herz. Nur so werden wir sie erreichen.«

Ich betone hier noch einmal, dass ich diese beiden Pole aus Gründen der Anschaulichkeit stark vereinfacht habe. Dazwischen gibt es natürlich zahlreiche Variationen und Schattierungen. Doch gehen wir jetzt einmal davon aus, dass diese beiden Antworten so einigermaßen die zwei Hauptrichtungen darstellen, um die Kirche aus der Krise zu führen. Was ist von diesen Richtungen zu halten? Meine persönliche Meinung ist:

Die Verkündigung des reinen Wortes Gottes klingt zunächst sehr verlockend (wobei dann auch zu klären wäre, was das denn überhaupt ist: das »reine« Wort Gottes). Zudem scheint das Ergebnis den »Law & Order«-Gemeinden, die diese Art der Verkündigung vertreten, recht zu geben, denn ihre Gottesdienste sind sehr gut besucht. Nun kenne ich keine Statistiken für diesen Bereich, aber nach meiner Erfahrung werden solche Gemeinden überwiegend von bereits gläubigen Menschen aus der gesamten Umgegend besucht, die eine solche Verkündigung suchen und brauchen. Denn je mehr sie ihre Welt aufgeteilt wissen in Schwarz und Weiß, Gut und Böse, drinnen und draußen, umso mehr gibt ihnen dies das gute Gefühl: »Ich bin drinnen und nicht draußen!«

Damit Sie mich nicht falsch verstehen: Natürlich gibt es in der Botschaft Jesu ganz unmissverständlich ein Drinnen und ein Draußen – nur sollten wir uns davor hüten, darüber zu entscheiden, welche Menschen drinnen und welche draußen sind. Davor warnt Jesus seine Jünger ausdrücklich in dem »Gleichnis vom Unkraut unter dem Weizen«.[171]

Selbstverständlich sollte eine christliche Verkündigung die Botschaft vom göttlichen Zorn auch nicht aussparen. Vermutlich bin ich sogar der einzige Pastor, der eine fünfteilige Predigtreihe zu diesem Thema gehalten hat mit dem Titel: »Die Mär vom lieben Gott«. Allerdings geschieht diese Predigt nicht, um den Menschen Angst einzujagen, sondern um ihnen ins Herz zu schreiben, wie unendlich groß die Barmherzigkeit Gottes ist, mit der er seinen heiligen Zorn überwindet (Hosea 11,8-9).

Mein Fazit lautet: Der oben beschriebene konservative Weg vermag sicher eine große Zahl von Christen anzulocken, doch zu mehr »Bekehrungen« führt er nicht. Gleiches gilt nun aber auch für den rein progressiven Weg: Ein süßer Schokodrink ist allemal leckerer als ein Glas Salzwasser. Ein Gott ohne Ecken und Kanten lässt sich viel leichter dem eigenen Wertesystem unterordnen als ein heiliger Gott. Das macht die Sache mit dem Glauben zunächst einmal einfacher. Das Problem ist allerdings, dass der religiöse Markt eine Vielzahl weiterer Anbieter hat, bei denen der Glaube unter Umständen noch etwas einfacher ist als in der progressiven Kirche. Und das bedeutet: Sobald es irgendwie ungemütlich wird für den postmodernen Hörer, sucht er woanders sein Glück und sein Heil. Dieser Weg überzeugt mich darum ebenso wenig.

DIE BARMHERZIGKEIT GOTTES, MIT DER ER SEINEN HEILIGEN ZORN ÜBERWINDET, IST UNENDLICH GROSS.

Vermutlich ahnen Sie es bereits: Ich möchte gerne einen dritten Weg beschreiben, der mir in der heutigen Zeit umso nötiger erscheint: die Verkündigung des Evangeliums durch die Sprache der Barmherzigkeit. Frauen und Männer, die Gottes Barmherzigkeit erfahren haben, geben diese an andere weiter, indem sie fühlen, was sie sehen, und tun, was sie können. Das ist eine Sprache, die auch den postmodernen Menschen erreicht. Papst Franziskus spricht mir aus der Seele, wenn er betont:

> *Wir brauchen Christen, die für die Menschen unserer Zeit die Barmherzigkeit Gottes und seine Zärtlichkeit allen Geschöpfen gegenüber sichtbar machen. Wir alle wissen, dass die derzeitige Krise der Menschheit nicht nur oberflächlich ist, sie geht in die*

Tiefe. Aus diesem Grund muss sich die Neuevangelisierung der Sprache der Barmherzigkeit bedienen, während sie dazu aufruft, den Mut zu haben, gegen den Strom zu schwimmen, sich von den Götzen zum einzigen wahren Gott zu bekehren – einer Barmherzigkeit, die zuerst aus Gesten und Haltungen besteht und erst dann aus Worten. Die Kirche sagt mitten unter den Menschen von heute: Kommt alle zu Jesus, die ihr euch plagt und schwere Lasten zu tragen habt... Kommt zu Jesus. Er allein hat Worte des ewigen Lebens.[172]

Aus meiner Sicht ist das in der Tat der »Königsweg« zum Herzen der Menschen. Und es ist zugleich der Weg, den Jesus selbst uns vorgelebt und verkündigt hat.

Dringlicher denn je!

Das also sind sie, die Folgen der Barmherzigkeit:

Notleidende Menschen erfahren Hilfe an Körper, Seele und Geist. Die Barmherzigkeit heilt ihre Wunden und gibt ihnen ihre Würde zurück.

Barmherzige Menschen werden davor bewahrt, sich für ihre Fehler und Versäumnisse selbst zu verdammen, weil die Barmherzigkeit Gottes größer ist als ihr strenges Gewissen.

Nachfolgerinnen und Nachfolger von Jesus werden im Gericht Gottes seine Barmherzigkeit erfahren, da sie selbst barmherzig gewesen sind.

Entkirchlichte Menschen erfahren die barmherzige Liebe Gottes am eigenen Leib und werden offen für das Evangelium.

Die Barmherzigkeit ist kein Randthema des christlichen Glaubens, bei dem es ganz nett ist, mal darüber nachzudenken. Vielmehr ist die Barmherzigkeit wie das Öl des Glaubens, ohne es würde das Feuer der leidenschaftlichen Liebe Gottes bald erlöschen. Je kälter diese Welt wird, umso dringlicher brauchen wir die Barmherzigkeit! So schreibt Walter Kardinal Kasper:

> *Augustinus, der große Kirchenlehrer des Westens, hat nach seinem eigenen Zeugnis in seinem Leben die Barmherzigkeit und Nähe Gottes besonders dann erfahren, wenn er sich am meisten von ihm fern wusste. Er schrieb in seinen Bekenntnissen »Dir sei Dank, dir sei Ruhm, du Quell der Erbarmung! Ich wurde elender und du wurdest mir näher.« Und er fügte hinzu: »Es schweige mit seinem Gotteslob, wer nicht zuerst die Barmherzigkeitserweise Gottes betrachtet.« In der Tat, wir müssten von Gott schweigen, wenn wir den Menschen in so viel leiblicher und geistiger Not nicht die Botschaft von Gottes Barmherzigkeit neu zu sagen wüssten. Die Frage nach dem Erbarmen Gottes ist nach all den fürchterlichen Erfahrungen des 20. wie des noch jungen 21. Jahrhunderts heute dringlicher denn je.* [173]

Gott sei Dank müssen wir nicht schweigen, denn das Öl der erfahrenen Barmherzigkeit Gottes wird in uns zu einer Leidenschaft, die uns für unsere Mitmenschen in barmherziger Liebe brennen lässt. Auf diese Weise vollzieht sich in unserem Leben, in unserem Umfeld, in unserer Gesellschaft und in unserem Land genau das, worum wir täglich beten: »Dein Reich komme. Dein Wille geschehe wie im Himmel so auf Erden!« [174]

TEIL 3

»EINFACH VORBEI-GEGANGEN«

WAS BARMHERZIGKEIT BREMST

9 |

»FROMME BARRIEREN« – Angst vor der Barmherzigkeit

Nun geht und denkt einmal darüber nach, was mit dem Wort in der Schrift gemeint ist: »Ich will, dass ihr barmherzig seid; eure Opfer will ich nicht.«

Matthäus 9,13

Angst essen Hilfe auf

In manchen Menschen löst das Leid, welches ihnen auf ihrem Weg begegnet keinen Empathie-Reflex aus, sondern einen Angst-Reflex, darum gehen sie lieber auf Distanz. Dies geschieht meines Erachtens auch im Gleichnis vom barmherzigen Samariter. Der Priester und der Tempeldiener haben vermutlich verschiedene Ängste, die sie davon abhalten, dem Verletzten zu helfen.

Zum einen ist da die Angst davor, sich kultisch zu verunreinigen. Dies wäre nach dem Gesetz des Mose dann der Fall, wenn der Überfallene im Sterben läge oder bereits tot wäre:

> *Wer einen Toten berührt, bleibt sieben Tage lang unrein. Am dritten und am siebten Tag soll er sich mit dem Reinigungs-*

wasser reinigen und ist dann wieder rein. Reinigt er sich jedoch nicht am dritten und am siebten Tag, so wird er nicht rein. Wer einen Toten berührt und sich nicht auf die vorgeschriebene Weise reinigt, verunreinigt das Heiligtum des Herrn und muss aus Israel ausgestoßen und getötet werden. Da er nicht mit dem Reinigungswasser besprengt wurde, bleibt er unrein. [175]

Einen Toten zu berühren ist für fromme Juden also alles andere als eine Kleinigkeit. Die Reinigung ist mit sehr viel Aufwand verbunden und die beiden Geistlichen wären für einige Tage dienstunfähig.

Vielleicht haben die beiden auch Angst, selbst überfallen zu werden. Es ist ja nicht auszuschließen, dass die Räuber noch immer hinter dem nächsten Busch lauern und sich das Geschehen ansehen. Dann würden sich die beiden einer akuten Gefahr aussetzen, und eben dies wollen sie nicht riskieren.

Ein dritter Grund könnte die Angst vor Überforderung sein, denn es ist offensichtlich, dass der Verwundete mehr braucht als ein schnelles »Kopf hoch, das wird schon wieder!«. Er muss versorgt und gepflegt werden, und das wird Zeit, Kraft und vermutlich auch Geld kosten. Schon bei der Vorstellung dieser unvermeidlichen Folgen wächst den beiden Männern das Ganze über den Kopf. Also gehen sie lieber schnell weiter.

Eine vierte – etwas subtilere Angst – könnte schließlich noch die sein, durch eine vorschnelle Hilfe in das Handeln Gottes einzugreifen. Priester und Tempeldiener in der damaligen Zeit waren geprägt von der Vorstellung eines Tun-Ergehen-Zusammenhangs: »Wem Böses widerfährt, der wird sich wohl zuvor versündigt haben, darum empfängt er nun die Strafe Gottes.« Im Alten Testament begegnet uns diese Überzeugung bei den Freunden Hiobs und im Neuen Testament bei der Frage der Jünger angesichts eines

Blindgeborenen am Wegesrand: »Warum wurde dieser Mann blind geboren? Ist es wegen seiner eigenen Sünden oder wegen der Sünden seiner Eltern?«[176] Eine solche Haltung führt zu der Angst, durch eine spontane Hilfe in die Pläne Gottes einzugreifen. Man könnte denken:

> *War nicht das Geschick, das den Überfallenen getroffen hatte, nur zu verstehen, wenn man mehr als das vordergründige Geschehen sah: wenn man in allem Gottes Hand als den entscheidenden Faktor begriff? Musste man nicht theologisch, statt von einer Räubergeschichte zu sprechen, von Gottes Gericht reden – und war es dann nicht verwehrt, in Gottes Gericht sozusagen einzugreifen, musste man Gottes Hand nicht respektieren?*[177]

Jesus verrät uns in seinem Gleichnis nicht, was genau den Priester und den Tempeldiener bewogen hat, zu dem Verletzten auf Distanz zu gehen. Klar ist jedoch, dass beide ihn gesehen haben. Also muss es in ihrem Herzen einen Angst-Reflex gegeben haben, der es ihnen unmöglich machte, Mitgefühl zu entwickeln.

ÄNGSTE WERDEN DURCH DAS VERTRAUEN AUF JESUS CHRISTUS, DEN AUFERSTANDENEN HERRN ÜBERWUNDEN.

In Anlehnung an den Film von Rainer Werner Fassbinder zeigt sich auch bei diesem Drama: *Angst essen Hilfe auf!* Das aber bedeutet: Will man in unseren Kirchen und Gemeinden ein Klima der Barmherzigkeit schaffen, dann kommt es entscheidend darauf an, den Gläubigen ihre Ängste zu nehmen. Das wiederum geschieht in erster Linie durch eine lebendige Christus-Verkündigung, denn die hier beschriebenen Ängste werden einzig durch das Vertrauen auf Jesus Christus, den auferstandenen Herrn überwunden.

Angst vor Verunreinigung

Wir leben als Christinnen und Christen nicht mehr im Alten Bund und die Angst vor einer kultischen Verunreinigung ist uns fremd. Dennoch gibt es auch heute die Angst, sich durch die Zuwendung zu einer bestimmten Personengruppe gleichsam von Gott zu entfernen. In diesem Zusammenhang verweisen Gläubige dann oft auf die Mahnung des Apostels Paulus:

> *Macht nicht gemeinsame Sache mit Ungläubigen. Wie kann die Gerechtigkeit sich mit der Gesetzlosigkeit zusammentun? Wie kann das Licht mit der Finsternis zusammenleben? Welche Übereinstimmung kann es zwischen Christus und dem Teufel geben? Welche Gemeinsamkeiten hat ein Gläubiger mit einem Ungläubigen?*[178]

Dabei wird jedoch übersehen, dass man sich Menschen mit einem barmherzigen Herzen zuwenden kann, ohne dabei automatisch ihre Ziele und Werte zu übernehmen. Jesus Christus selbst ist dafür das beste Beispiel: Liebe und Wahrheit gehörten für Jesus immer zusammen. Er nahm die Menschen bedingungslos an und wandte sich ihnen zu. Darum musste er sich die Kritik der Gesetzeslehrer anhören, die ihm vorwarfen, sich mit »Zolleinnehmern und Sündern« an einen Tisch zu setzen und mit ihnen Gemeinschaft zu haben. Jesus antwortete ihnen:

> *Die Gesunden brauchen keinen Arzt – wohl aber die Kranken … Nun geht und denkt einmal darüber nach, was mit dem Wort in der Schrift gemeint ist: »Ich will, dass ihr barmherzig seid; eure Opfer will ich nicht.« Denn ich bin für die Sünder gekommen und nicht für die, die meinen, sie seien schon gut genug.*[179]

Jesus stellt unmissverständlich klar, dass seine Barmherzigkeit gerade den Menschen gilt, die von den besonders Frommen gemieden werden, denn gerade sie – die Unvollkommenen, Heruntergekommenen und Verkommenen – sind es, die seine Liebe und Wahrheit, seine Barmherzigkeit und Kraft in besonderer Weise benötigen. Darum geht er zu solchen Menschen eben nicht auf Distanz, sondern er hat mit ihnen Gemeinschaft und ist für sie da. Das bedeutet jedoch nicht, dass Jesus die Lebensweise dieser Menschen gutheißt. Es bedeutet vielmehr, dass eine Veränderung im Leben dieser Menschen nicht die Bedingung für seine liebevolle Zuwendung ist, sondern die Folge!

In manchen Gemeinden gibt es eine unausgesprochene, aber spürbare Distanz gegenüber Menschen, die einen offensichtlich unmoralischen Lebenswandel führen. Wir betonen zwar fett, dass bei uns jeder Mensch willkommen ist, doch im Kleingedruckten ergänzen wir: »… sofern dieser Mensch auch unseren moralischen und ethischen Vorstellungen entspricht.« Das ist sicher keine generelle Lieblosigkeit, sondern entspringt eher der Angst, sich selbst oder die Gemeinde Jesu zu verunreinigen. Dieser Angst möchte ich hier entgegentreten und festhalten: Die Kirche von Jesus Christus besteht ausnahmslos aus Sündern, sie setzt sich zusammen aus Menschen, die allesamt nicht so sind, wie Gott sich das ursprünglich gedacht hat.

Der Apostel Paulus betont im Römerbrief: »Denn alle Menschen haben gesündigt und das Leben in der Herrlichkeit Gottes verloren. Doch Gott erklärt uns aus Gnade für gerecht. Es ist sein Geschenk an uns durch Jesus Christus, der uns von unserer Schuld befreit hat.« [180] Wer also versucht, seine Gemeinde von Sündern rein zu halten, der könnte ebenso versuchen, zu verhindern, dass sein Gartenteich nass wird. Der Sohn Gottes hatte keinerlei Berührungsängste, weder gegenüber stadtbekannten Sündern noch gegenüber hochnäsigen Moralaposteln. Und er nennt uns auch den Grund seiner angstfreien Zuwendung: Es ist die Barmherzigkeit, die ihn treibt.

Als Nachfolgende dieses Herrn wird es uns also nichts bringen, wenn unsere gottesdienstlichen Opfer zwar perfekt sind, wir aber zugleich eine ganze Menschengruppe links liegen lassen aus Angst, sie könnten unsere frommen Opfer beschmutzen. Jesus sagt: »Ich will, dass ihr barmherzig seid; eure Opfer will ich nicht.«[181]

Angst vor Ausbeutung

Die beiden Geistlichen im Gleichnis hätten durch ihre Hilfe durchaus zu Opfern werden können. Im schlimmsten Fall hätten auch sie halb tot am Wegesrand gelegen. Auszuschließen war das nicht. Nun stehen wir heute wohl selten in Gefahr, unter dieselben »Räuber« zu geraten wie diejenigen, denen wir helfen. Aber wir können durchaus Angst haben, von den Hilfsbedürftigen selbst ausgenutzt zu werden. Es gibt schließlich auch Menschen, die uns mit ihrer Bedürftigkeit überfallen und dabei nachdrücklich an unser christliches Gewissen appellieren. So erinnere ich mich an einen Obdachlosen, der von Zeit zu Zeit im Gottesdienst der Freien evangelischen Gemeinde Frankfurt auftauchte. Wenn es dort eine öffentliche Gebetsgemeinschaft gab, dann beteiligte er sich lautstark mit den Worten: »Oh lieber Herrgott, hab Dank, dass du mich hier zu Menschen geschickt hast, die ein barmherziges Herz haben und mir helfen werden!« Anschließend bat er die Gottesdienstbesucher um »eine milde Gabe.«

Ich kenne Menschen, die grundsätzlich jede Spende verweigern aus Angst, über den Tisch gezogen zu werden. Schließlich könne ihnen niemand garantieren, dass ihr Geld auch bei denen ankommt, die es benötigen. Sind solche Ängste berechtigt? Ich würde zunächst einmal sagen: Ja, sie sind berechtigt, denn wer barmherzig handelt, der hat keine Garantie dafür, dass seine Hilfe nicht ausgenutzt wird. So etwas kann passieren! Zugleich aber möchte ich raten: Diese Angst sollte uns nicht daran hindern, dennoch barmherzig zu sein.

Was mich betrifft, so bin ich ein stark angstbesetzter Mensch. In der Psychotherapie habe ich gelernt, meiner Angst zu begegnen, indem ich mir das »Worst-Case-Szenario« vorstelle: »Was wäre denn das Schlimmste, was passieren könnte?« Oft stellt sich bei realistischer Betrachtung heraus, dass dieses Schlimmste gar nicht so schlimm ist, wie ich zunächst angenommen habe. Lassen Sie uns diese Methode auch hier einmal anwenden: Was wäre das »Worst-Case-Szenario« bei der Barmherzigkeit? Nun, im schlimmsten Fall hätten wir wohl Zeit, Kraft oder Geld in einen Menschen investiert, der unsere Hilfe missbraucht hat, um sich selbst nicht ändern zu müssen. Das ist in der Tat sehr ärgerlich, aber ist es so furchtbar? Letztlich haben wir an diesem Menschen doch nur so gehandelt, wie Jesus handeln würde.

Auch unser Herr hat in seiner Barmherzigkeit immer wieder die Erfahrung gemacht, dass Menschen seine Zuwendung als eine Art billige Gnade missverstanden haben. Und wir als Diener sind bekanntlich nicht mehr als unser Herr! Die Angst, über den Tisch gezogen zu werden, sollte uns als Nachfolgende von Jesus daher nicht davon abhalten, uns mit den »Zöllnern und Sündern« unserer Zeit an eben diesen Tisch zu setzen, so wie Jesus dies immer wieder getan hat. Gottes Barmherzigkeit macht sich nicht daran fest, ob ein Mensch sich ihrer würdig erweist.

GOTTES BARMHERZIGKEIT MACHT SICH NICHT DARAN FEST, OB EIN MENSCH SICH IHRER WÜRDIG ERWEIST.

Angst vor Überforderung

Ein Freund von mir hilft bei der hiesigen »Tafel« mit, indem er das Essen von den Supermärkten abholt. Darüber hinaus fährt er mit seinem Transporter alle möglichen Möbel hin und her und hilft Geflüchteten bei ihren Umzügen. Zum Teil nimmt dies etwas kuriose Züge an, da seine Hilfe auch von den Menschen angefragt wird, die sich durchaus selbst helfen könnten, wenn sie denn nicht so bequem wären. Was ich damit sagen will: Ich kenne die Herausforderung, auch einmal »Nein« sagen zu müssen und die Hilfe gerade dort zu verweigern, wo man in ein System der Co-Abhängigkeit gerät. Wer dazu nicht in der Lage ist, verbraucht seine eigenen Kräfte und führt die Menschen nicht aus ihrer Hilflosigkeit und Unmündigkeit heraus. Hilfe muss immer auch Hilfe zur Selbsthilfe sein, wo eben möglich wird sie den Hilfesuchenden mit einbeziehen. Wenn diese Mitarbeit aber grundsätzlich verweigert wird, dann hört die hilfreiche Tat sehr schnell auf, wirklich hilfreich zu sein – und dann sollte man sich anderen Menschen zuwenden. Tut man dies nicht, dann führt die barmherzige Haltung früher oder später zum Burn-out. Dieser ist ein klares Anzeichen dafür, dass man nicht gelernt hat, auch mit sich selbst barmherzig umzugehen.

Dennoch möchte ich hier betonen, dass wir uns nicht von vornherein davor fürchten sollten, die Barmherzigkeit könne uns überfordern, denn eine solche Angst rechnet nicht mit den Möglichkeiten unseres Herrn.

Als sich am See Genezareth eine riesige Menschenmenge um Jesus versammelte, da hatte er »Mitleid mit ihnen, denn sie waren wie Schafe ohne Hirten.« [182] Und so nahm Jesus sich die Zeit, diesen Menschen vom Reich Gottes zu erzählen. Bei seinen Jüngern jedoch regte sich die Angst vor einer Überforderung. Wenn diese Menschen nicht bald aufbrachen, dann galt es am Abend eine Gruppe von über 5 000 Menschen mit Essen zu versorgen. Wie bitteschön sollte das funktionieren? Die Jünger sprachen ihren Herrn darauf an.

Doch Jesus meinte: »Gebt ihr ihnen zu essen!«
Sie erwiderten: »Wie denn? Es würde ein kleines Vermögen kosten, für so viele Menschen Essen zu kaufen!«
Er fragte: »Wie viele Brote habt ihr? Geht und stellt es fest.«
Sie kamen zurück und berichteten: »Wir haben fünf Brote und zwei Fische.«
Da forderte Jesus die Menge auf, sich in Gruppen ins grüne Gras zu setzen. Sie setzten sich zu je fünfzig oder hundert zusammen. Jesus nahm die fünf Brote und zwei Fische, blickte zum Himmel auf und bat um Gottes Segen für das Essen. Dann brach er das Brot in Stücke und reichte den Jüngern Brot und Fisch, damit diese alles an die Leute verteilten. Alle aßen, so viel sie wollten. Danach sammelten sie ein, was von den Broten und Fischen übrig geblieben war: Es waren noch zwölf Körbe voll. [183]

Man nennt diesen Wunderbericht auch »Die Speisung der 5 000« – und eben daran versuche ich mich zu erinnern, wenn ich mich wieder einmal überfordert fühle und Angst habe, dass meine Mittel und Möglichkeiten bei Weitem nicht ausreichen werden, um den Erfordernissen der Menschen gerecht zu werden. Jesus sagt mir: »Geh mit dem los, was du hast. Tu das im Vertrauen auf meine Kraft und meine Möglichkeiten, dann kümmere ich mich um den Rest!«

Wer barmherzig handelt, der wird immer wieder Situationen der Überforderung erleben. Doch eben dann darf er sich der Zusage Gottes gewiss sein, dass seine Kraft in unserer Schwachheit zur Vollendung kommt. Der Apostel Paulus hat sich oft zu schwach gefühlt für seinen Auftrag. Er litt vermutlich an einer uns unbekannten Krankheit, die ihn immer wieder runterzog. Wieder und wieder flehte er seinen Herrn an, er möge ihn von diesem Leiden befreien. Die Antwort, die er damals erhalten hat, gilt auch uns heute: »Meine Gnade ist alles, was du brauchst. Meine Kraft zeigt sich in deiner Schwäche.« [184]

Die Angst vor einer Überforderung ist durchaus begründet, dennoch sollte uns diese Angst nicht zu unbarmherzigen Menschen machen, sondern umso mehr zu Christinnen und Christen, die mit der Kraft ihres Herrn rechnen.

Stärker als die Angst

Die Angst ist nicht nur ein schlechter Ratgeber, sondern auch ein schlechter Tatgeber. Die Angst lähmt uns oder führt dazu, dass wir uns distanzieren und fliehen. So ein Fluchtreflex ist natürlich immer dann sinnvoll, wenn wir bedroht sind – darum gibt es ja die Angst: Sie ist eine hilfreiche Dienerin, die uns mit Adrenalin vollpumpt, wenn wir besser abhauen sollten. Zugleich ist die Angst aber auch eine schreckliche Herrin, die unsere Herzen kalt und unsere Hände lahm werden lässt. Und eben das darf nicht passieren!

Der Apostel Johannes nennt in seinem Brief einen Weg, um die lebensverneinende Angst zu überwinden: »Unsere Liebe kennt keine Angst, weil die vollkommene Liebe alle Angst vertreibt. Wer noch Angst hat, rechnet mit Strafe, und das zeigt, dass seine Liebe in uns noch nicht vollkommen ist. Wir wollen lieben, weil er uns zuerst geliebt hat.« [185]

Es ist das Erfahren der Liebe Gottes in ihrem Leben, was Menschen dazu befähigt, ihre Ängste zu überwinden und sich in Bewegung zu setzen, um anderen in Liebe zu begegnen. Mehr als die Angst vor einer Strafe und mehr als die Aussicht auf eine Belohnung ist es vor allem die Liebe, die Menschen erfinderisch macht und dazu bringt, zu handeln. Wer die Liebe Gottes erfährt, dessen Herz wird frei von lähmenden Ängsten und darum auch frei für die Barmherzigkeit. Gegen alle Befürchtungen setzt er auf die Gewissheit des Glaubens und bekennt mit dem Apostel Paulus:

> *Ich bin überzeugt: Nichts kann uns von seiner Liebe trennen. Weder Tod noch Leben, weder Engel noch Mächte, weder unsere Ängste in der Gegenwart noch unsere Sorgen um die Zukunft, ja nicht einmal die Mächte der Hölle können uns von der Liebe Gottes trennen. Und wären wir hoch über dem Himmel oder befänden uns in den tiefsten Tiefen des Ozeans, nichts und niemand in der ganzen Schöpfung kann uns von der Liebe Gottes trennen, die in Christus Jesus, unserem Herrn, erschienen ist.* [186]

Die Angst frisst die Seele auf und verhindert barmherzige Taten. Doch die Liebe Gottes ist stärker als die Angst. Sie richtet die verängstigte Seele auf und setzt die Geliebten in Bewegung, um andere zu lieben.

10 |

»UNTER VERDACHT« – Skepsis gegenüber der Barmherzigkeit

Seid barmherzig, wie auch euer Vater barmherzig ist.

Lukas 6,36; LUT

Die Angst der Protestanten

Sind Sie genervt, weil ich schon des Öfteren Papst Franziskus zitiert habe, mit dem Sie bisher so rein gar nichts anfangen konnten? Stört es Sie, dass ich bislang nur sehr wenige protestantische Theologen erwähnt habe? Dann möchte ich Ihnen hier verraten, womit dies zusammenhängt:

Auf der rechten Seite meines Schreibtisches befindet sich ein 24 Zentimeter hoher Bücherstapel (ich habe extra noch mal nachgemessen). Das sind allesamt Bücher der römisch-katholischen Kirche, die sich intensiv mit dem Thema Barmherzigkeit auseinandersetzen, angefangen bei Schwester Maria Faustyna Kowalska über George Augustin und Papst Franziskus bis hin zu Anselm Grün. Einige dieser Werke sind zum »Heiligen Jahr der Barmherzigkeit« erschienen, welches Papst Franziskus für die Zeit vom 8. Dezember 2015 bis zum 20. November 2016 ausgerufen hatte. Dieses heilige

Jahr stand unter dem Motto »Barmherzig wie der Vater« und es hatte zur Folge, dass sich Kirchen auf der ganzen Welt mit dem Thema Barmherzigkeit beschäftigten, sowohl systematisch theologisch als auch ganz praktisch, indem sie sie ausübten.

Zurück zu meinem Schreibtisch: Auf der linken Seite befindet sich ein 5 Millimeter hoher Stapel auf dem Platz, den ich für die protestantischen Fachbücher zum Thema Barmherzigkeit reserviert hatte. Ich habe nur ein einziges gefunden, nämlich das wunderbare kluge und altersweise Büchlein von Jürgen Moltmann »Über Geduld, Barmherzigkeit und Solidarität«. Natürlich wird die Barmherzigkeit Gottes auch in Veröffentlichungen der evangelischen Kirche thematisiert, besonders in den Auslegungen zu den entsprechenden Gleichnissen. Doch eine rein systematische Beschäftigung mit diesem Thema gibt es nach meinem derzeitigen Kenntnisstand bislang nicht – bei dem Buch von Jürgen Moltmann handelt es sich um den Abdruck einiger Vorträge. Und das ist nun wirklich ein beängstigender Mangel! Walter Kardinal Kasper (schon wieder ein Katholik) schreibt zu Recht:

> *Wir stehen also vor der Aufgabe, die Barmherzigkeit aus ihrem Aschenputtel-Dasein, in das sie in der traditionellen Theologie geraten ist, wieder herauszuholen. Das muss geschehen, ohne dem banalen und verharmlosenden Bild vom »Lieben Gott«, zu verfallen, das Gott zum gutmütigen Kumpel macht und die Heiligkeit Gottes nicht mehr ernst nimmt.*[187]

Doch genau das ist wohl die Skepsis innerhalb der evangelischen (und besonders innerhalb der evangelikalen) Christenheit: Die Angst, eine besondere Betonung der Barmherzigkeit könnte auf Kosten der Wahrheit und der Gerechtigkeit geschehen. Bei diesen Skeptikern ist Barmherzigkeit dann gleichzusetzen mit Weicheierei und billiger Gnade. Dass diese Skepsis unbegründet ist, belegen die bereits zitierten Bücher, denn in ihnen findet sich eine solche billige Gnade nicht, ganz im Gegenteil. George Augustin betont:

> *Das Evangelium macht deutlich, dass jede Begegnung mit Jesus Christus Umkehr und heilsame Lebensveränderung beinhaltet. Alle, die ihm begegnet sind, gingen aus dieser Begegnung verändert hervor. Deswegen wäre es ein Missverständnis, unter dem barmherzigen Gott einen »Wohlfühl-Gott« zu verstehen, aus dem Evangelium der Barmherzigkeit ein »Christsein light« zu machen und die Barmherzigkeit als Lizenz für persönliches Fehlverhalten herzunehmen. Der barmherzige und liebe Gott ist niemand anders als der gerechte und treue Gott.* [188]

Und Kasper schreibt:

> *So ist die Botschaft von Gottes Barmherzigkeit nicht die Botschaft von einer billigen Gnade. Gott erwartet von uns das Tun von Recht und Gerechtigkeit (Am 5,7.24; 6,12 u. a.) oder nach einer anderen Formel das Tun von Recht und Freundlichkeit (Hos 2,21; 12,2 u. a.). Darum steht die Barmherzigkeit nicht gegen die Botschaft von der Gerechtigkeit.* [189]

Doch da diese beiden Zitate alleine vielleicht nicht überzeugend genug sind, schauen wir uns das Verhältnis von Barmherzigkeit und Gerechtigkeit in der Bibel noch etwas genauer an.

Barmherzigkeit kontra Gerechtigkeit?

Zunächst einmal sollten wir klären, was die Bibel eigentlich mit dem Begriff »Gerechtigkeit« meint. Das ist gar nicht so einfach, wie man zunächst vermuten könnte, denn das biblische Verständnis weicht hier von dem unsrigen ganz entscheidend ab. Wenn wir heute von Gerechtigkeit sprechen, dann meinen wir damit ein Verhalten, das einer vorgegebenen Norm entspricht und verbindlich ist. Wenn der eine Arbeiter einen Stundenlohn von 12 Euro bekommt, dann ist es aus unserer Sicht gerecht, wenn ein anderer Arbeiter für dieselbe Tätigkeit denselben Lohn erhält. Darüber hinaus kann »auch die (Wieder-)Herstellung eines Rechtszustands ... mit ›gerecht‹ gemeint sein, wobei Aspekte wie Recht, Verurteilung, Strafe, Urteil und Entscheidung mitschwingen können.« [190] So sprechen wir etwa davon, dass jemand seine »gerechte Strafe« erhalten hat, und meinen damit ein Strafmaß, welches seiner Schuld angemessen ist. In der Summe ist unser heutiger Gerechtigkeitsbegriff also eher statisch und normierend.

Das biblische Gerechtigkeitsverständnis ist jedoch völlig anders! Das Theologische Begriffslexikon hält fest:

> *Die at. Vorstellung von Gerechtigkeit wurzelt nicht in der Übereinstimmung von Taten mit bestimmten absoluten Rechtsnormen, sondern in der Angemessenheit des Verhaltens in einer zweiseitigen Beziehung. Gottes Gerechtigkeit zeigt sich daher in seinem gottgemäßen Handeln an seinem Volk, also in seinem Retten und in seinem Heil (Jes 45,21; 51f; 56,1; 62,1).* [191]

Kürzer formuliert: Gerechtigkeit ist ein Beziehungsbegriff, und wenn die Bibel von der Gerechtigkeit Gottes spricht, dann meint sie damit seine Gemeinschaftstreue.

Im Neuen Testament wird dieses alttestamentliche Verständnis insbesondere vom Apostel Paulus aufgegriffen, wenn dieser in seinem Brief an die Römer davon schreibt, dass Gott uns in Christus gerecht macht:

> *Nach der menschlichen Logik hätte die Gerechtigkeit für uns als Sünder das Todesurteil bedeutet. Nun aber bedeutet Gerechtigkeit den Freispruch zum Leben. Die Forderung des Gesetzes ist damit nicht aufgehoben, vielmehr hat Jesus Christus die Forderung der Gerechtigkeit für uns und an unserer Stelle erfüllt. Er hat uns die Selbstrechtfertigung abgenommen; er selbst ist uns zur Gerechtigkeit geworden (1 Kor 1,30). So ist die in Jesus Christus offenbare Gerechtigkeit Gottes nicht verurteilende und strafende Gerechtigkeit, sondern gerecht machende Gerechtigkeit; sie rechtfertigt uns vor Gott aus reiner Gnade ohne unser Verdienst, ja trotz unserer Missverdienste.*
> *Sie wird uns nicht aufgrund unserer Werke, sondern aufgrund des Glaubens zuteil (Röm 1,17; 3,21f.28; 9,32; Gal 2,16; 3,11). Sie ist den Menschen rechtfertigende und ihn gerecht machende Gerechtigkeit.*[192]

Diese wunderbare Beschreibung des paulinischen Gerechtigkeitsbegriffs findet sich wiederum nicht in einem evangelischen Sachbuch, sondern in einem katholischen. Dort heißt es weiter:

> *Die Einsicht, dass die Gerechtigkeit Gottes nicht strafende, sondern den Sünder rechtfertigende Gerechtigkeit ist, gilt als die große reformatorische Entdeckung Martin Luthers, eine Entdeckung, welche auch ihn persönlich von Sündenangst und Gewissenslast befreite.*[193]

Nach biblischem Verständnis besteht die Gerechtigkeit Gottes – also seine Gemeinschaftstreue – gerade darin, dass er aufgrund seiner Barmherzigkeit seinen gerechten Zorn zurückhält, sodass wir leben können. Dass bedeutet nun aber nicht, dass das von Menschen verursachte Leid ungesühnt bleibt. Gott bleibt auch im Sinne unseres heutigen Gerechtigkeitsverständnisses der gerechte Gott, indem er jede jemals begangene Sünde der Menschen straft: am Kreuz auf Golgatha. Als Jesus Christus am Kreuz gestorben ist, da ist er für uns »zur Sünde« geworden, »damit wir durch ihn vor Gott gerechtfertigt werden können.«[194]

GOTT ist alles andere als die Abkürzung für »Guter Opa Total Taub«. Gott ist ein heiliger Gott, von dem die Bibel sagt: »Gott ist Licht; in ihm ist keine Finsternis. Deshalb lügen wir, wenn wir sagen, dass wir mit Gott Gemeinschaft haben, aber weiter in der Finsternis leben. Wenn wir das tun, leben wir nicht in der Wahrheit.«[195]

Gerne würde ich in einem weiteren Buch über die biblische Botschaft vom Zorn Gottes schreiben. Hier möchte ich nur kurz Folgendes betonen: Der barmherzige Gott ist kein Laissez-faire-Papa, der unsere Vergehen nicht ernst nimmt. Vielmehr ist er ein heiliger Gott, der mit menschlicher Schuld und Sünde keinerlei Gemeinschaft haben kann und wird. So heißt es im Hebräerbrief: »Es ist schrecklich, in die Hände des lebendigen Gottes zu fallen.«[196]

Schrecklich ist dies für uns Menschen deshalb, weil wir vor dem heiligen Gott nicht bestehen können. Doch in seiner Barmherzigkeit schafft Gott selbst einen Ausweg, indem er seinen Sohn Jesus Christus auf diese Erde sendet, der unsere Schuld und Sünde auf sich nimmt, damit wir mit Gott versöhnt ewig leben können: »Denn Gott hat die Welt so sehr geliebt, dass er seinen einzigen Sohn hingab, damit jeder, der an ihn glaubt, nicht verloren geht, sondern das ewige Leben hat.«[197] Dazu noch einmal Walter Kardinal Kasper:

In seiner Barmherzigkeit hält Gott... seinen gerechten Zorn zurück; ja er nimmt sich selbst zurück. Er tut dies, um dem Menschen eine Chance zur Bekehrung zu geben. Die Barmherzigkeit Gottes schenkt dem Sünder eine Gnadenfrist und will seine Bekehrung; sie ist letztlich die Gnade zur Bekehrung.[198]

Der Apostel Paulus drückt dies mit einer Frage kurz und knapp so aus: »Siehst du nicht, wie Gottes Freundlichkeit dich zur Umkehr bewegen will?«[199]

Setzt man nun also voraus, dass die Gerechtigkeit nach biblischem Verständnis vornehmlich ein Beziehungsbegriff ist, so fällt es nicht weiter schwer, die Barmherzigkeit Gottes mit seiner Gerechtigkeit zusammenzubringen. Die (katholische) Theologin Beate Kowalski kommt zu dem Schluss:

Versucht man, dieses Bedeutungsspektrum von Gerechtigkeit in der Bibel auf eine Formel zu bringen, so fällt ihr dynamischer, relationaler Charakter auf, der in Gegensatz zu unserem gegenwärtigen statischen, juristischen Gerechtigkeitsbegriff steht. Der Gedanke einer rettenden Gerechtigkeit und damit das Zusammendenken der Begriffe Barmherzigkeit und Gerechtigkeit ist biblisch wesentlich einfacher als in unserem alltäglichen Sprachgebrauch. Beide Begriffe bezeichnen biblisch ein Verhältnis, das gemeinschaftsbezogen ist. Die Wirkungsgeschichte des biblischen Gerechtigkeitsbegriffs mit dem Gottesbild eines unbarmherzigen und gnadenlosen Richters ist von der ursprünglichen Aussageabsicht der biblischen Texte zu lösen.[200]

Abschließend lässt sich hier festhalten: Gottes Barmherzigkeit und seine Gerechtigkeit sind keine unvereinbaren Gegensätze, denn beide Begriffe bezeichnen Gottes Beziehung zu seinen Geschöpfen. Aufgrund seiner Barmherzigkeit bleibt Gott der gerechte und treue Gott, der uns nicht verurteilen und verdammen will, sondern uns in Jesus Christus das Heil anbietet. Mit einer billigen Gnade hat dies nichts zu tun, denn Gott hat für dieses Angebot einen unvorstellbar hohen Preis bezahlt: die Hingabe seines geliebten Sohnes. So mahnt der Apostel Paulus: »Gott hat einen hohen Preis für euch bezahlt, deshalb werdet nicht Sklaven von Menschen.« [201]

Respekt statt Barmherzigkeit

Die Angst vor einem verniedlichenden Gottesbild kommt meist aus der konservativeren Richtung in der evangelischen Glaubenswelt. Daneben gibt es aber eine weitere Skepsis gegenüber der Lehre von Gottes Barmherzigkeit, und die kommt eher aus progressiven Kreisen. Jürgen Moltmann weist darauf hin, dass unsere Barmherzigkeit niemals den Geschmack einer Herablassung haben sollte:

> *Wenn wir das Wort Barmherzigkeit hören, denken wir gewöhnlich an den barmherzigen Menschen, nicht an den erbärmlichen Menschen. Wie fühlen sich Arme, die auf die guten Gaben barmherziger Menschen angewiesen sind? Wie fühlen sich Arbeits- und Obdachlose, die auf die »Tafeln« und Wärmestuben in den Kirchen angewiesen sind? Wenn Barmherzigkeit von oben nach unten kommt, fühlen sie sich doppelt erniedrigt. Geben ist gut – Annehmen ist schwerer. Darum gehören zum Erbarmen immer auch die Anerkennung der Menschenwürde und der Respekt vor der Selbstachtung der Hilfsbedürftigen dazu. Die beste Hilfe ist die »Hilfe zur Selbsthilfe«.* [202]

Barmherzigkeit ist keine lässige Gönnerhaftigkeit, sondern eine Hilfe, die den Hilfsbedürftigen als ein gleichwertiges Gegenüber versteht und ihm mit dem nötigen Respekt begegnet. Barmherzigkeit darf nicht »von oben nach unten« geschehen. Rein äußerlich kann eine solche Herablassung sicher manchmal nötig sein – so muss der barmherzige Samariter auf die Knie gehen, um den Verwundeten am Wegesrand zu versorgen. Doch darf aus einer solchen äußeren Notwendigkeit keine innere Haltung werden.

Genau hier setzt die Kritik von progressiveren Kreisen an. Sie betonen, dass der Begriff der Barmherzigkeit auch für solche Menschen benutzt wird, die nicht unsere Barmherzigkeit brauchen, sondern schlicht und einfach unseren Respekt (ein konkretes Beispiel dafür sind die homosexuellen Geschwister in unseren Kirchengemeinden und kirchlichen Gemeinschaften). Wir sollten also nicht davon reden, dass wir diesem oder jenem Menschen gegenüber doch bitte barmherzig sein sollten, nur weil dieser Mensch anders lebt, als wir das gerne hätten. Vor allem sollten wir dies nicht in einer Haltung tun, bei der wir uns selbst als Richter aufspielen.

BARMHERZIGKEIT DARF NICHT »VON OBEN NACH UNTEN« GESCHEHEN.

Im schlimmsten Fall wird der Appell zur Barmherzigkeit dann zu einer »Waffe«, mit der wir Anderslebende oder Andersdenkende auf subtile Weise als erbarmungswürdige Sünder brandmarken. Dass dies niemals die Absicht von Jesus gewesen sein kann, scheint mir angesichts seines Lebens und seiner Botschaft auf der Hand zu liegen. Insofern kann ich diese Kritik nachvollziehen: Der Ruf nach mehr Barmherzigkeit darf niemals aus einer Haltung der moralischen Überlegenheit geschehen.

Sicherlich könnten wir in unserem Sprachgebrauch etwas vorsichtiger und differenzierter vorgehen, als dies manchmal der Fall ist, doch bei aller berechtigten Kritik sollten wir uns davor hüten, »das Kind mit dem Bade auszuschütten«. Die Botschaft von der Barmherzigkeit ist heute wichtiger denn je – sie aufzugeben, weil sie missbraucht werden könnte, wäre sowohl für die Kirche als auch für unsere Gesellschaft fatal! Weder auf konservativer noch auf progressiver Seite sollte die Skepsis gegenüber der Botschaft von der Barmherzigkeit dazu führen, dass diese vernachlässigt wird. Wieder einmal ist es ein römisch-katholischer Papst, der dies sehr eindrücklich formuliert:

> *Wie dringend braucht die Welt das Erbarmen Gottes! Aus der Tiefe des menschlichen Leids erhebt sich auf allen Erdteilen der Ruf nach Erbarmen. Wo Hass und Rachsucht vorherrschen, wo Krieg das Leid und den Tod unschuldiger Menschen verursacht, überall dort ist die Gnade des Erbarmens notwendig, um den Geist und das Herz der Menschen zu versöhnen und Frieden herbeizuführen. Wo das Leben und die Würde des Menschen nicht geachtet werden, ist die erbarmende Liebe Gottes nötig, in deren Licht der unfassbare Wert jedes Menschen zum Ausdruck kommt. Wir bedürfen der Barmherzigkeit, damit jede Ungerechtigkeit in der Welt im Glanz der Wahrheit ein Ende findet.* [203]

Als Jahreslosung für 2021 hat die Ökumenische Arbeitsgemeinschaft für Bibellesen den bereits mehrfach zitierten Vers aus dem Lukasevangelium ausgewählt: »Jesus Christus spricht: Seid barmherzig, wie auch euer Vater barmherzig ist!« [204] Da die Jahreslosungen von Gläubigen der unterschiedlichsten christlichen Konfessionen geschätzt und als Jahresmotto verwendet werden, habe ich die begründete Hoffnung, dass auch unter den Evangelikalen bald ein Jahr der Barmherzigkeit anbrechen könnte – nur eben nicht von Papst Franziskus ausgerufen, sondern von Jesus Christus selbst.

11 |

»HARTE HERZEN« – Mangelnde Erfahrung von Barmherzigkeit

Hättest du dich da nicht auch erbarmen sollen über deinen Mitknecht, wie ich mich über dich erbarmt habe?

Matthäus 18,33; LUT

Das System des Gesetzes

»Wer die Barmherzigkeit Gottes erfährt, fühlt sich dazu gedrängt, bei den Letzten und den Armen zum Urheber von Barmherzigkeit zu werden«[205], so Papst Franziskus. Doch ist das immer so? Eine Erzählung von Jesus scheint dieser These zunächst einmal zu widersprechen. Sie ist bekannt als das »Gleichnis vom unbarmherzigen Schuldner«:

> *Mit dem Himmelreich ist es wie mit einem König, der mit den Dienern, die seine Güter verwalteten, abrechnen wollte. Gleich zu Beginn brachte man einen vor ihn, der ihm zehntausend Talente schuldete. Und weil er nicht zahlen konnte, befahl der Herr, ihn mit Frau und Kindern und seinem ganzen Besitz zu verkaufen und mit dem Erlös die Schuld zu begleichen. Der Mann warf sich*

vor ihm nieder und bat auf den Knien: ›Hab Geduld mit mir! Ich will dir alles zurückzahlen.‹ Da hatte der Herr Mitleid mit seinem Diener; er ließ ihn frei, und auch die Schuld erließ er ihm. Doch kaum war der Mann zur Tür hinaus, da traf er einen anderen Diener, der ihm hundert Denare schuldete. Er packte ihn an der Kehle, würgte ihn und sagte: ›Bezahle, was du mir schuldig bist!‹ Da warf sich der Mann vor ihm nieder und flehte ihn an: ›Hab Geduld mit mir! Ich will es dir zurückzahlen‹. Er aber wollte nicht darauf eingehen, sondern ließ ihn auf der Stelle ins Gefängnis werfen, wo er so lange bleiben sollte, bis er ihm die Schuld zurückgezahlt hätte. Als das die anderen Diener sahen, waren sie entsetzt. Sie gingen zu ihrem Herrn und berichteten ihm alles. Da ließ sein Herr ihn kommen und sagte zu ihm: ›Du böser Mensch! Deine ganze Schuld habe ich dir erlassen, weil du mich angefleht hast. Hättest du da mit jenem anderen Diener nicht auch Erbarmen haben müssen, so wie ich mit dir Erbarmen hatte?‹ Und voller Zorn übergab ihn der Herr den Folterknechten, bis er ihm alles zurückgezahlt hätte, was er ihm schuldig war. [206]

Bei dem »Schalksknecht«, wie Luther ihn nennt, dürfte es sich um einen Gouverneur handeln, der seinem König den Steuerertrag der von ihm betreuten Provinz schuldig geblieben ist, wobei der hier genannte Betrag von zehntausend Talenten eine schier unvorstellbar hohe Summe darstellt, wie Joachim Jeremias erläutert: »Zehntausend ist die größte Zahl, mit der man rechnet, das Talent die größte Geldeinheit im ganzen vorderasiatischen Raum. Die in ihrer Größe alle Vorstellungen überschreitende Schuldsumme soll dem Hörer den Kontrast zu der kleinen Schuldsumme von hundert Denaren (V. 28) mit Wucht aufdrängen.« [207]

Der Gouverneur fällt vor seinem Herrn nieder und bettelt um Gnade, indem er verspricht, den fälligen Betrag so schnell wie möglich zu zahlen. Als der König dies sieht, hat er Mitleid. Im griechischen Grundtext steht hier einmal mehr das Verb »splanchnizomai« (σπλαγχνίζομαι): Als der König seinen Knecht so vor sich liegen sieht, da geht es ihm durch und durch, sein Innerstes wird zutiefst bewegt und dreht sich in ihm um. Und wer fühlt, was er sieht, der tut, was er kann. So geht denn auch seine Antwort weit über die Bitte des Knechtes hinaus: Anstatt ihm einen Zahlungsaufschub zu gewähren, erlässt er ihm diesen mehrstelligen Millionenbetrag komplett, und der Gouverneur wird als schuldenfreier Mann in die Freiheit entlassen.

Kaum vor der Tür trifft er auf einen seiner Angestellten, der ihm einen lächerlich kleinen Betrag schuldet. Auch dieser wirft sich in den Staub und verspricht, den fälligen Betrag so schnell wie möglich zu zahlen. Doch eine Regung der Barmherzigkeit im Herzen des Gouverneurs bleibt aus. Der Anblick des vor ihm liegenden Mannes lässt ihn völlig kalt und er lässt ihn ins Gefängnis werfen.

DER UNBARMHERZIGE SCHULDNER FÜHLT NICHT, WAS ER SIEHT, WEIL ER NICHT GEFÜHLT HAT, WAS IHM GESCHEHEN IST.

Als Hörer oder Leser dieses Geschehens steht man fassungslos davor und fragt sich: »Wie ist so etwas nur möglich? Wie kann jemand, der so viel Barmherzigkeit erfahren hat, anderen gegenüber so unbarmherzig sein?«

Meine persönliche Antwort lautet: Das Problem liegt in seinem harten Herzen. Weil ihm die an ihm geschehene Barmherzigkeit nicht wirklich zu Herzen gegangen ist, darum hat er auch kein barmherziges Herz für andere. Der unbarmherzige Schuldner fühlt nicht, was er sieht, weil er zuvor nicht gefühlt hat, was ihm geschehen ist. Er ist ein Mensch mit einem harten Herzen, jemand der alleine in den Kategorien »Recht und Ordnung« denkt. Und so hat er die an ihm vollzogene Barmherzigkeit gar nicht als solche erkannt. Für ihn war der Schuldenerlass wohl eher ein unfassbarer Glücksfall oder eine unvorstellbare Dummheit seines Herrn – einen Akt des Mitleidens kann er darin nicht erkennen, da ihm als einem Mann des Gesetzes solche Emotionen fremd und von vornherein äußerst suspekt sind.

Helmut Gollwitzer beschreibt in seiner Auslegung des Gleichnisses vom barmherzigen Samariter solche Gesetzesmenschen sehr treffend:

> *Das Unvorhergesehene kann nicht eintreten in ihr Leben, weil sie das Leben nach dem Gesetz repräsentieren, und für das Leben nach dem Gesetz ist das Unvorhergesehene das Illegitime. Denn das Gesetz legt das Leben fest, sodass über jeden Augenblick schon entschieden ist, bevor er geschieht. Das Gesetz als ein System von Grundsätzen und festgelegten Vorentscheidungen lässt die Zukunft nicht offen, sondern macht alles der Vergangenheit gleich, in der es nichts Neues gibt. Wer im so verstandenen Gesetz lebt, lebt nicht in der Gegenwart, sondern abwesend in der Innenwelt seines Systems.*[208]

Im Jahr 1995 haben meine Frau Claudia und ich in Duisburg »Les Misérables« gesehen und waren völlig begeistert. Dieses wunderbare Musical basiert auf dem gleichnamigen Roman von Victor Hugo. »Les Misérables«, zu Deutsch »Die Elenden«, wird als der größte und wichtigste Sozialroman in der Geschichte bezeichnet. Da es sich mit Sicherheit aber auch um den längsten Roman dieser Gattung handelt (er hat rund 1 300 Seiten), kann ich die Handlung hier nicht wiedergeben. Nur so viel möchte ich verraten: In »Die Elenden« ist der Polizist Javert der klassische Vertreter eines Mannes, der in der Innenwelt seines Systems lebt und darum nicht verstehen kann, dass es eine Barmherzigkeit gibt, die sich über das

Prinzip von »Recht und Ordnung« hinwegsetzt. In dem bewegenden Lied »Sterne« vergleicht Javert dieses System des Gesetzes mit einem Stern:

> Stern hoch am Himmelszelt: Wer kann dich zählen?
> Finsternis füllst du mit Ordnung und Macht;
> hütest die Herden hier schweigend und klar.
> Du hältst Wacht in der Nacht, du hältst Wacht in der Nacht.
> Noch eh' sein Wort uns gebar und bis zum jüngsten Gericht,
> gnadenlos glänzend tust du deine Pflicht.
> Und du änderst dich nicht.
> Doch wenn du fällst, wie Luzifer fiel,
> verzehrt dich das Licht.
> Und so soll es sein,
> denn so steht's geschrieben an den Pforten zur Seligkeit:
> Dass die, die straucheln, dafür bezahl'n in Ewigkeit.[209]

Dieses Lied hätte auch der »Schalksknecht« aus dem Gleichnis singen können, als er seinen Schuldner kaltherzig ins Gefängnis werfen ließ. Menschen des Gesetzes haben oft ein hartes Herz und sind darum nicht empfänglich für die Barmherzigkeit.

Das gilt ausdrücklich auch für fromme Menschen des Gesetzes: Als Jesus in der Synagoge einen Mann mit einer verkrüppelten Hand heilte, wurden die dabeistehenden Schriftgelehrten und Pharisäer »von sinnloser Wut gepackt«[210], da diese Heilung an einem Sabbat geschah. Nach ihrem System des Gesetzes stellte das Erbarmen über diesen Mann eine am Ruhetag verbotene Arbeit dar. Anstatt sich über das Wunder der Heilung zu freuen, berieten sie daher miteinander, was sie gegen diesen Jesus unternehmen könnten. Eigentlich unvorstellbar, sollte man meinen – doch solche unbarmherzigen Gesetzeshüter gibt es in der christlichen Welt bis heute!

Auf die schmerzvolle Tour

Ich habe es bereits in meinem ersten Buch geschrieben: »Ab und zu begegne ich Christen, denen man nur wünschen kann, dass sie irgendwann einmal gehörig auf die Schnauze fallen, damit sie lernen, zu kapitulieren und aus Gottes Gnade und Barmherzigkeit zu leben.«[211] Es handelt sich um Menschen, die eben darum so unbarmherzig mit ihren gestrandeten und in Schuld verstrickten Geschwistern umgehen, weil sie noch nie am eigenen Leib erfahren haben, wie es sich anfühlt, angesichts des eigenen Versagens und der eigenen Not völlig machtlos und darum auf andere angewiesen zu sein. Ihnen fehlt die Erfahrung der göttlichen Barmherzigkeit! Zwar begegnet ihnen die Barmherzigkeit ihres Herrn an jedem neuen Tag, da er ihnen immer wieder ihre Schuld vergibt. Doch das Problem ist, dass ihnen diese Vergebung nicht zu Herzen geht, sie nicht durchdringt. Es ist so wie bei dem unbarmherzigen Schuldner im Gleichnis.

Aus meiner Sicht hat der König einen schweren Fehler begangen: Er hätte den Gouverneur zunächst einmal zurück in den Knast schicken sollen, damit er dort ein paar Tage leidet und um sein Leben fürchtet. Völlig machtlos und dem Tode nah hätte dieser Mann dann vielleicht kapiert, dass seine Begnadigung sowie der damit verbundene Schuldenerlass ein unbegreifliches und unverdientes Wunder darstellen. Und statt der Gesetzeshymne von Javert hätte er dann wohl eher das Lied »Amazing Grace« angestimmt.

Bitte verstehen Sie mich nicht falsch: Ich halte das Gleichnis vom unbarmherzigen Schuldner nicht für verbesserungswürdig! Schließlich geht es Jesus in diesem Gleichnis nicht darum, das Verhalten des Königs näher unter die Lupe zu nehmen, sondern darum, die Ungeheuerlichkeit von mangelnder Vergebungsbereitschaft und Barmherzigkeit aufzuzeigen. Was ich vielmehr sagen will, ist das Folgende: Es gibt Menschen, die einzig »auf die schmerzvolle

Tour« barmherzig werden, nämlich dadurch, dass sie selbst hinfallen und auf Barmherzigkeit angewiesen sind. Solange dies nicht geschieht, bleiben sie abwesend in der Innenwelt ihres gesetzlichen Systems stecken und schauen auf diejenigen herab, die ihr Leben nicht auf die Reihe kriegen.

Wer nun zu solchen Geschwistern in die Seelsorge geht und ihnen gegenüber die eigenen Fragen, Zweifel und Anfechtungen ausspricht, der wird bitter enttäuscht. Aufgrund ihrer mangelnden Erfahrung verfügen solche Seelsorger nicht über die nötige Barmherzigkeit, um zu verstehen und mitzufühlen. Darum trösten sie nicht die Seele, sondern waschen einem stattdessen gehörig den Kopf. Und wenn man nach Hause geht, fühlt man sich noch schlechter als vorher.

Mit dem folgenden Gedicht habe ich mir eine solche schmerzvolle Erfahrung von der Seele geschrieben. Für manche mag dieser Text zu hart und lieblos klingen, doch er spiegelt ungeschönt diese Mischung aus Wut und Traurigkeit wider, die man erlebt, wenn man bei einem gesetzlichen Christen Halt und Trost sucht:

Mathe ist ein Rätsel – doch Du bist auch nicht besser,
Du Seelenfresser und Liebesvergesser.
Ich hab doch tatsächlich gedacht,
es macht Dir was aus, wenn ich berichte,
meine Geschichte vom tobenden Sturm in der Seele,
wie ich mich quäle zum Licht und es doch verfehle.
Ich bin wie eine Quittung, die niemand mehr braucht,
zerknüllt und in den Matsch geworfen.
Die Seele gestaucht, den Sinn verloren,
verfluchend den Tag, an dem ich geboren.

Ich habe Trost gesucht, ein offenes Ohr,
ein fühlendes Herz – ist das denn so schwer?
Ich begehr' ja nicht mehr, als dass Du mich stützt,
nur für ein paar Stunden, bis das Grauen vergeht.
»Verflucht ist der Mensch, der sich auf Menschen verlässt.«
Und doch konnte ich nicht glauben, dass es nicht nützt,
zu hoffen, dass da einer ist, der versteht.
Du hast mich einfach fortgeschoben,
mich verprügelt mit Deinem besseren Wissen:
»Was jetzt zählt, ist die Tat: beflissen
zu glauben und sich nicht zu beschweren.
Der Teufel will dir die Hoffnung rauben,
dagegen musst du dich wehren.
Steh endlich auf, anstatt hier zu jammern,
reiß dich zusammen und fang an zu beten!«
Du hast meine Hoffnung mit Füßen getreten,
hast mich auf Abstand gehalten mit Deiner Predigt:
ein frommer Spruch – und schon schien alles erledigt.
Vielleicht gehörst Du zu denen, die ihr Heil verwalten
in Regalen voll mit klugen Sprüchen,
die nichts wissen von Rissen und Brüchen.
Wer selbst keinen Halt hat, der kann andre nicht halten!
Mathe ist ein Rätsel – doch Mathe kann man lernen.
Dich aber in Deinen frommen Sphären
werde ich wohl nie versteh'n.
Inzwischen weiß ich: Es war ein Fehler,
bei Dir Halt zu begehr'n, denn Du hast es nie geseh'n,
das Grauen der Nacht.
Dir fehlt die Erfahrung, die barmherzig macht!

Die Schnauze voll

Jesus hat es fertiggebracht, auch den superfrommen Gesetzeshütern in Liebe zu begegnen. Er hat mit ihnen gemeinsam gegessen und diskutiert. Wieder und wieder hat er sie eingeladen, sich auf seine Botschaft einzulassen. Zugleich wird am Vorbild von Jesus deutlich, dass diese Liebe nicht auf Kosten der Wahrheit geht. So redete er gegenüber den Schriftgelehrten und Pharisäern auch knallhart Klartext und prangerte ihre Heuchelei an:

> *Euch Schriftgelehrten und Pharisäern wird es schlimm ergehen. Ihr Heuchler! Denn wenn ihr andere nicht ins Himmelreich hineinlasst, werdet auch ihr nicht hineingelassen. Ja, euch Schriftgelehrten und Pharisäern wird es schlimm ergehen. Ihr reist über Land und Meer, um einen Menschen zu bekehren, und dann macht ihr aus ihm einen Sohn der Hölle, der doppelt so schlimm ist wie ihr selbst. Ihr blinden Anführer! Schlimm wird es euch ergehen!*[212]

Das Besondere an Jesus ist, dass er solche Worte aus einem reinen Herzen heraus sprechen kann, ohne versteckte Motive, ohne eigene Narben und Wunden und ohne das Ziel, Menschen zu verletzen. Bei mir ist das leider anders! Wenn mir solche »Law & Order«-Christen begegnen, die sich über andere erheben, dann triggert mich das so stark, dass mir manchmal richtig übel wird und ich anfange zu zittern. Das liegt dann nicht allein an dem, was diese Geschwister sagen, sondern ebenso daran, wie sie es sagen und welche Haltung durch ihre Mimik und Gestik bei mir ankommt. Bei mir ist die Kritik an kaltherzigen Geschwistern ganz, ganz dünnes Eis, da ich aufgrund meiner Geschichte dabei sehr schnell unbarmherzig werde. Und gerade dadurch werde ich dann unglaubwürdig. Schließlich kommt es nicht gut, wenn man Barmherzigkeit einklagt, indem man unbarmherzig auf die Unbarmherzigen eindrischt! Da muss ich also gehörig aufpassen.

Dennoch ist mir diese Kritik an mangelnder Barmherzigkeit so wichtig, dass ich sie mir nicht verkneife. Denn ich spreche nicht alleine für mich, sondern für eine ziemlich große Gruppe von Frauen und Männern, die in der Begegnung mit den heutigen Schriftgelehrten und Pharisäern tief verletzt worden sind. Sie sind mit ihrer verkrüppelten Seele in die Seelsorge gekommen und haben auf Heilung gehofft, doch stattdessen wurden sie mit einer Vielzahl von Geboten konfrontiert und gingen voller Scham wieder nach Hause. Solche Menschen haben dann in der Regel ein für alle Mal die Schnauze voll von christlicher Beratung. Und nicht nur das: Oft haben sie auch die Schnauze voll von Jesus Christus, scheint er doch jemand zu sein, der sich nur für die Glaubensvollen, Mutigen und Starken interessiert.

Was mich betrifft, so bin ich wohl eher der Typ, der aufpassen muss, nicht in eine Mitleidsfalle zu tappen. Denn dann bleibe ich meinem Gegenüber die nötige Wahrheit schuldig und übernehme für ihn die Verantwortung (ich mache mich co-abhängig). Auch das ist keine hilfreiche Seelsorge!

Ich weiß um diese Gefahr und will mich darum auch immer wieder selbst infrage stellen. Dennoch möchte ich hier sehr klar festhalten: Eines der größten Evangelisationshindernisse in den superfrommen Kirchen und christlichen Gemeinschaften ist nicht ihr Mangel an Klarheit und Wahrheit, sondern ihr Mangel an Barmherzigkeit! Aus meiner Sicht kann sich an diesem Mangel nur dann etwas ändern, wenn die einzelnen Geschwister um ihre eigene Schwachheit und Sünde wissen und darum umso mehr aus der Gnade und Barmherzigkeit ihres Herrn leben. Denn Papst Franziskus hat recht: »Wer die Barmherzigkeit Gottes erfährt, fühlt sich dazu gedrängt, bei den Letzten und den Armen zum Urheber von Barmherzigkeit zu werden.«[213]

12 |

»SICH FESTKRALLEN« – Das Risiko der Barmherzigkeit

Wer versucht, sein Leben zu behalten, wird es verlieren. Doch wer sein Leben für mich aufgibt, wird das wahre Leben finden.

Matthäus 16,25

Den Schöpfer verfügbar machen

»Barmherzig und gnädig ist der Herr, geduldig und von großer Güte.«[214] – Als Christen werden wir aufgefordert, genau darauf unsere ganze Hoffnung zu setzen. So heißt es im ersten Brief des Apostels Petrus: »Setzt eure ganze Hoffnung auf die Gnade, die euch bei der Wiederkehr von Jesus Christus erwartet.«[215] Das allerdings ist gar nicht so einfach, wie es zunächst vielleicht klingen mag, denn die Gnade lässt sich nun mal nicht verdienen und auch nicht kontrollieren. Das ist für postmoderne Menschen, die sich vornehmlich durch die eigene Leistung definieren, nur schwer zu ertragen. Besser fänden wir es, wenn wir uns unser Heil selbst erarbeiten könnten – und Gott dann nur noch einen Gnadenbonus oben draufsetzen würde.

Ein weiteres Problem mit der uns im Evangelium zugesprochenen Gnade ist, dass sie so schlecht greifbar ist. Wir haben doch alle viel lieber schwarze Zahlen auf unserem Kontoauszug als das vage Versprechen unserer Bank, dass sie unsere roten Zahlen am Ende ausgleichen wird (wobei Gottes Versprechen keinesfalls vage ist, aber wir müssen ihm vertrauen). Der Volksmund sagt: »Lieber den Spatz in der Hand als die Taube auf dem Dach.« Diese Haltung gibt es auch im geistlichen Leben. So war es schon für das Volk Israel nicht zu ertragen, dass es so lange am Fuß des Berges Sinai warten sollte, bis der Anführer Mose mit den Weisungen Gottes zu ihm zurückkam. Die Israeliten sehnten sich nach einem Gott zum Anfassen. Darum forderten sie von Moses Stellvertreter Aaron: »Auf! Mach uns einen Gott, der uns führt! … Wir wissen nicht, was diesem Mose zugestoßen ist, der uns aus Ägypten hierher gebracht hat.«[216]

Bis heute hat sich an diesem Wunsch nichts geändert. Wir sehnen uns nach einem Gott zum Anfassen, wir brauchen etwas, was wir sehen und spüren können, etwas, was sich nicht ständig unserer Kontrolle entzieht. Darum gibt es in der christlichen Kultur ebenso einen Starkult wie in der Popkultur: Lieber projizieren wir all unsere Hoffnungen und Sehnsüchte auf eine gerade angesagte geistliche Persönlichkeit, als uns an einen unsichtbaren Gott zu wenden und auf seine Barmherzigkeit zu vertrauen.

WIR SEHNEN UNS NACH EINEM GOTT ZUM ANFASSEN.

Wir haben ebenso wie das Volk Israel unsere goldenen Kälber, angefangen bei beliebten Star-Geistlichen bis hin zu fundamentalistischen Sonderlehren, die lediglich dem Zweck dienen, uns das Vertrauen zu ersparen. Wir wollen den Schöpfer des Universums in eine Form gießen und für uns verfügbar machen!

Vermeintliche Sicherheiten

Die folgende Erzählung verdeutlicht sehr schön, wie unser Sicherheitsbedürfnis das Vertrauen auf Gottes Barmherzigkeit verhindert:

Während einer Wanderung in den Bergen rutscht ein Mann aus, schlittert den steilen Abhang hinunter und kann sich gerade noch an einem Ast festhalten, bevor er in eine fünfzig Meter tiefe Schlucht stürzt. So hängt er nun an diesem Ast – unter sich den sicheren Tod – und ruft verzweifelt um Hilfe. Als seine Kräfte schwinden und er bereits jede Hoffnung aufgegeben hat, hört er von oben die Stimme Gottes, die ihm sagt: »Ich bin für dich da und werde dich retten. Lass einfach den Ast los, damit ich dich auffangen kann!« Es vergehen einige Sekunden der Stille. Dann hört man den Wanderer erneut rufen: »Ist da oben vielleicht sonst noch jemand?«

Den meisten Menschen fällt es unendlich schwer, ihre vermeintlichen Sicherheiten loszulassen. Das aber ist nötig, um sich in die liebenden Arme Gottes fallen zu lassen und auf seine Barmherzigkeit zu vertrauen. Viele Menschen bleiben lieber an ihren Ästen hängen – das gilt auch für Christen mit ihren frommen Ästen: Lieber bauen sie auf ihre sichtbare tadellose Frömmigkeit, als einer unsichtbaren Gnade zu vertrauen; lieber klammern sie sich an die angebliche Unfehlbarkeit der Heiligen Schrift in all ihren Aussagen, als den nicht kontrollierbaren Zusagen Gottes in eben dieser Schrift zu vertrauen; lieber stecken sie Gott in die Schubladen ihres Verstandes und schreiben ihm vor, wie er wann zu handeln hat, als mit einem Gott zu leben, der sich ihrer Kontrolle entzieht.

Der Mensch gibt nicht gerne die Kontrolle ab – das gilt für den frommen Menschen genauso wie für jeden anderen auch. Wir sind es gewohnt, zu haben und zu halten. Eben darum ist der Tod unser größter Feind, den es so lange wie möglich zu verdrängen gilt, denn wenn es ans Sterben geht, werden wir alles loslassen müssen. Dann bleibt uns nichts, absolut nichts mehr, woran wir uns hier auf der Erde noch festklammern könnten.

Wer auf Barmherzigkeit angewiesen ist, der muss loslassen. Weder kann er sich seinen Nächsten aussuchen, der ihm hilft, noch hat er eine Garantie dafür, nicht in die falschen Hände zu geraten. Ihm bleibt nichts anderes übrig, als zu vertrauen. Doch wer Barmherzigkeit übt, der muss ebenso lernen, zu vertrauen. Weder kann er sich sicher sein, selbst dabei keinen Schaden zu nehmen, noch hat er eine Garantie dafür, dass sein barmherziges Eingreifen zum gewünschten Erfolg führen wird.

Wunibald Müller betont:

> *Barmherzig zu sein, gepackt von Barmherzigkeit, auf andere zuzugehen, ihnen etwas zu schenken, sich für sie einzusetzen, das kann für den Barmherzigen zu einem Befreiungsschlag werden. Sich, etwas, einfach loszulassen. Zeit, Geldmittel, Kraft, die ich für mich eingeplant, mit denen ich fest rechne, für andere zur Verfügung zu stellen, eröffnet eine Dimension, bei der die Kategorien des Absicherns, genauen Kalkulierens, Abwägens, gesprengt werden.* [217]

So ist also die Barmherzigkeit immer ein Risiko, sowohl für den, der sie in Anspruch nimmt als auch für den, der sie ausübt. Doch Jesus versichert uns: »Wer versucht, sein Leben zu retten, wird es verlieren. Aber wer sein Leben für mich aufgibt, wird es retten. Was nützt es, die ganze Welt zu gewinnen, aber dabei an der eigenen Seele Schaden zu nehmen oder sie zu verlieren?« [218]

Nichts für Kontrollfreaks

Zu den am häufigsten vorkommenden Barmherzigkeitsbremsen gehören, wie in Kapitel 9 beschrieben:

- die Angst, ausgenutzt zu werden
- die Angst, überfordert zu sein
- die Angst, sich selbst (kultisch) zu verunreinigen
- die Angst, Gott ins Handwerk zu pfuschen
- die Angst vor falscher Milde und mangelnder Gerechtigkeit

Gerne würde ich hier schreiben: »Alle diese Ängste sind komplett unbegründet!«, aber das wäre eine Lüge, denn sie sind vollkommen berechtigt. Wer barmherzig handelt, dem kann es durchaus passieren, dass er ausgenutzt wird oder in Situationen kommt, die ihn überfordern. Wer sich für andere einsetzt, der steht immer in der Gefahr, sich co-abhängig zu machen und damit Teil eines Systems zu werden, das er doch eigentlich beseitigen wollte. Wer mit anderen Menschen mitleidet, der kommt in die Versuchung, ihnen schmerzvolle Konsequenzen zu ersparen, die für ihre umfassende Heilung notwendig wären. Das alles ist möglich, denn Barmherzigkeit ist immer ein Risiko. Das aber bedeutet: Wer erst dann Barmherzigkeit übt, wenn er zuvor eine hundertprozentige Garantie hat, dass dabei nichts schiefgehen kann, der wird niemals barmherzig werden!

BARMHERZIGKEIT IST IMMER EIN RISIKO.

Insofern haben es ausgesprochene Kontrollfreaks besonders schwer, barmherzige Menschen zu werden. Ich schreibe das aus eigener Erfahrung, denn ich selbst war über viele Jahre ein solcher Kontrollfreak. Aufgrund meiner abhängigen Persönlichkeitsstruktur sowie meiner Zwangserkrankung habe ich meine ganze Energie dafür aufgewendet, jedes einzelne Wort und jede noch so kleine Geste von mir zu kontrollieren, damit ich auf gar keinen Fall in irgendein Fettnäpfchen trete und jemanden verletze. In meinem Streben nach Perfektion bin ich immer wieder einzelne Situationen durchgegangen, um zu überprüfen, ob ich vielleicht doch einen Fehler begangen haben könnte. Neue Situationen machten mir Angst, die Begegnung mit einzelnen Menschen machte mir Angst, mein mögliches Versagen machte mir Angst, und wenn es ganz schlimm wurde, dann machte mir jeder neue Tag Angst; dann schlief ich mit dieser Angst spät in der Nacht ein und wachte früh am Morgen wieder mit ihr auf. Lange Zeit versuchte ich, mein Leben zu kontrollieren und mögliche Gefahren oder Unfälle zu vermeiden. Doch je mehr ich mein Leben kontrollieren wollte, umso mehr glitt es mir aus den Händen.

Durch einige schwere Krisen hindurch bin ich letztlich zu der befreienden Erkenntnis gekommen, dass ich die wichtigsten Dinge im Leben nicht in der Hand habe, sie entziehen sich meiner Kontrolle. Also habe ich kapituliert – und zwar nicht allein aufgrund meiner Suchterkrankung, sondern auch weit darüber hinaus in Bezug auf meinen Wunsch, mein Leben abzusichern. Bei den Anonymen Alkoholikern lautet der erste und wichtigste Schritt auf dem Weg zur Heilung: »Wir gaben zu, dass wir dem Alkohol gegenüber machtlos sind – und unser Leben nicht mehr meistern konnten.« Und ich werde nicht müde, zu betonen: Eine solche Kapitulation ist das Fundament eines gesunden Christseins. Menschen, die auf Jesus Christus vertrauen, bekennen: »Wir gaben zu, dass wir der Sünde gegenüber machtlos sind – und unser Heil nicht mehr meistern konnten.«

Überall dort, wo eine solche Kapitulation noch nicht wirklich vollzogen wurde, besteht die Gefahr, dass es zu einem angstbesetzten Christsein kommt, welches sich krampfhaft an vermeintliche Sicherheiten klammert:

Egal, was es ist, ob nun eine ganz bestimmte Theologie oder eine spezielle Frömmigkeitsform, der christliche Glaube wird immer dann zu einem Krampf, wenn seine Inhalte und Formen nicht Ausdruck des Vertrauens sind, sondern stattdessen ein starres Sicherungssystem, durch welches das Vertrauen ersetzt werden soll. In diesem Sicherungssystem schlagen die Christen immer dann um sich, wenn sie Angst haben, die Kontrolle zu verlieren. [219]

No risk, no mercy

»No risk, no fun«, sagen wir, um deutlich zu machen, dass unser ständiges Streben nach Sicherheit zu einem stinklangweiligen Leben führt. Im geistlichen Bereich führt dieses Sicherheitsbedürfnis zu einem selbstgerechten Kontroll-Christentum, bei dem Gott in die Schubladen des Verstandes passt, die Rätsel der Welt gelöst sind und die Menschen in »drinnen oder draußen« eingeteilt werden. Für Barmherzigkeit bleibt da kein Platz mehr: »No risk, no mercy«.

Wenn Gott uns also zu barmherzigen Menschen machen will, dann kann es durchaus sein, dass er uns straucheln lässt, sodass wir in Krisensituationen geraten, in denen die Äste, an denen wir uns festklammern, nicht mehr ausreichen. Dann mutet er uns das Risiko zu, loszulassen und in seine barmherzigen Arme zu fallen. Wer so etwas einmal erlebt hat, der geht deutlich verändert daraus hervor. So ist er nicht länger in der Lage, andere Menschen für ihr Scheitern und Straucheln zu verurteilen, sondern fühlt mit ihnen mit. Anstatt andere zu richten, fängt er an, sich über sie zu erbarmen, weil er fühlt, was er sieht. Und wer fühlt, was er sieht, der tut, was er kann.

Besonders deutlich wird dieser Zusammenhang in der derzeitigen Corona-Krise, denn gerade in Krisenzeiten offenbart der Mensch seinen wahren Charakter:

Aufgrund der Berichterstattung habe ich den Eindruck, dass ein Großteil unserer Gesellschaft dieser historisch einzigartigen Krise trotzt: durch liebevolle Kreativität, enorme Hilfsbereitschaft und verantwortungsbewusstes Handeln. Viele Menschen setzen sich in diesen Monaten ständig dem Risiko einer Infektion aus, weil sie in einem Beruf arbeiten, der unsere physische und psychische Grundversorgung absichert. Und sie tun dies nicht nur, »weil das nun mal ihr Job ist«, sondern weil sie sehr bewusst ihren Beitrag zur Überwindung dieser Krise leisten wollen. Und auch wer zu Hause bleiben muss, kann helfen: durch Anrufe, Briefe und die Bereitschaft, für ältere Menschen Einkäufe zu erledigen. Solche Taten der Nächstenliebe geschehen in unserem Land tagtäglich. Es scheint, als habe uns diese Krise etwas barmherziger gemacht (womit ich überhaupt nicht sagen will, dass dieses Virus von Gott geschickt wurde, um eben dieses Ziel zu erreichen, eine solche Deutung steht mir nicht zu).

Daneben gibt es aber auch Menschen, die aufgrund der ernsten Lage und des damit verbundenen Kontrollverlusts umso egozentrischer werden. Menschen, die versuchen, ihr Leben abzusichern, indem sie sich mit Bergen voller Klopapier und Nudeln eindecken. Wie der reiche Kornbauer im Gleichnis von Jesus kommen sie erst dann einigermaßen zur Ruhe, wenn ihre Depots prall gefüllt sind. Dann schauen sie auf ihre Vorräte und sagen sich: »Mein Freund, du hast für Jahre genug eingelagert. Genieße das Leben. Iss, trink und sei fröhlich!«[220] Durch das Anhäufen von Vorräten versuchen diese Menschen sich vorzumachen, sie hätten ihr Leben unter Kontrolle. Dass dies eine Illusion ist, macht Jesus in seinem Gleichnis klar. Denn dort sagt Gott zu dem reichen Kornbauern: »Wie dumm von dir! Du wirst noch heute Nacht sterben. Und wer wird dann das alles bekommen?«[221]

Menschen, die an Jesus Christus glauben, wissen sich in den Armen ihres barmherzigen Vaters geborgen. Ihr Leben liegt in Gottes Hand, darum müssen sie nicht krampfhaft versuchen, es abzusichern, indem sie sich an irdischen Ästen festhalten. Im Vertrauen auf Gottes Barmherzigkeit, die selbst den Tod überwindet, üben sie Barmherzigkeit an jenen, die Hilfe und Trost dringend nötig haben.

Ein eindrückliches Beispiel für eine solche Haltung stellt das Werk »Die Brautleute« von Alessandro Manzoni (1785-1873) dar. In diesem historischen Roman schildert der Autor, wie es während der Pest des Jahres 1630 in Mailand zugegangen ist. Sowohl von den Gesundheitsbehörden als auch von der Bevölkerung wurde die tödliche Gefahr zunächst nicht ernst genommen. Als man sie schließlich erkannte, war es bereits zu spät. Erst starben Hunderte, dann Tausende Menschen pro Tag an der Pest. Da niemand mehr bereit war, das Lazarett der Stadt zu betreuen und die vielen Kranken dort zu versorgen, übernahm der Kapuzinerorden auf Bitten der Gesundheitsbehörde diese Aufgabe.

Manzoni berichtet: »Im gleichen Maße wie jene Anhäufung von Elend zunahm, strömten noch weitere Kapuziner herbei und wurden zu Aufsehern, Beichtigern, Verwaltern, Krankenpflegern, Köchen, Beschließern, Wäschern und was man sonst noch brauchte.«[222] Er kommt zu dem Schluss: »Hätten sich diese Patres nicht gefunden, wäre gewisslich die ganze Stadt zugrunde gegangen.«[223] Wobei er keinesfalls die vielen Opfer unter den Kapuzinern verschweigt:

> *Wer eine allgemeinere, bereitwilligere und beständigere Treue gegenüber den schwierigen Pflichten der Lage bezeugte, waren die Geistlichen. In den Lazaretten, in der Stadt, nie fehlte es an*

ihrem Beistand. Wo gelitten wurde, waren sie da, stets sah man sie unter den Siechen und Sterbenden, oft genug selber siech und sterbend. Den geistlichen Beistand ergänzten sie, soweit sie konnten, um den weltlichen; sie leisteten jeden Dienst, den die Umstände verlangten. Mehr als sechzig Pfarrer allein aus der Stadt erlagen der Seuche: ungefähr acht Neuntel.[224]

Daneben gab es aber auch andere Menschen, die in ihrer Skrupellosigkeit die allgemeine Verwirrung und Angst ausnutzten, um für sich selbst den größtmöglichen Gewinn daraus zu ziehen. Von ihnen berichtet Manzoni:

So kann man bei allgemeinen Schicksalsschlägen und lang anhaltenden Störungen dessen, was man als die gewohnte Ordnung kennt, immer eine Zunahme und Verfeinerung der Tugend erkennen, aber leider fehlt es auch nie an einer Zunahme, meistens einer weit größeren, der Lasterhaftigkeit. Das war auch hier nicht anders. Die Schurken, die von der Pest verschont blieben oder nicht zu Boden gestreckt wurden, fanden in der allgemeinen Verwirrung und im Erschlaffen jeder öffentlichen Gewalt eine neue Gelegenheit, tätig zu werden, und zugleich eine neue Gewissheit, straflos zu bleiben.[225]

Mag sein, dass dies ein besonders krasses Beispiel ist. Doch es zeigt auf, wie sich in Krisenzeiten die Spreu vom Weizen trennt. Menschen, die sich an ihrem irdischen Leben festklammern, haben es in solchen Zeiten besonders schwer, Barmherzigkeit zu üben. No risk, no mercy! Aber solche, die sich von einer höheren Macht gehalten wissen und sich darum nicht an vermeintlichen Sicherheiten festkrallen müssen, haben die Arme und Hände frei, um anzupacken und barmherzige Samariter zu werden – und zwar auch dann, wenn dies mit einem hohen Risiko verbunden ist.

Insofern steckt hinter den verschiedenen Barmherzigkeitsbremsen letztlich immer dieselbe Angst: die Angst – auch der Christen – vor einem Kontrollverlust. Vielleicht haben suchtkranke Menschen wie ich an dieser Stelle einen Vorteil, denn wir haben längst begriffen, dass wir die Kontrolle über unser Leben nicht haben: »Wir gaben zu, dass wir dem Alkohol gegenüber machtlos sind – und unser Leben nicht meistern konnten.«

TEIL 4

»IMITATIO DEI«

WIE WIR BARMHERZIGER WERDEN

13 |

»HUNGRIG SEIN« – Die Sehnsucht nach der Barmherzigkeit

Wenn ihr, die ihr Sünder seid, wisst, wie man seinen Kindern Gutes tut, wie viel mehr wird euer Vater im Himmel denen, die ihn darum bitten, Gutes tun.

Matthäus 7,11

Ein unbändiges Verlangen

Als der Zweite Weltkrieg zu Ende ging, war mein Vater 13 Jahre alt. Die staatliche Ordnung war komplett zusammengebrochen und mit den damals üblichen Lebensmittelmarken gab es im Laden nichts zu kaufen. So war man überwiegend auf Selbstversorgung oder Tauschhandel angewiesen. Der Hunger und die Not wurden immer größer und mein Vater fiel damals in der Schule sogar vor Hunger in Ohnmacht. Für ihn und seine Mitschüler kam die Rettung im Frühjahr 1946 durch die Schulspeisungen, welche die Engländer aus ihren Armeebeständen durchführten. Das Essen wurde in großen Töpfen in der Waschküche der Schule zubereitet, meistens gab es Suppe oder Milchbrei.

Ich versuche, mir meinen Vater vorzustellen, wie er in der langen Schlange auf dem Schulhof steht, sein Blechgeschirr in der Hand, die Augen fest auf das Ziel gerichtet. Alles um ihn herum gerät in Vergessenheit und je näher er diesem Ziel kommt, umso lauter knurrt sein Magen. Ich kann den Jungen wirklich vor mir sehen, wie er dort auf dem Hof steht und wartet, aber seinen Hunger kann ich nicht nachempfinden, denn echten Hunger kenne ich nicht. Klar knurrt mal der Magen, wenn zu viel Zeit zwischen zwei Mahlzeiten vergeht, aber ich musste in meinem ganzen Leben noch nicht hungern.

Was ich aber kenne, das ist das, wofür der Hunger und der Durst stehen: ein starkes, unbändiges inneres Verlangen nach etwas. So gibt es in meinem Herzen ein stetiges Verlangen nach Liebe und Geborgenheit. Ich bin hungrig und durstig danach, angenommen zu werden und dazuzugehören. Ich sehne mich nach Schutz und Halt in einer tragfähigen Beziehung. Inzwischen sind meine Frau Claudia und ich fast dreißig Jahre verheiratet, gemeinsam haben wir einige schwere Krisen überstanden und heute leben wir in einer Beziehung, die uns erfüllt und glücklich macht.

Dennoch erlebe ich, dass mir selbst die wunderbare Liebe meiner Frau nicht das geben kann, wonach mein Herz im Tiefsten verlangt. Da gibt es einen Hunger und einen Durst, die wohl einzig durch die Liebe Gottes gestillt werden können. Ich erlebe Zeiten, in denen mich diese göttliche Liebe so erfüllt, dass ich Tränen der Freude vergieße. Daneben gibt es jedoch immer wieder Phasen, in denen ich mich von der Liebe Gottes abgetrennt fühle. Oft laufe ich dann durch meinen Alltag und suche verzweifelt die Bestätigung und Anerkennung von Menschen. Fin-

ES GIBT IN MEINEM HERZEN EIN STETIGES VERLANGEN NACH LIEBE UND GEBORGENHEIT.

den sie mich gut, dann fühle ich mich gut, haben sie aber etwas an mir auszusetzen, dann verachte ich mich.

Ein guter Freund hat mir vor Jahren einen eingerahmten Spruch geschenkt: »Lass das, was andere über dich denken, nicht darüber entscheiden, wer du bist!« Wenn mir bewusst wird, dass ich in diese Falle tappe, ziehe ich mich zurück in die Stille, gehe auf die Knie und bitte meinen himmlischen Vater, das Feuer seiner Liebe wieder stärker in mir anzufachen.

Seit einigen Jahren hat Gott mir den Hunger nach Erweckung in mein Herz gelegt: Ich sehne mich danach, dass Jesus uns noch einmal eine Zeit schenkt, in der er sich in besonderer Weise offenbart. Eine Zeit, in der viele Menschen vom Heiligen Geist erfüllt werden und ein neues Leben beginnen in Gemeinschaft mit Gott. Ich leide unter dem himmelweiten Unterschied zwischen dem, was ich in den Evangelien und der Apostelgeschichte lese, und dem, was ich in der heutigen Zeit persönlich erfahre. Dieser Unterschied ist so krass, dass ich die Worte von Gotthold Ephraim Lessing sehr gut nachvollziehen kann, der geschrieben hat: »das ist der garstige breite Graben, über den ich nicht kommen kann, so oft und ernstlich ich auch den Sprung versucht habe. Kann mir jemand hinüber helfen, der tu es; ich bitte ihn, ich beschwöre ihn. Er verdienet einen Gotteslohn an mir.« [226]

Manche Gläubige überspringen diesen Graben, indem sie die Erfahrungen der Gegenwart zum Maßstab ihrer Bibelauslegung machen. Daraus entstehen dann Lehren wie etwa der »Dispensationalismus«, wonach es die im Neuen Testament beschriebenen Zeichen und Wunder heute nicht mehr gibt, da wir in einer anderen »Heilszeit« beziehungsweise »Haushaltung« (»Dispensation«) leben. Ich kann eine solche Auslegung nicht nachvollziehen. Stattdessen gehe ich andersherum vor: Ich mache die Zeichen und Wunder im Neuen Testament zum Maßstab für meine Erfahrungen in der Gegenwart. Und eben daraus entsteht dann meine Sehnsucht nach Erweckung. Jedes ernsthaft gesprochene Vaterunser drückt dieses Verlangen aus, denn dort beten wir ja »Dein Reich komme. Dein Wille geschehe wie im Himmel so auf Erden.«[227]

Schlange-Stehen

Wer zu einem barmherzigen Menschen werden möchte, der benötigt dazu in seinem Herzen eine Sehnsucht nach Barmherzigkeit. In seiner berühmten Bergpredigt sagt Jesus: »Glücklich sind die, die nach Gerechtigkeit hungern und dürsten, denn sie werden sie im Überfluss erhalten. Glücklich sind die Barmherzigen, denn sie werden Barmherzigkeit erfahren.«[228] Nun sind die beiden Begriffe »Gerechtigkeit« und »Barmherzigkeit« in der Bibel stets so eng miteinander verknüpft, dass sich diese beiden Verse auch austauschen lassen, sodass es dann heißt: »Glücklich sind die, die nach Barmherzigkeit hungern und dürsten, denn sie werden sie im Überfluss erhalten. Glücklich sind die Gerechten, denn sie werden Gerechtigkeit erfahren.«

Das Sattwerden entsteht allein durch Nahrungsaufnahme, und essen tun wir – in aller Regel – dann, wenn wir Hunger haben. Gleiches gilt auch für die Barmherzigkeit: Damit sich unsere Herzen mit Barmherzigkeit füllen, müssen wir sie »essen«, also am eigenen Leib erfahren. Und erfahren werden wir die Barmherzigkeit in besonderer Weise dann, wenn wir uns danach sehnen, uns nach ihr ausstrecken, wenn wir »hungern und dürsten« nach der Barmherzigkeit.

Die Quelle der göttlichen Barmherzigkeit ist für mich Jesus Christus, der Sohn Gottes. Und da mein Herz nach eben dieser Barmherzigkeit hungert, mache ich es so, wie damals mein Vater: Ich reihe mich mit meinem leeren Herzen in die Schlange derer ein, die darauf warten, von Jesus gespeist zu werden. Ich bete: »Herr, bitte fülle mein Herz mit deiner göttlichen Barmherzigkeit. Mache mich zu einem barmherzigen Menschen, indem ich deine Barmherzigkeit erfahre.«

Bei Jesus lohnt sich dieses innere Schlange-Stehen immer, denn er hat versprochen: »Bittet, und ihr werdet erhalten. Sucht, und ihr werdet finden. Klopft an, und die Tür wird euch geöffnet werden.«[229]

Schwester Maria Faustyna Kowalska

Im vorigen Jahrhundert lebte in Polen eine junge Frau, die von solch einem starken Hunger nach Barmherzigkeit durchdrungen war wie kaum ein Mensch vor oder nach ihr. Helena Kowalska wurde am 25. August 1905 als drittes von zehn Kindern in dem kleinen Dorf Glogowiec geboren. Knapp drei Jahre besuchte sie die Grundschule, bevor sie eine Arbeit als Dienstmädchen annahm, um ihren verarmten Eltern zu helfen. Schon im siebten Lebensjahr spürte sie den Ruf, ins Kloster zu gehen. Mit 16 Jahren bat sie ihre Eltern eindringlich, ihr dies zu erlauben, erfuhr jedoch eine entschiedene Absage. Erst vier Jahre später (1925) trat sie schließlich ins Kloster der »Kongregation der Mutter der Barmherzigkeit« in Krakau ein. Die folgenden Jahre waren für Schwester Maria Faustyna, wie sie seit ihrer Einkleidung genannt wurde, geprägt von vielen äußeren und inneren Leiden. Nachdem sie einer Oberin von Offenbarungen und Visionen berichtet hatte, erfuhr sie ständiges Misstrauen. Sie schreibt in ihrem Tagebuch:

> *Ich habe mir viele unnütze Leiden eingehandelt. Über längere Zeit wurde ich verdächtigt, vom bösen Geist besessen zu sein.*

Man blickte mitleidig auf mich herab; die Oberin unternahm einige Vorsichtsmaßnahmen mir gegenüber. Es gelangte mir zu Ohren, dass auch die Schwestern auf mich so schauten. [230]

Immer wieder wurde sie von ihren Mitschwestern und von der Oberin erniedrigt. So berichtet sie:

Einmal, als ich mit Schwester N. in der Küche war, hatte sie sich ein wenig über mich geärgert und befahl mir zur Strafe, mich auf den Tisch zu setzen, während sie selbst hart arbeitete, aufräumte und schrubbte, ich aber saß auf dem Tisch. Schwestern kamen herein und wunderten sich, dass ich auf dem Tisch sitze und jede sagte, was sie sagen wollte. Eine – dass ich eine Faulenzerin bin, eine andere – was für ein Sonderling. [231]

An anderer Stelle schreibt sie:

Eines Tages hatte sich eine der Mütter dermaßen über mich geärgert und mich gedemütigt, dass ich glaubte, es nicht mehr ertragen zu können. Sie sagte zu mir: »Du Sonderling, hysterisches Weib, Seherin, mach', dass du aus dem Zimmer kommst, ich will Sie nicht mehr kennen.« – Man warf mir alles an den Kopf, was nur möglich war. [232]

Zu diesen äußeren Anfechtungen kamen viele innere, wie eine tiefe Traurigkeit und heftige Selbstzweifel: »Wieder wird meine Seele von grauenvoller Dunkelheit befallen. Ich meine, unter dem Einfluss von Täuschungen zu stehen.« [233] Zu ihren quälendsten Erfahrungen gehört ein Gefühl der Unwürdigkeit und Unzulänglichkeit, das sie selbst als die »Dunkelheit der Seele« beschreibt:

Schon am Ende des ersten Noviziatsjahres begann es, in meiner Seele finster zu werden. Im Gebet spürte ich keinen Trost, die Betrachtung kostete mich viel Anstrengung. Angst begann, mich zu umfangen. Ich ging tiefer in mich und sah nichts außer großem Elend…
Eines Tages, gleich nach dem Erwachen, als ich mir der Gegenwart Gottes bewusst wurde, packte mich Verzweiflung. Endgültige Dunkelheit der Seele. Vormittags kämpfte ich, so gut ich konnte. In den Nachmittagsstunden wurde ich von wahren Todesängsten ergriffen, meine physischen Kräfte begannen zu schwinden. Schnell ging ich in die Zelle und warf mich vor dem Kruzifix auf die Knie und fing an, um Barmherzigkeit zu rufen.[234]

Angesichts dieser äußeren und inneren Leiden, die Schwester Maria Faustyna durchlebte, gab es aus ihrer Sicht nur eine einzige Hoffnung, um zu überleben: ein barmherziges Eingreifen Gottes. Darum flehte sie Jesus, ihren Herrn, wieder und wieder um sein Erbarmen an, sie »hungerte und dürstete« nach der Barmherzigkeit. Und ihre flehenden Gebete wurden erhört! In ihrem Tagebuch berichtet sie von einer tiefen, einzigartigen Offenbarung der Liebe Gottes, die ihr gequältes Herz für immer veränderte:

Als ich mit Wille und Herz dem Opfer zugestimmt hatte, durchdrang mich ganz Gottes Anwesenheit. Meine Seele wurde in Gott versenkt und mit so übergroßer Glückseligkeit erfüllt, dass ich es nicht einmal teilweise beschreiben kann. Ich fühlte, dass mich Seine Majestät umgab. Eigenartig wurde ich mit Gott vereinigt. Ich sah großes Wohlwollen Gottes in mir und gleichfalls versank mein Geist in Ihm. Dieser Vereinigung mit Gott bewusst, fühlte ich, dass ich besonders geliebt werde und gleichfalls mit aller Kraft meiner Seele liebe. Ein großes Geheimnis vollzog sich während dieser Anbetung. Ein Geheimnis zwischen mir und dem Herrn und ich meinte, vor Liebe zu sterben bei Seinem Anblick. Obwohl ich viel redete mit dem Herrn, geschah es ohne Worte. Der Herr sagte: »Du bist eine Wonne für Mein Herz, ab heute findet die kleinste Tat Wohlwollen in meinen Augen, was du auch tust.« – In diesem Augenblick fühlte ich mich umgewandelt. Die leibliche Hülle ist die gleiche geblieben, doch die Seele eine andere; in ihr wohnt Gott mit Seinem ganzen Wohlwollen. Nicht Gefühl, sondern bewusste Wirklichkeit, die mir nichts überschatten kann, ist das. [235]

Schwester Maria Faustyna hatte die Barmherzigkeit Gottes erfahren und lebte nun aus ihr. Sie bekennt:

Wahrhaftig, Jesus, Angst überkommt mich, wenn ich auf mein Elend schaue, doch gleichzeitig beruhige ich mich, wenn ich auf Deine unergründliche Barmherzigkeit sehe, die um die ganze Ewigkeit größer ist als mein Elend. [236]

Verwandle mich in dich!

Anders als der »Schalksknecht« im Gleichnis von Jesus (vgl. Kapitel 11) spürte Schwester Maria Faustyna die an ihr geschehene Barmherzigkeit mit jeder Faser ihres Körpers und ihres Herzens. Für sie war die Barmherzigkeit ihres Herrn keine nette Zugabe, sondern vielmehr das, was sie am Leben hielt. Umso mehr wurde sie von dem sehnsüchtigen Wunsch erfüllt, diese Barmherzigkeit an andere Menschen weiterzugeben. In dem folgenden Gebet von ihr kommt dies besonders zum Ausdruck:

So oft, wie meine Brust atmet, so oft, wie mein Herz schlägt, so oft, wie das Blut in meinem Körper pulsiert, so viele tausend Male will ich Deine Barmherzigkeit rühmen, o Heiligste Dreifaltigkeit.
Ich möchte mich ganz in Deine Barmherzigkeit umwandeln, um so ein lebendiges Abbild von Dir zu sein, o Herr, möge diese größte Eigenschaft, seine unergründliche Barmherzigkeit, durch mein Herz und meine Seele hindurch zu meinen Nächsten gelangen.
Hilf mir, o Herr, dass meine Augen barmherzig schauen, dass ich niemals nach äußerem Anschein verdächtige und richte, sondern wahrnehme, was schön ist in den Seelen meiner Nächsten, und ihnen zu Hilfe komme.
Hilf mir, dass mein Gehör barmherzig wird, damit ich mich den Bedürfnissen meiner Nächsten zuneige, dass meine Ohren nicht gleichgültig bleiben für Leid und Klage der Nächsten.
Hilf mir, Herr, dass meine Zunge barmherzig wird, dass ich niemals über meinen Nächsten abfällig rede, sondern für jeden ein Wort des Trostes und der Vergebung habe.
Hilf mir, Herr, dass meine Hände barmherzig und voll guter Taten sind, damit ich meinem Nächsten nur Gutes tue und schwierigere, mühevollere Arbeit auf mich nehme.
Hilf mir, dass meine Füße barmherzig sind, dass sie meinen Nächsten immer zu Hilfe eilen und die eigene Mattheit und Ermüdung beherrschen. Meine wahre Rast ist im Dienst am Nächsten.
Hilf mir, Herr, dass mein Herz barmherzig ist, auf dass ich alle Leiden der Nächsten empfinde, dass ich niemandem mein Herz versage, aufrichtigen Umgang auch mit denen pflege, von denen ich weiß, dass sie meine Güte missbrauchen werden; ich selbst werde mich im barmherzigsten Herzen Jesu verschließen.

Über eigene Leiden will ich schweigen. Deine Barmherzigkeit, o mein Herr, soll in mir ausruhen.
Du selbst befiehlst mir, dass ich mich in drei Stufen der Barmherzigkeit übe. Erstens: Die barmherzige Tat – jeglicher Art. Zweitens: Das barmherzige Wort – was ich als Tat nicht vollbringen kann, soll mit Worten geschehen. Drittens: Das Gebet – falls ich weder mit Tat noch Wort Barmherzigkeit erweisen kann, so kann ich es immer mit Gebet. Mein Gebet weite ich sogar dorthin aus, wo ich körperlich nicht hin kann.
O mein Jesus, verwandle mich in Dich, denn Du vermagst alles. [237]

Was für ein einzigartiges, wunderbares Gebet! Wie viel Not und Leid könnten gelindert werden, wenn sich immer mehr Nachfolgerinnen und Nachfolger von Jesus auf der ganzen Welt diese leidenschaftliche Bitte zu eigen machen würden: »Verwandle mich in dich, denn du vermagst alles.«

Das Leiden schafft die Leidenschaft

Schwester Maria Faustyna litt auch körperlich. Bereits nach wenigen Jahren im Kloster zeigte sich bei ihr eine Lungentuberkulose, die äußerst schmerzhaft war und sie zweimal für längere Zeit ins Krakauer Krankenhaus brachte. Nach und nach griff diese Krankheit auf ihre inneren Organe über, sodass sie im Oktober 1938 im Alter von 33 Jahren verstarb.

Nur dreizehn Jahre verbrachte sie im Kloster der »Kongregation der Mutter der Barmherzigkeit«, doch ihre Sehnsucht nach der Barmherzigkeit Gottes hat Auswirkungen bis in unsere Zeit. So feiert die römisch-katholische Kirche an jedem Sonntag nach Ostern den »Barmherzigkeitssonntag«, der auf Maria Faustyna zurückgeht. Auch die Ausrufung eines Heiligen Jahres der Barmherzigkeit durch Papst Franziskus im April 2015 geht letztlich auf ihr Vorbild zurück. »Glücklich sind die, die nach Barmherzigkeit hungern und dürsten, denn sie werden sie im Überfluss erhalten.« Bei Schwester Maria Faustyna gilt dieses Wort nicht allein für sie selbst, sondern auch für viele Generationen nach ihr. Ihr Hunger und ihr Durst nach Barmherzigkeit prägen die Kirche bis heute.

Als evangelischer Christ liegt es mir fern, Maria Faustyna als eine Heilige zu verehren. Aber diese junge Frau ist mir in vielerlei Hinsicht eine Inspiration und ein großes Vorbild. An ihr wird für mich in besonderer Weise sichtbar, was es bewirkt, wenn ein Mensch ganz auf die Barmherzigkeit Gottes angewiesen ist und sich leidenschaftlich danach ausstreckt. Bei Maria Faustyna zeigt sich einmal mehr: Das Leiden schafft die Leidenschaft.

DAS LEIDEN SCHAFFT DIE LEIDENSCHAFT.

14 |

»LEID ERFAHREN« – Das Angewiesensein auf Barmherzigkeit

Meine Schafe hören auf meine Stimme; ich kenne sie, und sie folgen mir. Ich schenke ihnen das ewige Leben, und sie werden niemals umkommen. Niemand wird sie mir entreißen.«

Johannes 10,27-28

Die eigene Machtlosigkeit

Wenn man mich im Wasser schwimmen sieht, dann möchte man es kaum glauben. Aber ich besitze tatsächlich ein Zertifikat, welches mir bescheinigt, dass ich meinen »Rettungsschwimmer Bronze« gemacht habe. Benötigt habe ich dieses Zertifikat zur Betreuung der Kinder in der Offenen Ganztagsschule. Und dabei habe ich Folgendes gelernt: Wenn ein Mensch ertrinkt, dann gerät er in Panik und schlägt wie wild um sich. In diesem Stadium darf ich mich ihm als Rettungsschwimmer noch nicht nähern, denn er würde sich verzweifelt an mich krallen und nicht mehr loslassen, sodass wir am Ende beide untergehen. Deshalb muss ich zunächst einmal warten, bis dem Ertrinkenden alle Kräfte ausgehen und er nicht mehr in der Lage ist, sich festzukrallen. Wenn es so weit ist, dann kann ich zu ihm schwimmen, ihn mit einem speziellen Griff packen und schließlich an Land ziehen.

Um ein barmherziger Mensch zu werden, braucht es in der Regel eine ähnliche Erfahrung wie die eines Ertrinkenden: das Erleben der eigenen Machtlosigkeit. Stellen Sie sich einen Menschen vor, der fantastisch schwimmen kann. Für einen solchen Menschen ist es so selbstverständlich, im Wasser souverän die eigenen Bahnen zu ziehen, dass er geneigt ist, auf schwächere Schwimmer verächtlich herabzuschauen, vor allem auf jene, die sich kaum noch über Wasser halten können. Statt also mit diesen Bedürftigen mitzufühlen und sich für sie einzusetzen, denkt er: »Sollen die sich doch erst mal richtig anstrengen, wie ich das tue, dann werden sie schon nicht absaufen.« Oder aber: »Hätten die mal einen gescheiten Schwimmkurs gemacht, dann würden sie jetzt nicht so verzweifelt strampeln.«

Mit solchen Gedanken zieht er weiter selbstbewusst seine Bahnen und kümmert sich nicht um die Ertrinkenden. Doch dann ereilt ihn ein Schicksalsschlag: Ganz plötzlich bekommt er fürchterliche Krämpfe in den Beinen und kann seinen Schwimmstil nicht mehr durchhalten. Stattdessen schreit er verzweifelt um Hilfe, da er droht, zu ertrinken. Als dieser Mensch mit seiner eigenen Kraft ganz am Ende ist und nicht einmal mehr strampeln kann, da greifen ihn die rettenden Arme eines Rettungsschwimmers (hier stelle ich mir mich selbst als Helden vor) und ziehen ihn an das rettende Ufer. Wir können davon ausgehen, dass eine solche Erfahrung die Haltung dieser Person grundlegend verändern wird: Fortan wird sie nicht mehr auf andere herabsehen, sondern ihnen helfen, wenn es nötig erscheint. Dieser Mensch wird zu einem barmherzigen Schwimmer oder einer barmherzigen Schwimmerin.

Was für das Schwimmen gilt, das gilt auch für das Leben ganz allgemein: Oft brauchen wir die Erfahrung unserer eigenen Machtlosigkeit, um barmherzig mit jenen Menschen umzugehen, die ihr Leben nicht so auf die Reihe kriegen, wie wir das tun. Erst wenn wir mit unseren eigenen Mitteln und Möglichkeiten völlig am Ende sind und uns nichts anderes übrig bleibt, als auf das barmherzige Eingreifen eines Retters zu vertrauen, erst dann werden wir zu Menschen, die mitfühlen, wenn sie das Leiden anderer sehen, und darum tun, was sie können. So jedenfalls war das bei mir.

Ins Klo gespült

Ich war über Jahre ein ziemlich unbarmherziger Mensch, auch zu der Zeit, in der ich bereits die Barmherzigkeit Gottes verkündigt habe, denn aufgrund meines Perfektionismus und der damit verbundenen Kontrollsucht war ich ständig unbarmherzig zu mir selbst. Wenn ich etwa über die Barmherzigkeit Gottes predigte, dann war es mein Hauptanliegen, dies möglichst perfekt zu tun. Und hatte ich den Eindruck, dass mir dies nicht gelungen war (etwa weil jemand während meiner Predigt gähnte), dann ging ich ziemlich hart mit mir ins Gericht, schließlich war ich allein dafür verantwortlich, die bestmögliche Wirkung meiner Verkündigung zu erzielen.

In meinem Kopf gab es ein perfektionistisches Selbstbild, welches mir ständig in Erinnerung rief, wie ich angeblich zu sein hatte. In der Praxis jedoch konnte ich diesem Anspruch zu keiner Zeit gerecht werden. Also klafften mein Selbstbild und meine Erfahrungen wie eine geöffnete Schere weit auseinander. Und das tat verdammt weh, denn jedes Mal, wenn ich aus meiner Sicht wieder versagt hatte, verurteilte ich mich gnadenlos und verdammte mich selbst für meine Mängel. Auf diese Weise »spülte« ich mich regelmäßig selbst »die Toilette runter«, nicht nur aufgrund meiner angeblich zu schwachen Predigten, sondern auch wegen vieler anderer Fehler und Versäumnisse, die mir einfach nicht hätten passieren dürfen. Ich war damals sehr unbarmherzig mit mir selbst.

Entsprechend unbarmherzig blickte ich auch auf andere Menschen herab, wenn sie ihr Leben nicht auf die Reihe bekamen. Selbstverständlich hätte man mir das niemals angemerkt, denn dazu war ich viel zu kontrolliert. Dennoch war ich in der Tiefe meines Herzens davon überzeugt, dass jeder Mensch seines eigenen Glückes Schmied ist, denn »wo ein Wille ist, da ist auch ein Weg«. Wenn also jemand am Boden liegt und sein Leben vor die Hunde geht, dann wird er wohl einfach zu bequem, zu dumm, zu gierig oder zu naiv gewesen sein. Auf jeden Fall hatte er meiner Ansicht nach seine missliche Lage selbst zu verantworten – so wie ich die meine zu verantworten hatte. Nach außen hin war ich für solche Menschen da (schließlich war das mein Job als Pastor), doch innerlich verurteilte ich sie genauso, wie ich mich selbst verurteilte.

Doch dann kam die Zeit, in der ich mit meinem frommen Latein am Ende war und einfach nicht mehr weiterwusste. Aufgrund meiner Alkoholabhängigkeit hatte ich mein Leben komplett vor die Wand gefahren und war auf Hilfe von außen angewiesen. Für eine kurze Zeit schlug ich noch wie ein Ertrinkender wild um mich, um irgendwo Halt zu finden. Als auch das nicht mehr ging, kapitulierte ich. Ich flehte Jesus um sein Erbarmen an und ließ mich von ihm an das rettende Ufer ziehen. Dabei war ich durchaus nicht unbeteiligt. Um im Bild zu bleiben: Ich machte selbst auch einige Schwimmzüge mit den Beinen, um bei meiner Rettung mitzuwirken. Aber das Entscheidende kam nicht von mir, vielmehr waren es sein Griff und seine Kraft, die mir das Leben retteten. Ohne Christus wäre ich elendig abgesoffen!

DIE ERFAHRUNG MEINER MACHTLOSIGKEIT IST DAS BESTE, WAS MIR PASSIEREN KONNTE.

In meinem Buch »Mein goldener Sprung in der Schüssel« berichte ich detailliert und offen von dieser Zeit, auf die ich sicherlich nicht scharf gewesen bin. Doch im Nachhinein kann ich sagen: Die Erfahrung meiner Machtlosigkeit ist das Beste, was mir passieren konnte, denn durch diese Erfahrung habe ich die Barmherzigkeit Gottes kennengelernt und bin selbst zu einem barmherzigeren Menschen geworden.

Greifen oder Ergriffensein?

Inzwischen haben sich mein Selbstbild und meine Erfahrungen einander angenähert, die Schere hat sich also etwas geschlossen. Und so bin ich heute in der Lage, angesichts meiner Schwächen und Fehler barmherziger mit mir selbst umzugehen. Wenn mein Vater im Himmel mir vergibt, dann sollte ich mir auch vergeben. Wenn Jesus an mir festhält und einen Plan für mein Leben hat, dann sollte ich selbst mich auch nicht aufgeben und seinem Plan vertrauen. Wenn Gott für mich ist, dann sollte ich nicht gegen mich sein!

Außerdem verurteile ich andere nicht mehr so schnell, wenn sie an den Herausforderungen ihres Alltags scheitern. Schließlich war ich in meiner dunkelsten Zeit selbst nicht mehr in der Lage, Briefe zu öffnen oder Telefonate zu führen. Ich konnte mich nur noch wie ein getretener Hund auf meinem Sofa zusammenrollen und heulen. Mehr war nicht drin. Wer so etwas einmal erlebt hat, der hat Mitgefühl für Menschen, die sich nicht trauen, zu einer Behörde zu gehen oder einen wichtigen Arzttermin wahrzunehmen, oder die generell alles aufschieben.

Vor allem bei meiner Arbeit in der Suchtkrankenhilfe fällt mir die Veränderung auf: Auch wenn unsere Klienten zum hundertsten Mal völlig zugedröhnt weinend und klagend in der Ecke liegen, regt sich in mir keinerlei Abscheu oder Überheblichkeit, denn mir ging es früher ähnlich. Auch ich war völlig am Ende und auf das barmherzige Eingreifen anderer angewiesen. Ich weiß, wie sich das anfühlt. Darum bin ich heute in der Lage, mit solchen Menschen mitzufühlen.

Sicherlich gibt es keine Garantie dafür, dass die Erfahrung von Leid und – damit verbunden – der eigenen Machtlosigkeit die Menschen barmherziger macht. Man sollte das kaum für möglich halten, aber es gibt tatsächlich Leute, die in der Lage sind, nach ihrer Rettung und Heilung zu ihrer alten Selbstüberschätzung und zu ihrem Hochmut zurückzukehren. Solche Zeitgenossen sind beratungsresistent und scheinbar nicht fähig, sich zu verändern. Aber das sind Ausnahmen. Denn in der Regel verändert uns die Erfahrung von Leid, sie macht uns barmherziger.

Das gilt übrigens auch für die in Kapitel 11 beschriebenen »Law & Order«-Christen, die ständig auf andere herabblicken, weil sie nicht so gesetzeskonform und superfromm leben wie sie selbst. Solche Menschen werden normalerweise ebenfalls barmherziger, wenn Jesus sie in Lebenssituationen führt, in denen sie schmerzhaft versagen und sowohl mit ihrer Kraft als auch mit ihrer Theologie nicht mehr weiterkommen. Es ist ihr eigenes Angewiesensein auf Barmherzigkeit, welches sie zu Nachfolgerinnen und Nachfolgern von Jesus macht, die fortan ein Herz haben für die Gescheiterten, Verlorenen und Kranken. Aufgrund ihrer eigenen Leiderfahrung kommen sie zu der Erkenntnis: In der Jesus-Nachfolge geht es nicht darum, nach vermeintlichen Sicherheiten zu greifen (und mögen sie auch noch so fromm daherkommen), sondern vielmehr darum, von Jesus Christus ergriffen zu sein, also von dem Herrn, der versprochen hat, dass sein liebevoller Griff uns nie mehr loslassen und uns sicher ans Ziel führen wird. Jesus sagt:

Meine Schafe hören auf meine Stimme; ich kenne sie, und sie folgen mir. Ich schenke ihnen das ewige Leben, und sie werden niemals umkommen. Niemand wird sie mir entreißen, denn mein Vater hat sie mir gegeben, und er ist mächtiger als alles andere. Und niemand kann sie aus der Hand des Vaters reißen. Der Vater und ich sind eins. [238]

Eben darum geht es im Glauben: Nicht greifen, sondern gegriffen werden und Ergriffensein!

Künftige Barmherzigkeit

Kehren wir noch einmal zurück zum Gleichnis vom barmherzigen Samariter. Ich möchte diese Erzählung ein wenig weiterspinnen:

Der Überfallene verbringt noch einige Tage in der Herberge und wird dort gepflegt. Als er schließlich stark genug ist, um den Heimweg anzutreten, stellt er fest, dass alle Kosten für seinen Aufenthalt und seine Pflege bereits beglichen worden sind. Der Samariter hat ihm nicht nur das Leben gerettet, sondern auch noch alle anfallenden Kosten übernommen! Deshalb muss der Mann auf seinem Heimweg noch lange darüber nachdenken, was diesen Fremden wohl bewogen haben könnte, sich so für ihn einzusetzen.

Zu Hause angekommen erzählt er allen möglichen Leuten, was ihm auf seiner Reise passiert ist. Doch schon sehr bald holt ihn sein Alltag wieder ein und der schreckliche Überfall gerät mehr und mehr in Vergessenheit. Bis zu dem Tag, an dem er erneut nach Jericho muss, um dort etwas zu erledigen. Dieses Mal, so sagt er sich, wird er klüger sein und auf gar keinen Fall allein aufbrechen. Also sucht er sich einige Wegbegleiter, mit denen er den Abstieg nach Jericho wagt. Auf dem Weg hält er immer wieder ängstlich Ausschau nach möglichen Bedrohungen. Hinter jedem Felsen könnten schließlich die Räuber lauern. Doch alles bleibt friedlich.

Dann aber, als sie bereits einige Zeit unterwegs sind, traut er seinen Augen nicht. Von Weitem sieht er eine reglose Gestalt am Wegesrand liegen – und er weiß sofort, was das bedeutet: Dort vor ihm gibt es einen Menschen, dem dasselbe passiert sein muss wie ihm damals. Und dieser Mensch braucht Hilfe, seine Hilfe!

Auf der Stelle rennt er los und lässt seine Mitreisenden hinter sich. Als er sich dem Verwundeten nähert, merkt er an dessen äußerer Erscheinung, dass es sich wohl kaum um einen Juden handelt. Doch das interessiert ihn in diesem Augenblick nicht. Dieser Mensch ringt mit dem Tod und braucht seine Hilfe – das ist alles, was jetzt zählt. Also zerreißt er seine Kleidung und legt, so gut er kann, Verbände an. Als die anderen Reisenden bei dem Verwundeten ankommen, redet er ihnen so lange zu, bis sie sich bereit erklären, den Verletzten zur nächsten Herberge zu tragen.

»Es ist schon seltsam«, denkt er, während er den Fremden an den Beinen hält, »noch vor wenigen Monaten wäre mir dieser Mensch vermutlich egal gewesen. Doch nun kann ich einfach nicht anders, als ihm zu helfen.«

Halten Sie diese Geschichte für unwahrscheinlich? Dann können Sie gerne jede andere Situation einsetzen, in der dieser Mann nun selbst einem Menschen begegnet, der auf seine Hilfe angewiesen ist. Das muss nicht auf dem Weg nach Jericho sein, sondern kann an allen möglichen Punkten seines Alltags geschehen. Auf jeden Fall halte ich es für wahrscheinlich, dass dieser Mann genauso handeln wird, wie von mir beschrieben: Falls er nicht zuvor schon ein barmherziger Mensch war, so wird er jetzt einer sein. Er wird sich für diejenigen einsetzen, die an irgendeiner Stelle verletzt, verwundet und ausgebeutet worden sind. Es ist ihm schlicht und einfach unmöglich, an diesen Notleidenden vorbeizugehen, ohne einzugreifen. Das eigene Leiden hat ihn zu einem barmherzigen Menschen gemacht, denn der Mensch wird – von einigen unrühmlichen Ausnahmen abgesehen – in der Regel barmherziger, wenn er selbst einmal ganz unten und auf die Barmherzigkeit anderer angewiesen war.

Das gilt umso mehr für unseren Umgang mit den »Zöllnern und Sündern«, also mit Menschen, die ganz offensichtlich den Standards Gottes nicht gerecht werden. Auch ihnen werden wir erst dann mit Barmherzigkeit begegnen, wenn wir uns unserer eigenen Sündhaftigkeit mit schmerzhafter Verzweiflung bewusst geworden sind: »Wem viel vergeben wurde, der liebt auch viel!«[239]

Der größte Schatz auf Erden

Es ist die Erfahrung des Leidens, die uns zu barmherzigen Menschen macht. Darum wird eine Gesellschaft, deren höchstes Ziel darin besteht, das Leiden zu vermeiden, sehr schnell zu einer unbarmherzigen Gesellschaft.

Das Gleiche gilt auch für die Gemeinschaft der Gläubigen: Wenn sie ihren Glauben lediglich als eine Art Zusatzversicherung verstehen, welche ihnen ein möglichst leidfreies Leben in Gesundheit und Wohlstand garantieren soll, dann haben sie den Kern des Evangeliums weder begriffen noch erfahren: die Botschaft vom Gekreuzigten, der durch sein Leiden den Sieg errungen hat. Der Apostel Paulus betont: »Wenn wir an seiner Herrlichkeit teilhaben wollen, müssen wir auch seine Leiden mit ihm teilen.«[240] Gott verheißt uns eben gerade kein leidfreies Leben, sondern er verspricht, uns mitten im Leid festzuhalten und uns an sein Ziel zu bringen. Darum fährt Paulus fort: »Ich bin aber davon überzeugt, dass unsere jetzigen Leiden bedeutungslos sind im Vergleich zu der Herrlichkeit, die er uns später schenken wird.«[241]

Seien wir ehrlich: Niemand von uns ist wirklich scharf darauf, zu leiden. Doch in der Regel sind es nicht die hellen und erfolgreichen Zeiten unseres Lebens, durch die wir am meisten lernen, sondern die dunklen Täler des Leidens. Schwester Maria Faustyna geht in ihrem Tagebuch so weit, für ihre Leiderfahrungen zu danken:

Das Leiden ist der größte Schatz auf Erden – es läutert die Seele. Im Leiden erfahren wir, wer unser wahrer Freund ist. Wahre Liebe misst man mit dem Thermometer der Leiden. Jesus, ich danke Dir für die täglichen kleinen Kreuze, für die Hindernisse zu meinen Vorhaben, für die Last des gemeinsamen Lebens, für die falsche Auslegung der Absichten, für Erniedrigungen durch andere, für herben Umgang mit uns, für grundlose Beschuldigungen, für die schwache Gesundheit und Erschöpfung, für die Verleugnung des eigenen Willens, für die Austilgung des eigenen Ichs, für die fehlende Anerkennung in allem, für die Durchkreuzung aller Pläne. Ich danke Dir, Jesus, für innere Qualen, für die Trockenheit des Geistes, fürs Bangen, für Angst und Unsicherheit, für Dunkelheit und innere Düsterheit, für Versuchungen und verschiedene Prüfungen, für Plagen, die schwer auszudrücken sind, besonders für die, in denen uns niemand versteht, für die Stunde des Todes, für die Schwere des Kampfes in ihr, für ihre ganze Bitterkeit.[242]

Das klingt nach einer krassen Form von geistlichem Masochismus und ehrlich gesagt könnte ich diese Zeilen nicht mitbeten. Aber das muss ich auch nicht. Was ich jedoch zur Kenntnis nehme, ist, dass Schwester Maria Faustyna gerade im Leiden die barmherzige Liebe ihres Herrn erfahren hat. Alleine darum bezeichnet sie es als den größten Schatz auf Erden.

Wenn wir an Gottes Herrlichkeit teilhaben wollen, müssen wir sein Leiden mit ihm teilen! Darum halte ich das sogenannte »Wohlstands-Evangelium«, das vornehmlich in evangelikal-charismatischen Kreisen verkündigt wird, für eine gefährliche Irrlehre, die aus der Kirche der Barmherzigen sehr schnell eine Kirche der Erfolgreichen macht, die dazu neigen, auf Schwache, Arme und Kranke herabzusehen, weil sie der irrigen Vorstellung erliegen: »Schließlich könnten diese Menschen es besser haben, wenn sie nur genügend Glauben hätten.«

WENN WIR AN GOTTES HERRLICHKEIT TEILHABEN WOLLEN, MÜSSEN WIR SEIN LEIDEN MIT IHM TEILEN!

Die Wahrheit ist: Wenn Sie Christus darum bitten, Sie barmherziger zu machen, dann wird er Ihnen das Leiden nicht ersparen!

15 |

»SCHULD BEKENNEN« – Das Leben aus der Barmherzigkeit

Ich sage dir, ihre Sünden – und es sind viele – sind ihr vergeben; also hat sie mir viel Liebe erwiesen. Ein Mensch jedoch, dem nur wenig vergeben wurde, zeigt nur wenig Liebe.

Lukas 7,47

Gottes Gnadengabe

Wir haben bereits festgestellt: Um ein barmherziger Mensch zu werden, ist es unerlässlich, die Barmherzigkeit Gottes selbst zu erfahren. Und damit meine ich, wirklich zu erfahren, also nicht alleine als ein Kopfwissen, sondern so, dass sie einem zu Herzen geht (die Bibel spricht in diesem Zusammenhang von »erkennen«). Damit dies geschehen kann, gibt es neben der Erfahrung der eigenen Machtlosigkeit noch einen zweiten wichtigen Weg, nämlich das Bekenntnis der eigenen Schuld durch die regelmäßige Praxis der Beichte.

Ich kenne einige Christen, die mit der Beichte absolut nichts anfangen können, weil sie aus ihrer Sicht nur eine sinnentleerte Zwangsveranstaltung ist. Die meisten von ihnen mussten bereits als Kinder ihre Sünden gegenüber einem Priester bekennen, um zur Erstkommunion zugelassen zu werden. Also haben sie sich schnell etwas ausgedacht, was sich im Beichtstuhl gut verwenden ließ: »Vater, ich habe gesündigt, gegen den Himmel und vor den Menschen. Ich habe vor ein paar Tagen zehn Euro auf dem Gehsteig gefunden und sie einfach für mich behalten.« Mit einem aufrichtigen Bekenntnis hatte dies in vielen Fällen wohl eher nichts zu tun. Stattdessen ging es darum, möglichst schnell wieder rauszukommen aus dieser unangenehmen Lage. Doch Beichte ist sehr viel mehr!

Dietrich Bonhoeffer schreibt:

> *Hier (in der Beichte, Anm. des Verfassers) gibt Gott dem Sünder Hilfe aus der Gefahr des Selbstbetruges und der Selbstvergebung. In dem Bekenntnis der Sünde vor seinem Bruder stirbt das Fleisch mit seinem Stolz. Es wird mit Christus in die Schande und in den Tod gegeben, und durch das Wort der Vergebung ersteht ein neuer Mensch, der der Barmherzigkeit Gottes gewiss ist. So gehört der Gebrauch der Beichte in das Leben der Heiligen. Sie ist Gottes Gnadengabe, die nicht ungestraft missbraucht wird.*[243]

Die Beichte gehört in das Leben eines jeden Christen! Sie bewahrt uns vor einem schnellen und oberflächlichen Bekenntnis, lässt uns unsere Sündhaftigkeit erkennen und macht uns der Barmherzigkeit Gottes in der Tiefe unseres Herzens gewiss. Die Beichte ist »Gottes Gnadengabe«.

Eine wirkliche Begegnung

Am Dienstag, den 21. September 1954 machte der 17-jährige Jorge Mario Bergoglio eine Erfahrung, die sein Leben für immer verändern sollte. Eigentlich hatte er vorgehabt, sich mit Freunden in seiner Heimatstadt Buenos Aires zu treffen, um mit ihnen gemeinsam zu feiern. Zuvor jedoch suchte Jorge, wie er dies manchmal tat, seine Pfarrkirche San José de Flores auf. Als er die Kirche betrat, sah er dort einen Priester im Beichtstuhl und fühlte sich auf unerklärliche Weise dazu aufgefordert, zu beichten. Nach dieser Beichte änderte Jorge seinen Plan: Er traf sich an diesem Tag nicht mit seinen Freunden, sondern ging stattdessen zurück nach Hause mit der inneren Gewissheit, dass er Priester werden wollte. Und so kam es auch: 1958 trat er dem Orden der Jesuiten bei und wurde elf Jahre später zum Priester geweiht. 1998 ernannte man ihn zum Erzbischof von Buenos Aires und seit dem 13. März 2013 kennt ihn die Welt als Papst Franziskus.

Einige Jahre nach seiner Erfahrung im Beichtstuhl gewährte Jorge Mario Bergoglio zwei Journalisten einen tieferen Einblick in das, was damals mit ihm geschehen war:

> *In der Beichte ist etwas Seltsames passiert. Ich weiß nicht, was es war, aber es hat mein Leben verändert. Ich würde sagen: Es hat mich getroffen, als ich offen und ungeschützt war… Es war die Überraschung, das maßlose Erstaunen über eine wirkliche Begegnung. Ich merkte, dass ich erwartet wurde. Das ist die religiöse Erfahrung, das Erstaunen darüber, jemandem zu begegnen, der dich erwartet. Von diesem Zeitpunkt an ist es Gott, der einen mit einer Ausschließlichkeit umwirbt, wie es sie nur in der ersten Liebe gibt. Man sucht Ihn, aber Er sucht dich zuerst. Man möchte Ihn finden, aber Er findet uns zuerst.*[244]

Bergoglio betonte, dass es nicht nur das »Erstaunen über die Begegnung« war, die ihn zutiefst anrührte, sondern auch die barmherzige Weise, *wie* ihn Gott damals ansprach. In der Beichte begegnete der 17-jährige Jorge dem barmherzigen Gott. Er wurde erwartet!

Ein Ort der Barmherzigkeit

Wie bereits im ersten Kapitel erwähnt, ist die Erfahrung der Barmherzigkeit Gottes in der Beichte auch für mich von entscheidender Bedeutung gewesen. Damals habe ich vor einem anderen Menschen meine Schuld bekannt. Leichtgefallen ist mir das nicht, ganz im Gegenteil. Ich habe mich abgrundtief geschämt und während meines Bekenntnisses Rotz und Wasser geheult. Aber diese Beichte hat mich befreit. Gemeinsam mit meinem Beichtvater habe ich gebetet und um Vergebung gebeten – und er wiederum hat mir diese Vergebung im Namen von Jesus zugesprochen und mich unter Gottes Segen gestellt. Als ich später nach Hause fuhr, hätte ich das Auto eigentlich nicht gebraucht: Ich hätte fliegen können, so leicht hat sich mein Leben angefühlt.

Sicherlich ist es richtig, dass es grundsätzlich nicht notwendig ist, seine Schuld vor einem anderen Gläubigen zu bekennen. Es braucht keinen Mittler oder Zeugen, um die Vergebung unseres barmherzigen Vaters zu empfangen, sondern ein aufrichtiges Herz. Der Apostel Johannes schreibt: »Wenn wir sagen, wir seien ohne Schuld, betrügen wir uns selbst und die Wahrheit ist nicht in uns. Doch wenn wir ihm unsere Sünden bekennen, ist er treu und gerecht, dass er uns vergibt und uns von allem Bösen reinigt.«[245] Ein ehrliches Bekenntnis reicht also vollkommen aus.

Dennoch möchte ich hier aufgrund meiner eigenen Erfahrung davor warnen, das Bekennen der eigenen Schuld ausschließlich auf das persönliche Gebet zu beschränken, denn das kann schnell zu einem oberflächlichen Lippenbekenntnis führen. Ebenso wird der Empfang der göttlichen Barmherzigkeit dadurch zu einem selbstverständlichen Gut, das preiswert zu haben ist. Allein die Beichte, die – laut und deutlich ausgesprochen – gemeinsam mit einem Beichtvater (oder einer Beichtmutter) geschieht, bewahrt uns vor »der Gefahr des Selbstbetruges und der Selbstvergebung«, wie Bonhoeffer dies so treffend beschreibt.

Glauben Sie mir: Es macht einen riesigen Unterschied, ob Sie Ihre Schuld im »stillen Kämmerlein« bekennen oder vor einem anderen Menschen ungeschönt aussprechen. Das kostet ein Höchstmaß an Überwindung. Und wenn Ihnen dann – nach einem gemeinsamen Gebet – die Vergebung Ihrer Sünden zugesprochen wird, dann berührt Sie die Barmherzigkeit Gottes in Ihrem Innersten, sie geht Ihnen durch und durch und verändert Ihr Leben. Darum betont Papst Franziskus: »Der Beichtstuhl ist kein Folterinstrument, sondern ein Ort der Barmherzigkeit, an dem der Herr uns anregt, das Bestmögliche zu tun.«[246]

Eine neue Ernsthaftigkeit

Papst Franziskus beichtet regelmäßig. Am 20. November 2013 hat er vor Tausenden von Gläubigen bekannt: »Auch die Priester müssen beichten, auch die Bischöfe: Wir alle sind Sünder. Auch der Papst beichtet alle vierzehn Tage, denn auch der Papst ist ein Sünder.«[247] Noch habe ich zu großen Respekt vor einem solchen Schritt, doch ich frage mich inzwischen ernsthaft, wie viele kraftvolle und verändernde Erfahrungen der Barmherzigkeit Gottes ich machen könnte, wenn ich nicht nur hin und wieder beichten würde, sondern regelmäßig. Das muss ja nicht alle vierzehn Tage sein, schon alle zwei Monate wären eine erhebliche Steigerung zu meiner jetzigen Praxis.

Meine letzte Beichte ist bereits über ein Jahr her. Damals hat mir der Geist Gottes eine Sünde in meinem Leben offenbart, die ich jahrelang mit mir herumgeschleppt hatte, ohne darüber bestürzt zu sein. Als mir dies bewusst wurde, durchfuhr mich ein »heiliger Schreck« und mir war sofort klar: »Volker, du musst beichten!« Also habe ich einen Kollegen angerufen und ihn darum gebeten, mir zuzuhören, mit mir gemeinsam zu beten und mir dann im Namen von Jesus die Vergebung meines himmlischen Vaters zuzusprechen. Diese Beichte hat einiges verändert: Sie hat mich nicht nur von der schweren Last in meinem Gewissen befreit, sondern mir auch die gefährliche Unbefangenheit genommen, mit der ich vor Gott schuldig geworden bin. Durch die Beichte ist eine neue Ernsthaftigkeit in mein Leben gekommen, ein Streben nach Heiligung.

Im Hebräerbrief heißt es: »Jagt nach … der Heiligung, ohne die niemand den Herrn sehen wird.«[248] Ich bezweifle, dass es überhaupt möglich ist, sich als Jesus-Nachfolger ernsthaft auf diese Jagd zu begeben, wenn man noch nie vor einer anderen Person seine Schuld bekannt hat. Je mehr uns die Praxis der Beichte verloren geht, umso mehr mutieren wir zu einem Klub der Selbstgerechten, in dem das Bekenntnis der eigenen Schuld zu einer oberflächlichen Formalität wird und der Empfang von Vergebung zur Schleuderware verkommt. Und so gleichen wir am Ende jenem unbarmherzigen Schuldner, von dem Jesus in seinem Gleichnis erzählt (vgl. dazu Kapitel 11). Wer jedoch die Beichte nicht scheut, dem wird die Barmherzigkeit Gottes zu einer so tiefen und wunderbaren Erfahrung, dass er mit Schwester Maria Faustyna bekennen kann: »Wahrhaftig, Jesus,

DURCH DIE BEICHTE IST EINE NEUE ERNSTHAFTIGKEIT IN MEIN LEBEN GEKOMMEN, EIN STREBEN NACH HEILIGUNG.

Angst überkommt mich, wenn ich auf mein Elend schaue, doch gleichzeitig beruhige ich mich, wenn ich auf Deine unergründliche Barmherzigkeit sehe, die um die ganze Ewigkeit größer ist als mein Elend.«[249]

Nirgends sonst!

Nach dem Verständnis der römisch-katholischen Kirche handelt es sich bei der Buße um ein Sakrament, also um eine Handlung, durch deren bloßen Vollzug die Gnade Gottes vermittelt wird. Die meisten evangelikalen Freikirchen teilen ein solches Sakramentsverständnis nicht, denn für sie wird die Gnade Gottes nicht durch sakramentale Handlungen übermittelt, sondern durch das Wort Gottes. Knapper formuliert: Evangelikale kennen keine Sakramente. Das freilich sollte auf keinen Fall dazu führen, dass sie das Kind mit dem Bade ausschütten!

Der Apostel Jakobus betont: »Bekennt einander eure Schuld und betet füreinander, damit ihr geheilt werdet.«[250] Das »Gebet nach Jakobus 5« ist in freikirchlichen Kreisen durchaus verbreitet, weniger jedoch die zu diesem Gebet gehörende Praxis, einander die Schuld zu bekennen. Doch wer sich der Beichte entzieht, der beraubt sich damit auch der einzigartigen Freude, die Barmherzigkeit Gottes zu erfahren. Darum nehmen Sie es Walter Kardinal Kasper nicht übel, wenn er im Folgenden vom »Sakrament der Buße« schreibt, sondern achten Sie stattdessen auf das, was er mit der Buße verbindet. Er betont:

> *Das Sakrament der Buße ist der wahre Zufluchtsort für Sünder, die wir alle sind. Hier werden uns die Lasten, die wir mit uns herumschleppen, abgenommen. Nirgends sonst begegnen wir*

dem Erbarmen Gottes so unmittelbar, so direkt und so konkret, als wenn uns im Namen Jesu gesagt wird: »Deine Sünden sind dir vergeben!« Gewiss, es fällt niemandem leicht, demütig seine Sünden und oft genug immer wieder dieselben Sünden zu bekennen; aber jeder der das tut und dem dann das »absolve te« nicht allgemein und anonym, sondern konkret und persönlich zugesprochen wird, weiß von der inneren Befreiung, vom inneren Frieden und von der Freude, welche ihm dieses Sakrament schenkt. Wenn Jesus von der Freude spricht, die im Himmel über die Bekehrung eines Sünders herrscht (Lk 15,7.10), dann darf, wer dieses Sakrament empfängt, erfahren, dass diese Freude nicht nur im Himmel ist; sie findet ihr Echo auch im eigenen Herzen. So gilt es, dieses Sakrament wieder neu zu entdecken.[251]

Sie wollen ein barmherziger Mensch werden? Dann geben Sie sich einen gewaltigen Ruck, greifen Sie zu Ihrem Telefon oder Smartphone und rufen Sie eine Person Ihres Vertrauens an, um mit ihr einen Termin für die Beichte zu vereinbaren. Falls Sie dies zum allerersten Mal tun, wird Sie das vermutlich einige Nerven und Kalorien kosten. Doch schon bald werden Sie erleben, dass Kasper mit seiner Beschreibung der inneren Befreiung und der inneren Freude nicht übertreibt. Darum ermutige ich Sie, diesen Schritt nicht länger aufzuschieben, denn: »Es gibt nichts Gutes, außer man tut es!«

16 |

»WURZELN SCHLAGEN« – Der Herr der Barmherzigkeit

Wie ihr nun Christus Jesus als euren Herrn angenommen habt, so lebt auch mit ihm und seid ihm gehorsam. Senkt eure Wurzeln tief in seinen Boden und schöpft aus ihm, dann werdet ihr im Glauben wachsen.

Kolosser 2,6-7

In Verbindung bleiben

Jesus Christus sagt: »Ich bin der Weinstock; ihr seid die Reben. Wer in mir bleibt und ich in ihm, wird viel Frucht bringen. Denn getrennt von mir könnt ihr nichts tun.«[252] Für viele Menschen ist dies eine ungeheure Provokation, denn sie können ohne Jesus sehr wohl etwas tun, ja sie sind sogar in der Lage, ihr gesamtes Leben ohne ihn zu gestalten. Darum ist es wichtig, zu verstehen, was Jesus hier sagen will. Jesus behauptet nicht, dass Menschen ohne ihn völlig lebensunfähig sind, sondern er spricht von der Frucht im Reich Gottes und stellt klar: Ohne eine enge Verbindung zu ihm ist es für die Menschen, die ihm nachfolgen, unmöglich, ein Leben zu führen, durch das Gott geehrt wird. Wenn diese Verbindung verloren geht, dann verliert die Jesus-Nachfolge ihren Lebenssaft und damit auch ihren einzigartigen Geschmack und Glanz. Das bedeutet noch lange nicht, dass ein Christ, der nicht »in Christus« bleibt, zu einem unmoralischen Menschen wird. Aber es bedeutet, dass seine Jesus-Nachfolge eben jene göttliche Ausstrahlung und Kraft verliert, die ein Hinweis auf ihre eigentliche Quelle ist, also auf Gott selbst.

Menschen, die Gutes tun, gibt es auf der ganzen Welt. Und oft genug fallen gerade diejenigen durch ihren besonderen Einsatz für ihre Mitmenschen auf, die mit dem christlichen Glauben überhaupt nichts am Hut haben. Ihnen gegenüber wirken viele Christen, als seien sie lediglich auf ihr eigenes Wohl bedacht. Es stimmt also, was uns Kritiker des christlichen Glaubens immer wieder vorhalten: Von manchen Atheisten sollten wir uns in Sachen Barmherzigkeit eine Scheibe abschneiden! Doch bei der Frucht für das Reich Gottes geht es um mehr. Es geht darum, dass sich Menschen, die Jesus nachfolgen, durch ihre Taten mit hineinnehmen lassen in die größte weltweite Suchaktion der Geschichte: in die Suche Gottes nach den Menschen, die ihm verloren gegangen sind. Sie tun dies, indem ihr Leben den einzigartigen Geschmack und Glanz der barmherzigen Liebe Gottes annimmt. Gute Taten gibt es viele – aber nur Christen sind in der Lage, mit diesen Taten zugleich die Liebe Gottes auszustrahlen. Darum schreibt der Apostel Paulus: »Wenn ich alles, was ich besitze, den Armen geben … würde, … aber keine Liebe hätte, wäre alles wertlos.«[253]

Die Frucht eines selbstlosen und hilfsbereiten Menschen besteht darin, dass anderen Menschen geholfen wird – was ohne jeden Zweifel aller Ehren wert ist. Die Frucht im Reich Gottes besteht jedoch darüber hinaus darin, dass Gott geehrt wird. Frucht ist eben nicht gleich Frucht, was jeder Weinkenner sicherlich bestätigen kann. Durch die Frucht der Jesus-Nachfolgerinnen und Jesus-

Nachfolger wird in einzigartiger Weise Gottes Glanz, Ehre und Herrlichkeit sichtbar. Darum sagt Jesus: »Dadurch, dass ihr reiche Frucht tragt und euch als meine Jünger erweist, wird die Herrlichkeit meines Vaters offenbart.«[254]

So lautet der Plan, Gottes Plan. Und möglich wird er nur durch Menschen, die mit ihrem Herrn Jesus Christus aufs Engste in Verbindung bleiben, denn: »Getrennt von mir könnt ihr nichts tun.«

Ein göttlicher Tanz

Wenn Sie Leid erfahren und auf die Barmherzigkeit anderer Menschen angewiesen sind, dann ist die Wahrscheinlichkeit hoch, dass Sie dadurch selbst barmherziger werden. Und das ist sehr erfreulich, denn die Menschen in Ihrem Umfeld werden dies spüren und davon profitieren. Wenn Sie jedoch darüber hinaus den Wunsch haben, dass Menschen durch Ihre Barmherzigkeit auf die Liebe Gottes hingewiesen werden, dann brauchen Sie mehr als die eigenen Leiderfahrungen, dann sind Sie auf die enge Verbindung mit Jesus Christus angewiesen, den Herrn der Barmherzigkeit!

Wie aber geschieht das, wie bleibt man als Christ in einer solchen Verbindung?

Was mich betrifft, so habe ich die Antwort darauf bereits als Kind in der Sonntagsschule in einem Lied kennengelernt: »Lies die Bibel, bet jeden Tag, wenn du wachsen willst!«[255] Damit war klar: Wachstum im Glauben gibt es nur durch das Gebet und durch das Lesen in Gottes Wort. Später habe ich gelernt, dass noch zwei weitere »G« hinzukommen müssen, wenn ich mit meinem Herrn verbunden bleiben will: die Gemeinschaft mit anderen Christen und der Gehorsam. Damit sind die sogenannten »4 G« komplett, die Sie in jedem Buch über geistliches Wachstum finden werden.

Eigentlich ganz »easy«, sollte man meinen. Ist es aber nicht, zumindest nicht für mich! Über viele Jahre habe ich mich mit diesen »4G« äußerst schwergetan:

Gottes Wort habe ich an einigen Stellen nicht verstanden, an anderen hat es mir Angst gemacht. Zudem haben mich beim Lesen immer wieder meine Zwänge behindert, etwa wenn ich mehr mit dem Unterstreichen bestimmter Bibelstellen beschäftigt war (in der passenden Farbe) als damit, sie zu verstehen.

Auch das Gebet wurde für mich schnell zu einer anstrengenden Pflichtübung, denn für mich war es wichtig, dies auch in der richtigen Reihenfolge zu praktizieren (Lob Gottes, Dank für seine Gaben, Fürbitte für andere, Bitte für eigene Anliegen) und dabei nichts Wichtiges zu vergessen.

Mit der Gemeinschaft hatte ich es aufgrund meiner psychischen Erkrankung auch nicht so. Bedingt durch meine Zwangsstörung war für mich der Austausch in einer Kleingruppe der pure Stress. Am liebsten wäre ich alleine geblieben.

Last but not least: Für mich war der Gehorsam gegenüber den Geboten Gottes ein Akt der Unterwerfung und nicht ein Ausdruck leidenschaftlicher Liebe. Ich wollte gehorsam sein, damit ich nicht von Gott zerquetscht würde. Durch diesen Kadavergehorsam konnte ich von Zeit zu Zeit meine Ängste etwas mildern – aber Jesus nähergebracht hat es mich nicht.

Wenn Sie nun darauf warten, dass ich diese »4G« über den Haufen werfe, dann muss ich Sie enttäuschen, denn das werde ich nicht tun. Nach wie vor bin ich der Überzeugung, dass es für eine enge Verbindung zu Jesus Christus unerlässlich ist, zu beten, in der Bibel zu lesen, das Gelesene ernst zu nehmen und die Gemeinschaft mit anderen Christen zu suchen. Was ich Ihnen aber zeigen möchte, ist, dass es sich bei diesen »4G« nicht um christliche Kraftübungen handelt, bei denen Sie sich abrackern, um Ihre geistlichen Muskeln aufzubauen, sondern stattdessen um einen göttlichen Tanz, bei dem Jesus seine liebevollen Arme um Sie legt, um Sie zu führen! Bei diesem Tanz sind Sie nicht untätig, vielmehr kommt es entscheidend darauf an, dass Sie sich führen lassen und Ihre Schritte entsprechend anpassen. Anfangs mag das noch etwas verkrampft und anstrengend sein, doch mit der Zeit werden Sie immer lockerer, Sie tanzen nicht mehr mit dem Kopf, sondern mit der Leidenschaft des Herzens. Dann müssen Sie nicht länger mitzählen und auf die richtige Schrittfolge achten, sondern Sie können sich ganz der gemeinsamen Bewegung hingeben: In den Armen Ihres Meisters schweben Sie durch den Raum und genießen dies in vollen Zügen. Das ist die Faszination des Tanzes – nicht nur des menschlichen, sondern auch des göttlichen Tanzes. Das sind die »4G«!

Kontemplatives Gebet

Jesus-Nachfolge bedeutet nicht, *wie* Jesus zu leben, sondern *mit* Jesus zu leben – und mit Jesus zu leben bedeutet nicht, sich verzweifelt nach ihm auszustrecken, sondern zu erkennen, dass er längst da ist! Je mehr ich die klassischen »geistlichen Übungen« als göttlichen Tanz verstehe, bei dem ich mich von Christus führen lasse, umso lieber und unverzichtbarer werden sie mir. So ist das Gebet für mich heute kein stressiges Pflichtprogramm mehr, sondern eine innere Hingabe: Ich lasse mich fallen in die liebevollen Arme meines Herrn. Der franziskanische Exerzitienleiter Richard Rohr schreibt über das Gebet:

> *Wir müssen lernen zu sehen, was ist. Es fällt uns nicht leicht, das zu verstehen. Wir sind so darauf fixiert, etwas zu erreichen oder zu erwerben – eine Art spiritueller Kapitalismus. Wir*

erwarten eine korrekte Information oder ethischen Fortschritt, irgendein Verhalten, das uns zu höher entwickelten Wesen macht. Aber hier geht es nicht um ein System des »besser – schneller – weiter«. Mitten in unserer »Verdienstabzeichen-Mentalität« führt uns das Gebet zu der Einsicht, dass jegliche Erwartung eines Verdienstes oder einer Belohnung eine »Strafe« ist. Diese Erwartung verhindert die wahrhaft verwandelnde Erfahrung, die wir Gnade nennen. Wir beten den Erfolg an. Wir glauben allen Ernstes, dass wir kriegen, was wir verdienen, was wir uns hart erarbeitet haben und was wir wert sind. Uns westlichen Menschen fällt es schwer, in anderen als diesen Kategorien zu denken. Hier spreche ich jedoch von der »radikalen Gnade«. Das ist ein total anderes Paradigma. Eine andere Welt. Nicht die Welt, in der ich mich abrackere, damit Gott von mir Notiz nimmt und mich mag. Nicht die Welt, in der ich nach spirituellem Erfolg strebe. Nicht dieses kosmische Spiel um Verbrechen und Strafe. Ich fürchte, dass ein großer Teil der Religionen genau das lehrt, allerdings normalerweise indirekt…
Ich möchte etwas leicht Abweichendes über das Gebet und damit über die Religion sagen. Beim Beten geht es nicht in erster Linie darum, Worte zu sprechen oder in Gedanken zu formulieren. Es ist vielmehr ein Zustand. Es ist eine Weise, in Gegenwärtigkeit zu leben. Und weiter ist es eine Weise, sich der Gegenwärtigkeit bewusst zu sein und sich an ihr zu freuen.[256]

Über viele Jahre habe ich mich mit meiner Verdienstabzeichen-Mentalität im Gebet abgerackert. Erst durch meine Beschäftigung mit den christlichen Mystikern habe ich verstanden, dass es beim Gebet nicht um Verdienen oder Erwerben geht, sondern um das Sehen, um das Schauen auf Christus. Es geht auch nicht um Ergebnisse und Forderungen, sondern um eine Begegnung, um die Begegnung mit dem auferstandenen Herrn, der durch seinen Heiligen Geist in mir lebt. Zu beten bedeutet, sich seiner Gegenwärtigkeit bewusst zu sein und sich daran zu erfreuen. Rohr schreibt weiter:

> *Deswegen besteht das Gebet nicht in erster Linie aus Worten. In erster Linie ist es ein Ort, eine Haltung, eine Einstellung. Deswegen konnte Paulus sagen: »Betet immer!«, »Betet ohne Unterlass!« Wenn wir das so verstehen würden, als wären Worte gefragt, dann wäre das sicher unmöglich. Wir haben eine Menge anderer Dinge zu tun. Wir können allerdings ohne Unterlass beten, wenn wir den Fluss (der Gegenwart Gottes, Anm. des Verfassers) gefunden haben und wissen, wie man im Wasser watet. Der Fluss strömt durch uns, und alles, was wir tun können, ist, bewusst dabeizubleiben.* [257]

Nachdem in mir eine tiefe Sehnsucht nach dem kontemplativen (betrachtenden) Gebet geweckt worden war, kaufte ich mir den Klassiker von Franz Jalics »Kontemplative Exerzitien« und begann mit den dort beschriebenen praktischen Übungen. Dabei musste ich jedoch schon bald frustriert feststellen, dass Richard Rohr recht hat, wenn er schreibt:

> *Wir müssen warten und beobachten. Nichts anderes geschieht in den ersten Stadien der Kontemplation. Wir warten schweigend. In der Stille fallen alle unsere gewohnten Muster über uns her. Unsere Muster der Kontrolle, der Abhängigkeit, der Negativität und der Angst stellen sich ein. Das ist der Grund, warum die meisten Menschen rasch wieder aufgeben. Als Jesus vom Geist in die Wüste geführt wird, tauchen als Erstes wilde Tiere auf (Mk 1,13). Kontemplation hat zunächst überhaupt nichts Tröstliches. Sie zeigt uns die Dinge so, wie sie sind. Sobald*

wir die äußeren Reize wegnehmen, bricht ein riesiger innerer Tumult aus. Unabgeschlossene Emotionen, unaufgelöste Spannungen, alle, auf die wir wütend sind, alle, die wir anders haben wollen, und all die Dinge, die wir uns wünschen. Als Erstes zeigen sich die wilden Tiere. [258]

Bis heute fallen diese wilden Tiere in meiner Stille über mich her. Doch Aufgeben kommt für mich nicht infrage. Stattdessen lasse ich mich von dem leidenschaftlichen Appell von Teresa von Ávila motivieren:

Um des Blutes willen, das er für uns vergossen hat, bitte ich diejenigen, die noch nicht damit begonnen haben, in sich zu gehen; und die anderen, die schon angefangen haben, flehe ich an, es damit nicht bewenden zu lassen und nicht zurückzuweichen. Sie sollen bedenken, dass der Rückfall schlimmer ist als der Fall. Meinen sie schon ihre Niederlage zu sehen, dann sollten sie auf Gottes Barmherzigkeit vertrauen, nicht auf sich selbst. Und sie werden sehen, wie Seine Majestät sie von Wohnung zu Wohnung führt und in das Land bringt, wo die wilden Tiere sie weder anrühren noch müdehetzen können. Die Seele macht sie vielmehr alle sich untertänig und spottet ihrer, und sie genießt mehr Güter, als sie wünschen könnte, und zwar noch in diesem Leben, das sage ich euch. [259]

Lectio Divina

Ebenso hat sich mein Lesen in der Bibel verändert. Das klassische Studium biblischer Texte halte ich nach wie vor für unerlässlich, um das Wort Gottes tiefer zu verstehen und Zusammenhänge zu erkennen. Doch dieses Studium füllt eher meinen Kopf und weniger mein Herz. Darum erlerne ich noch eine weitere Art des Bibellesens: die »Lectio Divina« (göttliche Lesung), bei der es darum geht, einen (möglichst kurzen) biblischen Abschnitt so lange im eigenen Herzen »wiederzukäuen«, bis er mich in eine Begegnung mit dem lebendigen Gott führt. Notker Wolf beschreibt die methodischen Schritte einer solchen göttlichen Lesung wie folgt:

Erstens ist es nötig, dass ich mich vorbereite. Ich muss mir Zeit nehmen, mich zu entspannen, mich frei zu machen, das loszulassen, was ich vorher gemacht habe. Ich muss in meinem Herzen wollen und wählen, dass ich hier bin …
Zweitens nehme ich dann den Text. Für jene, die erst beginnen, ist ein Evangelium gut und hilfreich – oder ein Psalm. Ich lese also den Text der Tageslesung oder mache weiter im Prozess einer fortlaufenden Lesung. Das bedeutet, bei einem Evangelium oder einem Buch der Heiligen Schrift zu bleiben, das ich ausgewählt habe, bis es ganz zu Ende gelesen ist. Das kann ein Jahr dauern oder zwei, wenn nur ein kleiner Abschnitt jeden Tag gelesen wird. Wenn ich esse, esse ich immer nur in kleinen Bissen. Und so halte ich es auch mit dem Schrifttext …
Drittens beginne ich zu lesen. Ich lese laut oder forme doch die Worte mit dem Mund, ganz langsam, immer nur ein Wort, weil es bei diesem Lesen nicht um einen Zugewinn an Informationen geht, sondern um reflektierendes Lesen. So konzentriere ich mich auf ein Wort oder einen Satz der Schrift, der mich berührt oder der mich anzieht, und ich nehme dieses Textstück oder dieses Wort und gehe es immer wieder durch, indem ich es sage, indem ich es in mein Herz nehme …
Viertens wende ich mich Gott in meinem Herzen zu und frage Gott, was dieses Wort für mich bedeutet, für mein Leben, für

meine Gottesbeziehung. Ich lasse die Worte hin und her gehen zwischen Gott und mir. Ich mache es mit ihnen wie die Kuh, die zufrieden ihr Futter wiederkäut, bis sie alles Nahrhafte aufgenommen hat, das sie aus diesem kostbaren Futter ziehen kann …
Fünftens halte ich mit dem Lesen inne und horche auf Gott. Ich horche auf ihn mit dem Ohr meines Herzens. Ich verbringe Zeit mit Gott, das meint, ich erlaube mir selbst, bloß mit Gott zusammen zu sein. Ich lasse alles los, überlasse es, übergebe es Gott …
Sechstens kann es sein, dass ich mich selbst mit Gott eins erlebe, ganz von ihm gehalten, im Frieden, in tiefer Stille und zufrieden. Es kann auch sein, dass ich mich selbst zutiefst herausgefordert fühle, verwirrt bin, aufgestört, erschüttert, ruhelos. Wie antworte ich darauf? …
Siebtens frage ich mich, ob es irgendeine Wirkung oder Handlung gibt, die aus meiner Antwort überfließt.
Achtens denke ich über diese Zeit, die ich mit Gott verbracht habe, nach. Vielleicht will ich mir etwas aufschreiben. Ich danke Gott. Ich entscheide, ob ich weiter bei der heutigen Schriftstelle bleibe oder weitergehe. [260]

Durch diese betende und meditierende Form des Bibellesens hat mich das Wort Gottes so tief berührt, wie ich das nie für möglich gehalten hätte. Und in diesem göttlichen Wort bin ich letztlich dem begegnet, der es gesprochen hat:

Das Besondere der Lectio Divina besteht nicht darin, dass diese Worte uns psychologisch beeinflussen – das tun sie zweifelsohne auch –, sondern dass Gott selbst durch sie in uns wirkt. Indem wir auf diese Worte hören, uns ihnen ganz öffnen, werden wir bereit, Gott selbst durch sie wirken zu lassen. Es ist ein Atmen der Seele und des Leibes, das zu einem Atmen des

Geistes in uns wird. Wir atmen sozusagen die Worte des Geistes ein, sie geben unserem Leben neuen Sauerstoff. Je mehr wir uns dabei loslassen und uns zweckfrei und ohne besondere Absichten von diesen Worten führen lassen, desto gelassener, freier und froher werden wir. Wir erfahren etwas von der Heilung, die den Menschen zuteilgeworden ist, denen Jesus begegnet ist, die er angesprochen hat. [261]

So wird das Wort Gottes zu einer persönlichen Anrede.

Wurzeln schlagen

Sowohl das kontemplative Gebet als auch die Lectio divina haben etwas gemeinsam: Bei beiden geht es nicht darum, durch fromme Übungen nach Gott zu greifen, sondern darum, loszulassen, um von Ihm gegriffen zu werden und ergriffen zu sein! Es geht nicht um christliche Kraftübungen, sondern um einen göttlichen Tanz, bei dem Christus uns führt und wir uns führen lassen, um in seinen Armen bis ans Ziel zu gelangen. In seinem Brief an die Kolosser schreibt der Apostel Paulus:

Wie ihr nun Christus Jesus als euren Herrn angenommen habt, so lebt auch mit ihm und seid ihm gehorsam. Senkt eure Wurzeln tief in seinen Boden und schöpft aus ihm, dann werdet ihr im Glauben wachsen und in der Wahrheit, in der ihr unterwiesen wurdet, standfest werden. Und dann wird euer Leben überfließen von Dankbarkeit für alles, was er getan hat. [262]

Und es bleibt dabei: Dieses »Wurzelnschlagen« geschieht im Wesentlichen durch das Gebet, durch das Lesen im Wort Gottes, durch die Gemeinschaft mit anderen Christen und durch den Gehorsam. Wenn diese Übungen als ein Ausdruck der persönlichen Hingabe und des Loslassens gelebt werden, dann kommt es zu einer Gottesbegegnung, die das Leben verändert. Dazu abschließend noch einmal Richard Rohr:

> *Wir haben versucht, mit Individualisten Kirche zu bauen. Das hat nicht funktioniert. Schauen Sie sich Ihre eigene Kirche an. Da kommen doch größtenteils Individualisten, um sich ihren spirituellen Kick abzuholen, und gehen dann wieder. Was ich sage, ist wirklich ziemlich altmodisch: Kirche »funktioniert« nur mit Menschen, die eine gewisse Form gefunden haben, mit Gott zu leben. Andernfalls gibt es nur Rauch und Spiegeleffekte: Alles spielt sich im privaten Ego ab, und es führt nirgendwo hin. Aber wenn es da Leute gibt, die die Erfahrung des großen Erbarmens gemacht haben, werden diese die Liturgie verstehen, sie werden verstehen, was Sozialarbeit heißt, und sie werden sogar verstehen, warum wir auf dieses Vehikel angewiesen sind, das den Namen »Mysterium der Kirche« trägt. Wir sind mehr als bloß unser privates Leben.* [263]

Die »Erfahrung des großen Erbarmens« machen wir, indem wir uns Christus hingeben, dem Herrn der Barmherzigkeit. Und je tiefer wir in ihm verwurzelt sind, umso schöner und reicher wird die Frucht, die daraus hervorgeht. Jesus selbst sagt: »Wer in mir bleibt und ich in ihm, wird viel Frucht bringen.« [264] Wodurch werden wir barmherziger?

Wir werden es

- durch unseren Hunger, also die Sehnsucht nach Barmherzigkeit

- durch das Leiden, also das Angewiesensein auf Barmherzigkeit
- durch die regelmäßige Praxis der Beichte, also das Leben aus der Barmherzigkeit

Vor allem aber werden wir es durch unser »Bleiben in ihm«, also durch eine enge Verbindung zu Jesus Christus. Ohne eine solche Verbindung zum Herrn der Barmherzigkeit fehlt unserem Handeln die göttliche Liebe, sodass es zwar Menschen zu retten vermag, jedoch wertlos bleibt für das Reich Gottes. Verwurzelt in Christus und verbunden mit ihm dagegen weist unsere Barmherzigkeit auf den hin, von dem sie ursprünglich kommt:

> *In unserer Barmherzigkeit wird die Barmherzigkeit Gottes für unseren Nächsten konkret wirklich; in unserer Barmherzigkeit geht ihm etwas vom Wunder der Königsherrschaft Gottes auf und bricht diese insgeheim an. Damit ist Barmherzigkeit weit mehr als eine Sozialleistung und mehr als eine caritative oder sozialpolitische Organisation (so wenig sie diese selbstverständlich ausschließt).*[265]

Ich habe eine große Sehnsucht danach, dass mein Leben Frucht bringt zur Ehre Gottes. Ich möchte, dass es Menschen gibt, die durch meine Barmherzigkeit etwas von dem Wunder der barmherzigen Liebe Gottes erfahren und beginnen, diesem Gott zu vertrauen. Doch ohne Christus wird das nichts!

Darum bleibe ich dran: Ich übe mich darin, in Christus meine Wurzeln zu schlagen – nicht in Form eines verzweifelten und verkrampften Greifens, sondern indem ich meine Sicherheiten loslasse, mich in seine Arme fallen lasse und mich dem göttlichen Tanz hingebe.

TEIL 5

»WER FÜHLT, WAS ER SIEHT, DER TUT, WAS ER KANN«

BARMHERZIGKEIT PRAKTISCH

17 |

»SIEBEN WERKE« – Barmherzigkeit im persönlichen Umfeld

Vater, vergib ihnen, denn sie tun nicht, was sie wissen!

Prof. Ronald Sider in Anlehnung an Lukas 23,34

Die Kraft der Liebe

»Es gibt nichts Gutes, außer man tut es!« – Meine Kinder können diesen Spruch von Erich Kästner schon längst nicht mehr hören, meine Gemeinde dürfte ihn inzwischen ebenfalls etwas zu oft von mir gehört haben und auch in diesem Buch ist er bereits ein paarmal aufgetaucht. Aber was will ich machen? Er ist einfach zu gut, um ihn nicht anzubringen: Es reicht nun einmal nicht, über das Gute zu philosophieren, alle Vor- und Nachteile abzuwägen und mögliche Handlungsoptionen im Kopf durchzuspielen. Wenn am Ende nicht die konkrete Tat steht, dann waren alle unsere wunderbaren Überlegungen wertlos!

Das Schlimmste, was diesem Buch passieren könnte, wäre, dass es als eine zwar gründliche, aber rein theoretische theologische Abhandlung zur christlich motivierten Barmherzigkeit verstanden wird – und mehr nicht. Wenn das mein Ziel wäre, dann könnte ich mir das Schreiben dieses letzten Abschnittes sparen. Dann könnten wir nach Kapitel 16 aufhören, das Buch zuklappen, es an einem passenden Platz in unserem Regal einordnen und sagen: »Wie schön, dass wir nun auch einmal über das Thema der Barmherzigkeit nachgedacht haben!« Das Problem ist allerdings, dass unser Herr, Jesus Christus, viel weniger daran interessiert ist, worüber wir schon alles nachgedacht haben, sondern vielmehr daran, wie wir konkret leben. Jesus sagt: »Seid barmherzig, wie euer Vater barmherzig ist!«[266]

Die entscheidende Frage ist darum: Wie kommen wir von einer theoretischen Beschäftigung mit dem Thema Barmherzigkeit zum konkreten Tun von Barmherzigkeit? Wie werden aus barmherzigen Gedanken barmherzige Taten?

Nach meiner Erfahrung wird uns das schlechte Gewissen nicht zu barmherzigen Menschen machen. Vielleicht kennen Sie das: Es gibt da eine ganz bestimmte Art von christlicher Verkündigung, die lediglich bewirkt, dass Sie mit einem schlechten Gewissen nach Hause gehen. In einer solchen Verkündigung kommen meist Formulierungen wie diese vor: »Der Herr Jesus sagt uns, wir sollen Barmherzigkeit üben. Aber tun wir das auch?« Nun halte ich es nicht grundsätzlich für falsch, wenn uns der Heilige Geist in unserem Gewissen trifft. Es gibt Situationen, da muss er dies tun, um uns aufzuschrecken und uns zur Umkehr zu bewegen. Das Problem bei einer solchen Verkündigung liegt darin, dass sie den Hörer durstig macht, ohne ihm zu verraten, wo er seinen Durst stillen kann!

Einer der wichtigsten und wirksamsten Verkündiger des Evangeliums war Paulus. In einem Brief an seinen Mitarbeiter Timotheus verrät er uns, welches Ziel er mit seiner Verkündigung verfolgt: »Das Ziel meiner Unterweisung ist, dass alle Christen von der Liebe erfüllt sind, die aus einem reinen Herzen kommt, aus einem guten Gewissen und aufrichtigem Glauben.«[267] Ein schlechtes Gewissen verändert uns nicht, sondern führt in der Regel dazu, dass wir unsere fromme Fassade noch etwas verschönern. Doch wessen Herz erfüllt wird von der barmherzigen Liebe Gottes, der setzt sich in Bewegung, um diese Liebe weiterzugeben an andere, er tut dies aus einem reinen Herzen, mit einem guten Gewissen und aus einem aufrichtigen Glauben heraus.

Der Apostel Paulus musste sich immer wieder mit dem Vorwurf auseinandersetzen, seine Betonung der göttlichen Liebe und Barmherzigkeit würde in den christlichen Gemeinden zu einem bequemen und gesetzlosen Leben führen, denn wenn einem vergeben ist, könnte man sich ja einfach in die Hängematte der göttlichen Gnade legen und es sich gut gehen lassen. Wozu sollte man sich noch anstrengen, um ein Leben nach dem Willen Gottes zu führen?

Paulus hält vehement dagegen und betont, dass die Alternative zu einem Leben in der Sklaverei des Gesetzes nicht eine Freiheit des Egoismus ist, sondern eine Freiheit »in Christus«, also ein Leben aus dem Geist. Im Brief an die Galater schreibt er:

> *Geschwister, ihr seid zur Freiheit berufen! Doch gebraucht eure Freiheit nicht als Vorwand, um die Wünsche eurer selbstsüchtigen Natur zu befriedigen, sondern dient einander in Liebe… Was will ich damit sagen? Lasst den Geist Gottes euer Verhalten bestimmen, dann werdet ihr nicht mehr den Begierden eurer eigenen Natur nachgeben. Denn die menschliche Natur richtet sich mit ihrem Begehren gegen den Geist Gottes, und der Geist Gottes richtet sich mit seinem Begehren gegen die menschliche Natur. Die beiden liegen im Streit miteinander, und jede Seite will verhindern, dass ihr das tut, wozu die andere Seite euch drängt. Wenn ihr euch jedoch vom Geist Gottes führen lasst, steht ihr nicht mehr unter der Herrschaft des Gesetzes.*[268]

Christen, die über viele Jahre im Schraubstock des Gesetzes eingespannt waren, haben oft Angst, dass eine Befreiung aus dieser Sklaverei automatisch zu einem unverbindlichen Leben führen könnte. Das hängt meist damit zusammen, dass solche Menschen noch nie die Kraft der Liebe kennengelernt haben. Wenn Sie mein erstes Buch gelesen haben, dann wissen Sie vermutlich, warum ich inzwischen fest überzeugt bin, dass nichts einen Menschen so tief, so stark und so nachhaltig verändern kann wie die Kraft der Liebe Gottes!

NICHTS VERMAG SO TIEF, SO STARK UND SO NACHHALTIG ZU VERÄNDERN WIE DIE KRAFT DER LIEBE GOTTES!

Wenn unsere Taten der Barmherzigkeit kein kurzes Strohfeuer werden sollen – entfacht durch das schlechte Gewissen und ebenso schnell wieder erloschen – dann kommt es ganz entscheidend darauf an, in der Liebe Gottes fest verwurzelt zu sein. Dementsprechend betet auch der Apostel Paulus für die von ihm gegründeten Gemeinden:

> *Ich bete, dass Christus durch den Glauben immer mehr in euren Herzen wohnt und ihr in der Liebe Gottes fest verwurzelt und gegründet seid. So könnt ihr mit allen Gläubigen ihr ganzes Ausmaß erfassen, die Breite, Länge, Höhe und Tiefe. Und ihr könnt auch die Liebe erkennen, die Christus zu uns hat; eine Liebe, die größer ist, als ihr je begreifen werdet. Dadurch wird euch der Reichtum Gottes immer mehr erfüllen.*[269]

Der Armut begegnen

Unsere Taten der Barmherzigkeit werden sich nicht dort ereignen, wo wir gerne einmal wären, sondern dort, wo wir gerade sind: in unserem Alltag und in unserem persönlichen Umfeld! Wenn wir den Heiligen Geist darum bitten, uns die Augen zu öffnen und unsere Herzen sensibler zu machen, dann werden wir auf unserem persönlichen Weg durch den Tag schon bald Menschen begegnen, denen wir zum Nächsten werden können, indem wir anpacken und handeln, um ihnen zu helfen.

Was für Menschen werden das sein und wie kann unsere Hilfe konkret aussehen? Um diese Frage zu beantworten, hat die frühe Kirche sechs leibliche Werke der Barmherzigkeit aufgezählt, welche auf die Rede von Jesus über das Weltgericht zurückgehen:[270]

- Hungrige speisen
- Durstige tränken
- Nackte bekleiden
- Fremde beherbergen
- Gefangene erlösen
- Kranke besuchen

Anhand des apokryphen Textes Tobit 1,17 kam zu Beginn des 4. Jahrhunderts noch ein siebtes Werk der Barmherzigkeit hinzu:

- Tote begraben

Diese sieben Werke wurden jedoch nicht nur äußerlich verstanden, sondern auch spirituell ausgelegt. So unterscheidet der Kirchenvater Augustinus zwischen Wohltaten, die den Leib des Notleidenden betreffen, und Wohltaten, die sich auf seine Seele beziehen. Schließlich traten neben die sieben leiblichen Werke der Barmherzigkeit noch die folgenden sieben geistlichen Werke:

- Unwissende lehren
- Zweifelnde beraten
- Trauernde trösten
- Sünder zurechtweisen
- Beleidigern verzeihen
- Unangenehme ertragen
- für alle beten

Benedikt von Nursia erweiterte in seiner Ordensregel diese Werke um einen Punkt:

- »An Gottes Barmherzigkeit niemals verzweifeln.«[271]

Walter Kardinal Kasper warnt ausdrücklich davor, diese differenzierte Aufzählung der leiblichen und geistlichen Werke der Barmherzigkeit vorschnell als naiv oder willkürlich abzutun, denn sie entspricht der Unterscheidung einer vierfachen Armut, die wir heute auch in unserer westlichen Welt erleben:

> *Am einfachsten zu fassen ist die physische oder ökonomische Armut: Kein Dach über dem Kopf und nichts im Topf, Hunger und Durst, keine Kleidung und keinen Unterschlupf, um sich gegen die Widrigkeiten des Wetters und des Klimas zu schützen, heute würde man auch die Arbeitslosigkeit dazu rechnen. Dazu kommen schwere Krankheiten oder Behinderungen ohne Möglichkeit angemessener medizinischer Behandlung und Pflege. Nicht weniger wichtig als die physische Armut ist die kulturelle Armut: Sie bedeutet im Extrem Analphabetismus, weniger extrem, aber einschneidend: keine oder verminderte Bildungschancen und*

damit geringe Zukunftschancen, Ausschluss von der Teilnahme am gesellschaftlichen und kulturellen Leben. Als dritte Form der Armut ist die Beziehungsarmut zu nennen; sie nimmt den Menschen als soziales Wesen in den Blick: Einsamkeit und Vereinsamung, Verlust des Partners, Verlust von Familienangehörigen oder von Freunden, Kommunikationsschwierigkeiten, selbst verschuldeter oder erzwungener Ausschluss von der sozialen Kommunikation, Diskriminierung und Marginalisierung bis hin zu Isolierung durch Haft oder Verbannung. Schließlich ist die geistige oder geistliche Armut zu nennen, die in unserer westlichen Situation ein ernsthaftes Problem darstellt: Orientierungslosigkeit, innere Leere, Trost- und Hoffnungslosigkeit, Verzweiflung am Sinn des eigenen Daseins, moralische und geistliche Verirrung bis hin zur seelischen Verwahrlosung. [272]

Um dieser Armut zu begegnen, sind die sieben leiblichen und sieben geistlichen Werke der Barmherzigkeit heute wichtiger denn je!

Barmherzigkeit praktisch

Wenn Sie sich näher damit beschäftigen wollen, wie Sie die sieben Werke der Barmherzigkeit in Ihrem Alltag umsetzen können, empfehle ich Ihnen das Buch »Damit die Welt verwandelt wird« von Anselm Grün. [273] Dort werden Sie lesen, wie viele Möglichkeiten es gibt, um Barmherzigkeit praktisch werden zu lassen:

So können Sie Hungrige speisen und Durstige tränken, indem Sie bei Ihrem nächsten Einkauf im Discounter etwas für »Die Tafel e. V.« spenden – einen Einkaufswagen für Ihre Spende finden Sie oft am Ausgang.

Nackte können Sie kleiden, indem Sie sich an der nächsten Kleidersammlung beteiligen, die tatsächlich Armen hilft, und dort nicht nur Ihre verschlissene und längst ausgediente alte Jeans entsorgen, sondern sich auch von modischen und neuwertigen Kleidungsstücken trennen, die sich andere Menschen nun mal nicht leisten können.

Fremde beherbergen Sie durch eine Haltung der Gastfreundschaft, die weniger auf eine tadellose Sauberkeit des eigenen Heims bedacht ist als vielmehr auf eine Atmosphäre von unverkrampfter und herzlicher Annahme des Gastes.

Gefangene können Sie erlösen, indem Sie ihnen durch Ihre Besuche im Knast signalisieren, dass sie keine Menschen zweiter Klasse sind. Darüber hinaus gibt es zahlreiche Menschen, die im Gefängnis der Angst, der Depression oder der Sucht festsitzen. Auch sie brauchen barmherzige Nächste, die ihnen den Weg in die Freiheit zeigen und sie auf diesem Weg begleiten.

Wenn Sie Kranke besuchen, dann tun Sie dies aus einem barmherzigen Herzen heraus: Nehmen Sie sich Zeit, hören Sie gut zu, hüten Sie sich vor platten »Das wird schon wieder«-Sprüchen, erzählen Sie etwas von der Welt außerhalb des Krankenhauses und beschließen Sie Ihren Besuch mit einem Gebet (in welches sie auch die Zimmergenossen des Kranken mit einbeziehen können, sofern diese damit einverstanden sind).

Aufgrund meiner persönlichen Erfahrung möchte ich Sie zudem ausdrücklich ermutigen, auch psychisch Erkrankten mit einem barmherzigen Herzen zu begegnen. Die amerikanischen Autoren Kreisman und Straus haben vor dreißig Jahren ein Phänomen beschrieben, das bis heute noch nicht vollständig überwunden ist: die Stigmatisierung von psychisch erkrankten Menschen. Sie schreiben:

> *Der höchste Preis, den wir für die schlechte Information der Bevölkerung bezahlen mussten, ist möglicherweise das noch immer vorhandene und unfaire soziale Stigma, das Krankheiten im seelischen Bereich umgibt. Für körperliche Gebrechen wird selten das Opfer verantwortlich gemacht. In der Umgangssprache heißt es, dass man »an etwas erkrankt ist« oder sich mit einer bestimmten Krankheit »angesteckt« hat. Die Schuld liegt meistens bei einer bestimmten Umweltbedingung oder bei einem Mikroorganismus. Ganz anders bei seelischen Erkrankungen. Allgemein herrscht die Auffassung vor, das man manisch-depressiv, neurotisch, schizophren oder borderline-krank »ist« oder »wird«. Die Schlussfolgerung ist hintergründig, aber unausweichlich – das Opfer muss einen großen Teil der Schuld auf sich nehmen. Diese Auffassung mag für einen Teil der Fälle zutreffen, aber bei vielen stimmt es nicht. Trotzdem hat sie allgemein zu Missverständnis, Feindseligkeit und Unbehagen gegenüber seelisch Kranken geführt. Menschen, die sich keinerlei Gedanken darüber machen würden, einen Freund im Krankenhaus zu besuchen, fürchten sich beispielsweise davor, denselben Freund in der psychiatrischen Abteilung zu besuchen oder sind deshalb zumindest sehr verlegen.*[274]

Als ich in der Psychiatrie war, bekam ich Besuch von meiner Ehefrau sowie von einem damaligen Freund, den ich ausdrücklich darum gebeten hatte, zu kommen, weil er mir etwas mitbringen sollte. Ansonsten herrschte absolute Funkstille: Es traute sich wohl niemand sonst, mich zu besuchen. Das ist inzwischen über zehn Jahre her – ich gehe aber davon aus, dass sich an dieser Furcht bis heute kaum etwas geändert hat. Darum bitte ich Sie: Überwinden Sie Ihre Scheu und besuchen Sie auch jene Menschen, die psychisch erkrankt sind!

Die sieben geistlichen Werke der Barmherzigkeit entsprechen allesamt einer Haltung, wie sie der Apostel Paulus in seinem berühmten »Hohelied der Liebe« beschreibt.[275] Es geht also auch bei der Zurechtweisung oder der Belehrung nicht darum, mich selbst besser zu fühlen, indem ich anderen den Kopf wasche oder sie »mal endlich aufkläre«, sondern darum, das Beste für meinen Mitmenschen zu wollen und zu suchen, indem ich ihn davor bewahre, einen falschen Weg einzuschlagen, oder ihn wichtige Dinge lehre, die ihm bislang noch niemand erklärt hat. Der Apostel Paulus beschreibt diese Liebe folgendermaßen:

> *Die Liebe ist geduldig und freundlich. Sie ist nicht neidisch oder überheblich, stolz oder anstößig. Die Liebe ist nicht selbstsüchtig. Sie lässt sich nicht reizen, und wenn man ihr Böses tut, trägt sie es nicht nach. Sie freut sich niemals über Ungerechtigkeit, sondern sie freut sich immer an der Wahrheit. Die Liebe erträgt alles, verliert nie den Glauben, bewahrt stets die Hoffnung und bleibt bestehen, was auch geschieht.*[276]

Bei diesen Worten wird sofort deutlich: Eine solche Liebe haben wir nicht aus uns heraus, sondern wir sind darauf angewiesen, sie uns von Gott schenken zu lassen.

Christus ähnlicher

Möglichkeiten der Barmherzigkeit gibt es viele – doch es kommt darauf an, dass aus diesen Möglichkeiten Taten werden. Das geschieht, indem wir uns in die barmherzigen Arme Gottes fallen und unser Herz mit seiner Liebe füllen lassen. Durch unser »Bleiben in Christus« (siehe Kapitel 16) lassen wir uns erfüllen von seinem Geist, der ein »Geist der Kraft, der Liebe und der Besonnenheit« ist.[277] Wir bitten Jesus Christus, unseren Herrn, darum, dass er uns wache Augen schenkt, die das Leid unserer Mitmenschen sehen, sowie ein barmherziges Herz, welches bei diesem Anblick nicht ungerührt bleibt, sondern mitleidet. Darüber hinaus bitten wir auch um die Kraft und die Besonnenheit des Heiligen Geistes, um diesem Leiden selbstlos, helfend und heilend begegnen zu können.

MÖGLICHKEITEN DER BARMHERZIGKEIT GIBT ES VIELE – DOCH DARAUS MÜSSEN TATEN WERDEN.

Auf dem Weg durch unseren Tag bleiben wir in einer inneren Verbindung mit unserem Herrn und sind offen dafür, auf welche Menschen er unsere Aufmerksamkeit richtet. Oft werden es die Armen, Schwachen, Kranken, Einsamen und Ausgegrenzten sein. Doch daneben gibt es zahlreiche Menschen, die ihre Not unter einem Mantel des Erfolgs oder der Selbstsicherheit verstecken. Auch ihnen gilt unsere Barmherzigkeit. Verbunden mit Christus, dem Herrn der Barmherzigkeit, werden wir so mehr und mehr zu solchen Jesus-Nachfolgerinnen und -Nachfolgern, wie sie Dietrich Bonhoeffer in einzigartiger Weise beschreibt:

> *Diese Besitzlosen, diese Fremdlinge, diese Ohnmächtigen, diese Sünder, diese Nachfolger Jesu leben mit ihm nun auch im Verzicht auf die eigene Würde, denn sie sind barmherzig. Sie haben nicht genug an eigener Not, eigenem Mangel, sondern sie machen sich auch noch fremder Not, fremder Niedrigkeit, fremder Schuld teilhaftig. Sie haben eine unwiderstehliche Liebe zu den Geringen, Kranken, Elenden, zu den Erniedrigten und Vergewaltigten, zu den Unrechtleidenden und Ausgestoßenen, zu allem, was sich quält und sorgt; sie suchen die in Sünde und Schuld Geratenen. Keine Not ist zu tief, keine Sünde zu furcht-*

bar, die Barmherzigkeit geht zu ihr ein. Die eigene Ehre schenkt der Barmherzige dem in Schande Geratenen und nimmt dessen Schande auf sich. Er lässt sich finden bei den Zöllnern und Sündern und trägt die Schmach ihrer Gemeinschaft willig. Das höchste Gut des Menschen, die eigene Würde und Ehre, geben sie hin und sind barmherzig. Nur eine Würde und Ehre kennen sie: die Barmherzigkeit ihres Herrn, aus der allein sie leben. Er schämte sich nicht seiner Jünger, er wurde den Menschen ein Bruder, er trug ihre Schande bis zum Tod am Kreuz. Das ist die Barmherzigkeit Jesu, aus der die an ihn Gebundenen allein leben wollen, die Barmherzigkeit des Gekreuzigten. Diese Barmherzigkeit lässt sie alle eigene Ehre und Würde vergessen und allein die Gemeinschaft der Sünder suchen. Fällt nun Schande auf sie, so sind sie doch selig. Denn sie sollen Barmherzigkeit erlangen. Gott wird sich einst tief zu ihnen herabbeugen und sich ihrer Sünde und Schande annehmen. Gott wird seine Ehre ihnen geben und ihre Unehre selbst von ihnen nehmen. Es wird Gottes Ehre sein, die Schmach der Sünder zu tragen und sie mit seiner Ehre zu kleiden. Selig sind die Barmherzigen, weil sie den Barmherzigen zum Herrn haben.[278]

Angesicht der ungeheuren Kraft dieser Worte darf man eines nicht vergessen: Bonhoeffer beschreibt hier nicht eine fromme Utopie, sondern die Praxis der Nachfolge Christi. Das ist also kein Traum, das ist Standard für Christen, die aus der Barmherzigkeit ihres Herrn leben. Verbunden mit ihm und erfüllt von seinem Heiligen Geist werden sie mehr und mehr zu Menschen, die fühlen, was sie sehen, und darum tun, was sie können. Sie werden Christus ähnlicher!

18 |

»NACHFOLGE 2.0« – Barmherzigkeit in der digitalen Welt

Ich sage euch: Am Tag des Gerichts müsst ihr euch für jedes böse Wort, das ihr sagt, verantworten.

Matthäus 12,36

Digitales Mittelalter

Einigen Teilnehmern im Web 2.0 fehlt es nicht allein an Barmherzigkeit, sondern zunächst einmal ganz grundlegend an Anstand und Respekt. So wird vor allem in den sozialen Netzwerken wie Facebook oder Twitter digital geprügelt, gepöbelt und gehetzt, was das Zeug hält – leider auch von Christen, die der irrigen Meinung sind, sie würden im Sinne ihres Herrn handeln, wenn sie andere Menschen mit virtuellem Dreck bewerfen. Solche Geschwister sollte man mit Nachdruck an die goldene Regel erinnern: »Geht so mit anderen um, wie die anderen mit euch umgehen sollen.«[279] Allerdings hege ich keine große Hoffnung, dass diese Erinnerung eine Wirkung zeigen wird, denn vieles, was wir derzeit an »Hate Speech« im Internet erleben, ist eben nicht rational begründet, sondern vor allem angstmotiviert.

Wenn Menschen in Panik verfallen, dann fangen sie an, wild um sich zu schlagen wie Ertrinkende. Und genau das erleben wir derzeit: Angesichts der weltweiten Flüchtlingsströme sowie der Bedrohung durch die Umweltzerstörung oder durch Pandemien geraten immer mehr Menschen in Panik. Sie haben Angst, die Kontrolle zu verlieren, und suchen verzweifelt nach einem Halt. Diesen finden sie oft in einem vereinfachenden Schwarz-Weiß-Denken, in einem personalisierten Feindbild und in den bizarrsten Verschwörungstheorien. Besonders beliebt – auch unter Christen – ist etwa die im Netz verbreitete These, das Coronavirus sei von Bill Gates in die Welt gesetzt worden mit dem Ziel, die Weltbevölkerung durch Zwangsimpfungen auf 500 Millionen zu reduzieren. Eine solche Theorie ist unangreifbar, da jegliche Kritik an ihr als ein weiterer Beleg für ihre Richtigkeit verstanden wird.

Menschen, die sich nicht gehalten wissen, suchen ihren Halt oft im unbarmherzigen Kampf um die Deutungshoheit und versuchen, Andersdenkende auszuschalten. Das führt zu dem erstaunlichen Phänomen, dass die Anonymität des virtuellen Raumes aus bislang braven und angepassten Bürgern hasserfüllte Hexenjäger macht. Der deutsche Kabarettist Dieter Nuhr (dessen gesellschaftskritische und politische Thesen ich nicht immer teile) beschreibt dies in einem Essay für die FAZ recht treffend:

> *Die Primitivität und Aggressivität, mit der Andersmeinende im Internet verfolgt werden, scheint mir denselben psychologischen Mechanismen zu folgen, die früher zu Lynchjustiz und Pogromen führten. Der Andersmeinende wird zunächst als wahlweise »dumm« oder »böse« dargestellt. Er ist also das, was man im Mittelalter als »wahnsinnig« oder »vom Teufel« bezeichnete, damals wie heute ein Tötungsgrund, nur eben heute virtuell, ein erheblicher Fortschritt, sicherlich …*

Der Delinquent wird zur digitalen Vernichtung freigegeben. Der Shitstorm ist die Hexenverbrennung des 21. Jahrhunderts, Gott sei Dank bei angenehmen Temperaturen, »nur« sozial, nicht physisch vernichtend.
Dieser Vorgang wiederholt sich im Internet in immer schnellerer Frequenz. Es geht hier schon lange nicht mehr um Meinungsfreiheit. Es geht um Meinungshoheit. In den seltensten Fällen kommt es zum Austausch von Argumenten. Die Regel ist, dass die Vernichtung der abweichenden Meinung angestrebt wird, meist durch Überwältigung, Etikettierung, Beleidigung. Das Internet, vor allem die »sozialen Netzwerke«, sind insofern zum mittelalterlichen Marktplatz verkommen. Die Orte, an denen die Scheiterhaufen lodern, heißen Facebook und Twitter. [280]

Während ich diese Zeilen schreibe, stehe ich leider selbst in der Gefahr, unbarmherzig zu werden – und das ist sicherlich nicht im Sinne meines Herrn.

Denn auch den Hass-Verbreitern im Internet gilt ja die Barmherzigkeit Gottes! Der evangelische Landesbischof und EKD-Ratsvorsitzende Heinrich Bedford-Strohm sagte in einem Interview anlässlich des »Safer Internet Day«:

Jeder Mensch ist zunächst ein Mensch mit Würde – das ist eine gute reformatorische Unterscheidung zwischen dem Menschen und seinen Taten und auch seinen Worten. Für jeden gilt, dass er sich ändern kann und dass ihm das auch zuzubilligen ist. Wenn ein Mensch aufgrund seiner persönlichen Situation Fehler macht, dann muss man klarmachen, dass dies nicht akzeptabel ist und – wo nötig – auch das Strafrecht anwenden – aber das Ziel muss die Resozialisierung sein. [281]

Er fügt jedoch einen Satz hinzu, den ich hier ebenso unterstreichen möchte: »Die Motive für Hass zu verstehen bedeutet keinesfalls, Hass zu billigen.«[282] Hass ist keine Meinung!

Verantwortung übernehmen

Vielleicht sollte ich an dieser Stelle klarstellen, dass ich nicht zu den Menschen gehöre, die das Internet verteufeln. Stattdessen nutze ich es häufig und selbstverständlich – auch als digitaler Migrant. So finden Sie mich nicht nur in den bekannten sozialen Netzwerken (von TikTok einmal abgesehen), sondern auch auf meiner eigenen Homepage. Ich habe also nichts gegen das Web 2.0, sondern schätze und nutze seine vielen Möglichkeiten, die Johannes Brantl in seinem Aufsatz »Zivilisation der Barmherzigkeit und virtueller Raum« wie folgt beschreibt:

> *Was das … Medium Internet so besonders interessant macht, ist nicht allein seine bemerkenswerte Eigenschaft, unendlich erweiterbar in Inhalt und Ausdehnung zu sein und von jedem Punkt dieser Welt aus in Sekundenschnelle Zugriff auf einen schier unerschöpflichen Informationsbestand bieten zu können, sondern vor allem auch der Sachverhalt, dass es weit mehr als die klassischen elektronischen Massenmedien wie Radio und Fernsehen jedem einzelnen Nutzer die Möglichkeit eröffnet, nicht nur als Empfänger oder Zuschauer, sondern ebenso als Sender und sich selbst präsentierender Akteur in Erscheinung zu treten.*[283]

Es ist diese Interaktivität, die das Web 2.0 zu einem einzigartigen Medium macht. Hier hat jeder Nutzer die Möglichkeit, das einzustellen und für alle Welt sichtbar zu machen, was ihm gerade wichtig erscheint – angefangen von originellen Fotos (Instagram) über zahlreiche Anregungen zur Gestaltung der eigenen Hobbys (Pinterest) bis hin zu informativen oder herausfordernden Statements zu gesellschaftspolitischen Fragen (YouTube). So weit, so genial. Das entscheidende Problem liegt darin, dass es kein Kontrollgremium gibt, welches diese Veröffentlichungen auf ihren Wahrheitsgehalt oder ihre ethische Bedenklichkeit hin überprüft. Ins Netz darf wirklich alles!

In dem oben erwähnten Interview weist Heinrich Bedford-Strohm darauf hin, dass den digitalen Medien ein Geschäftsmodell zugrunde liegt, »das auf die Maximierung von Klickzahlen und Verweildauer orientiert ist. Dieses System macht die öffentliche Kommunikation viel stärker als früher von kommerziellen Faktoren abhängig und fördert dadurch Extreme. Der Aspekt der Verantwortung für das Gemeinwesen tritt dahinter zurück.«[284] So spülen die Algorithmen des Web 2.0 immer das nach oben, was die meisten Klicks generiert – und zwar unabhängig von der Frage, ob diese Inhalte der Wahrheit entsprechen oder ethisch vertretbar erscheinen. Erst wenn ein anstößiger oder menschenverachtender Beitrag gemeldet wird, besteht die leise Hoffnung, dass er von Anbietern wie YouTube gelöscht wird – nur um wenig später an anderer Stelle im Netz erneut aufzutauchen.

Wo aber liegt nun die Verantwortung dafür, die Algorithmen im Internet ethisch vertretbar zu gestalten? Bedford-Strohm verweist in seiner Antwort auf drei Ebenen:

> *Auf politisch-struktureller Ebene muss man sicherstellen, dass ein neues Medium mit einem gesetzlichen Rahmen versehen wird, der systemische Unverantwortlichkeit verhindert … Auf Organisationsebene müssen Unternehmen die Konsequenzen*

ihres Handelns hinterfragen und ihre Berufsethik neu aufstellen … Auf der individuellen Ebene können Menschen selbst entscheiden, wie sie mit sozialen Medien umgehen. Dort müssen bestimmte Regeln des Anstands gelten, und man muss sich selbst schützen.[285]

An dieser Stelle möchte ich ansetzen, denn anstatt uns darüber aufzuregen, dass andere ihrer Verantwortung nicht nachkommen, sollten wir unsere Energie lieber dafür verwenden, selbst Verantwortung zu übernehmen, indem wir uns fragen: »What would Jesus post?«

Kein Exklusivrecht

In seinem Artikel über die Barmherzigkeit im virtuellen Raum schreibt Johannes Brantl:

Die »Pathologien der digitalen Medienwelt«, von denen offenbar immer mehr Zeitgenossen affiziert sind, indem sie fiebrig nach menschlichen Verfehlungen suchen, andere bedrohen und sich als deren Richter wähnen, werfen die Frage auf, ob es nicht gerade auch im virtuellen Raum dringend nottut, sich neu auf die christliche und zugleich universal menschliche Haltung der Barmherzigkeit zu besinnen, welche Kasper zu Recht als »ein grundlegendes Thema für das 21. Jahrhundert« bezeichnet hat.[286]

Aus meiner Sicht ist die Antwort auf diese Frage klar und eindeutig: Ja, eine solche Besinnung auf die Barmherzigkeit ist gerade in der digitalen Medienwelt dringend Not-wendig (im wahrsten Sinne des

Wortes)! Wie kann es sein, dass ausgerechnet Menschen, die Jesus nachfolgen, alle Maßstäbe ihres Herrn über den Haufen werfen, sobald sie sich unbeobachtet fühlen? Was bedeutet ein solches Verhalten für die Ernsthaftigkeit ihrer Nachfolge?

Jesus betont in seiner Bergpredigt, dass man einen Baum an seinen Früchten erkennen kann: »Ein gesunder Baum trägt gute Früchte, ein kranker Baum dagegen schlechte. An einem guten Baum wachsen keine schlechten Früchte, ebenso wenig wie ein kranker Baum gesunde Früchte hervorbringt. Deshalb wird jeder Baum, der keine guten Früchte bringt, umgehauen und ins Feuer geworfen. Ihr seht, man erkennt sie an ihren Früchten.«[287] Und an anderer Stelle macht er klar: »Ich sage euch: Am Tag des Gerichts müsst ihr euch für jedes böse Wort, das ihr sagt, verantworten.«[288]

WER JESUS CHRISTUS NACHFOLGT, VERTRAUT DARAUF, DASS GOTT IHM VOLLER GNADE UND BARMHERZIGKEIT BEGEGNET.

Wer Jesus Christus nachfolgt, vertraut darauf, dass Gott ihm voller Gnade und Barmherzigkeit begegnet, so wie Paulus dies im Brief an die Epheser beschreibt: »Gott ist so barmherzig und liebte uns so sehr, dass er uns, die wir durch unsere Sünden tot waren, mit Christus neues Leben schenkte, als er ihn von den Toten auferweckte. Nur durch die Gnade Gottes seid ihr gerettet worden!«[289]

Es gehört zu den grundlegenden biblischen Aussagen, dass diese Barmherzigkeit eben nicht alleine für diejenigen gilt, die sie bereits erkannt und angenommen haben, sondern für alle Menschen. So dient etwa die Jona-Erzählung dem Zweck, genau dies zu verdeutlichen. Der Prophet Jona ärgert sich geradezu schwarz darüber, dass Gottes Barmherzigkeit auch den Feinden Israels gilt: »Ach Herr, habe ich das nicht schon gesagt, bevor ich von zu Hause aufbrach? Deshalb bin ich ja fortgelaufen nach Tarsis! Ich wusste, dass du ein gnädiger und barmherziger Gott bist, dass du geduldig und voller Gnade bist, weil du das Unheil bedauerst.«[290]

Um seinem Boten eine spürbare Lehre zu erteilen, lässt Gott daraufhin einen Rizinusstrauch wachsen, unter dem Jona zunächst erholsamen Schatten findet. Doch dann lässt Gott einen Wurm kommen, der den Strauch in Rekordzeit zerstört. Und als Jona sich lauthals beschwert, antwortet ihm der Herr: »Dir tut es leid um den Busch, obwohl du nichts getan hast, um ihn entstehen zu lassen. Er wuchs in einer Nacht und verging über Nacht. Ninive aber hat über 120 000 Einwohner, die nicht zwischen links und rechts unterscheiden können, ganz zu schweigen von den vielen Tieren. Sollte ich eine so große Stadt nicht schonen?«[291]

Christen haben kein Exklusivrecht auf Gottes Gnade und Barmherzigkeit – vielmehr gilt sie allen Menschen! Das aber bedeutet: Wer von Herzen das christliche Glaubensbekenntnis spricht, der muss sich auch fragen,

> *wie konsequent dieser Glaube an einen Gott, der selbst die Liebe ist und der bedingungslos liebt, sich konkret und täglich, im ganz persönlichen Denken, Reden und Tun ausprägen und manifestieren soll. Was folgt ganz allgemein für die zwischenmenschliche Begegnung und konkret für die Interaktion bzw. Kommunikation im virtuellen Raum aus der gläubigen Einsicht, dass Gott sich als Schöpfer, Versöhner und Erlöser offenbart, dass er seine bleibende Zuwendung jedem einzelnen Menschen zuspricht, dass seine liebende Sorge in besonderer Weise den Verwundeten, Unterlegenen und Geächteten gilt? Was heißt es, die Einzigartigkeit des anderen als Person anzuerkennen und zu achten, weil Gott eben gleichermaßen alle Menschen unabhängig von ethnischer Herkunft, sozialem Status, individueller Begabung oder sonstigen Eigenschaften als Du, als ein Gegen-*

über, als Person anspricht? Welche Konsequenzen ergeben sich aus der zentralen Botschaft Jesu in Wort und Tat, dass die Liebe Gottes gerade nicht mit weltlichen Maßstäben misst und daher auch der Sünder keineswegs abgeschrieben und verstoßen, sondern als Mensch trotz bzw. in seinem Sündersein von Gott geliebt und zu einem immer möglichen Neuanfang gerufen wird?[292]

Die Konsequenzen scheinen mir auf der Hand zu liegen: Christen werden sich an der Häme und Hetze im Netz nicht beteiligen! Sie werden dem zunehmenden Erregungsmodus in den sozialen Netzwerken widerstehen und auf die Schwächen und Fehler anderer Menschen so reagieren, wie Jesus dies tun würde: mit Barmherzigkeit! Und bevor sie ihre spontanen Reaktionen in die digitale Welt senden, werden sie einen Moment innehalten und sich fragen: »WWJP – Was würde Jesus posten?«

WWJP – WAS WÜRDE JESUS POSTEN?

Das heißt noch lange nicht, dass Christen im Web 2.0 zu unauffälligen und handzahmen Teilnehmern werden. Ganz im Gegenteil: Im Sinne ihres Herrn werden sie das Netz nutzen, um sich für Menschen einzusetzen, die ausgegrenzt oder ausgenutzt werden. Durch ihre Beiträge werden sie auch dann nicht schweigen, wenn sonst niemand mehr hinsehen will:

Konkret heißt das dann im Falle der so oft beklagten Respektlosigkeit, Verrohung der Kommunikation oder Verzerrung der Wahrheit im Bereich des Internets gezielt und engagiert Gegenakzente zu setzen, in Kommentaren positiv Stellung für einen Mitmenschen zu beziehen oder etwa auch bei den Betreibern sozialer Netzwerke Einträge in den Kommunikationsforen zu melden, sofern diese diffamieren und gezielt Lügen verbreiten.

»Barmherzigkeit online« gleicht in dieser Hinsicht einer couragierten Parteinahme, die das Feld der Auseinandersetzung und Meinungsbildung im virtuellen Netz nicht den bösartig Aggressiven und derben Polemikern überlässt, sondern der Stimme von Menschlichkeit und Vernunft Ausdruck verleiht. [293]

Auf diese Weise wird man Menschen, die Jesus nachfolgen, im Web 2.0 an ihren Früchten erkennen!

Die Zunge der Postmoderne

Eine Weile habe ich mich gefragt, ob das Thema »Barmherzigkeit in der digitalen Welt« wirklich ein eigenes Kapitel in diesem Buch verdient. Doch dann habe ich auf Facebook vermehrt die Kommentare in der konservativ christlichen Blase gelesen und bin zu dem Schluss gekommen, dass es enorm wichtig ist. Inzwischen kann ich Dieter Nuhr besser verstehen, wenn er schreibt: »Die im Internet üblichen Beschimpfungen, Beleidigungen, Todeswünsche, Drohungen, was der Mensch halt so ausstößt, wenn er sich an seiner Tastatur unbeobachtet fühlt, habe ich wie immer staunend beobachtet.« [294]

Wenn der Mensch sich unbeobachtet fühlt, dann offenbart er sein wahres Ich, dann wird erkennbar, wie es um sein Innerstes bestellt ist, um sein Herz. Und ich kann mir einfach nicht vorstellen, dass Menschen, deren Herz vom Heiligen Geist erfüllt wird, zu Kommentaren wie diesem hier fähig sind: »Der Spahn landet sowieso in der Hölle – dafür, dass er Männer in den Arsch fi …« (von einem evangelikalen Christen, der sich über geplante Änderungen im Gesundheitssystem aufgeregt hat). Der Apostel Jakobus schreibt:

Wir können ein großes Pferd lenken, wohin wir wollen, wenn wir ihm ein Zaumzeug anlegen. Und mit einem winzigen Ruder lenkt der Steuermann ein großes Schiff selbst bei heftigem Wind, wohin er will. So kann auch die Zunge, so klein sie auch ist, enormen Schaden anrichten. Ein winziger Funke steckt einen großen Wald in Brand! Die Zunge ist wie eine Flamme und kann eine Welt voller Ungerechtigkeit sein. Sie ist der Teil des Körpers, der alles beschmutzen und das ganze Leben zerstören kann, wenn sie von der Hölle selbst in Brand gesteckt wird. Der Mensch kann die unterschiedlichsten Tiere und Vögel, Reptilien und Fische zähmen, aber die Zunge kann niemand im Zaum halten. Sie ist ein unbeherrschbares Übel, voll von tödlichem Gift. Mit ihr loben wir Gott, unseren Herrn und Vater; dann wieder verfluchen wir mit ihr andere Menschen, die doch als Ebenbilder Gottes geschaffen sind. So kommen Segen und Fluch aus demselben Mund. Und das, meine Freunde, darf nicht so sein![295]

Ich habe den Eindruck: Die Tastatur unseres PCs oder unseres Smartphones ist die Zunge der Postmoderne!

19 |

»SALZ UND LICHT« – Barmherzigkeit in Gesellschaft und Politik

Das Himmelreich ist wie Sauerteig, den eine Frau zum Brotbacken gebrauchte. Obwohl sie eine große Menge Mehl nahm, durchdrang der Sauerteig doch den ganzen Teig.

Matthäus 13,33

Eine Kultur der Barmherzigkeit

Sauerteig entsteht (im einfachsten Fall) durch die spontane Gärung von Mehl und Wasser. Dabei vermehren sich die in der Luft und der Umgebung bereits vorhandenen Essigsäurebakterien und Hefepilze. Die Hefe dient im Sauerteig als Triebmittel und die Essigsäure zur natürlichen Säuerung.

Bei Roggenbroten wird der Sauerteig benötigt, damit der menschliche Körper sie gut verdauen kann. Um Ihre eigene Sauerteigkultur zu züchten, benötigen Sie lediglich etwas Mehl (am besten Roggenmehl), Wasser, ein gut verschließbares Gefäß, einen warmen Ort (25-30°C) und etwas Zeit (fünf oder sechs Tage). Sobald Sie eine stabile Sauerteigkultur vor sich haben, ist das weitere Vorgehen denkbar einfach, denn »ein wenig Sauerteig durchsäuert den ganzen Teig!«[296] Alles, was Sie tun müssen ist, eine kleine Menge Sauerteig als »Anstellgut« zurückzubehalten. Wenn Sie dieses Anstellgut unter Ihren neuen Teig mischen, werden Sie erstaunt feststellen, dass es Ihren kompletten Teig durchsäuert – eine ziemlich geniale Sache!

Jesus greift dieses alltägliche Bild auf und betont, dass es sich mit dem Reich Gottes beziehungsweise der Königsherrschaft Gottes genauso verhält wie mit dem Brotbacken: »Das Himmelreich ist wie Sauerteig, den eine Frau zum Brotbacken gebrauchte. Obwohl sie eine große Menge Mehl nahm, durchdrang der Sauerteig doch den ganzen Teig.«[297] Die Botschaft vom »Reich Gottes« gehört zur zentralen und wichtigsten Verkündigung von Jesus, immer wieder taucht sie in seinen Reden auf. Und wenn Jesus vom »Reich Gottes« spricht, dann meint er damit nicht ein geografisches Reich wie Frankreich, sondern alle (sichtbaren und unsichtbaren) Bereiche und Orte, an denen Gott sich mit seiner Liebe und Wahrheit durchsetzt.

Das Reich Gottes beginnt in den Herzen einzelner Menschen (also in ihrer Schaltzentrale), indem sie sich Jesus Christus anvertrauen und ihr Leben unter Gottes Führung stellen. Diese Christen »durchsäuern« wiederum die Gesellschaft, indem sie Gottes Liebe und Barmherzigkeit weitergeben an die Menschen in ihrer Umgebung. So wie ein Sauerteig dafür da ist, das Aroma, den Geschmack und die Haltbarkeit eines Brotes zu verbessern, so braucht es in unserer Gesellschaft eine Kultur der Barmherzigkeit, damit sie solidarischer, liebevoller und hoffnungsvoller wird. Jürgen Moltmann formuliert dies so:

DAS REICH GOTTES BEGINNT IN DEN HERZEN EINZELNER MENSCHEN.

> *Barmherzigkeit ist die Seele sozialer Gerechtigkeit. Ohne eine Kultur der Barmherzigkeit geht die Motivation für die Sozialge-*

setzgebung verloren. Die Ethik des Erbarmens mit den Schwachen, Kranken und Alten muss heute gegen die soziale Kälte des Neoliberalismus verteidigt werden, denn nur eine allgemeine Ethik des Erbarmens kann die Sozialgesetze rechtfertigen und »unterlassene Hilfeleistung« nicht nur individuell beklagen, sondern auch unter Strafe stellen.[298]

In Anlehnung an das Bild vom Sauerteig könnte man aber auch sagen: Ohne eine solche Kultur der Barmherzigkeit wäre das Zusammenleben in unserer Gesellschaft nur sehr schwer verdaulich.

Die Grenzen des Sozialstaates

Wir leben in einer sozialen Marktwirtschaft, was bedeutet, dass der Staat die Rahmenbedingungen setzt, unter denen sich eine freie Marktwirtschaft entfalten kann. Diese Rahmenbedingungen »sollen jedem Menschen die Chance geben, sein Leben menschenwürdig und selbstbestimmt zu gestalten und an der gesellschaftlichen Entwicklung teilzuhaben; sie sollen außerdem die Lebensrisiken (Alter, Krankheit, Arbeitslosigkeit, Unfall) abfedern und stellen damit eine Art institutionalisierte Solidarität dar.«[299] Man kann dieses Konzept der sozialen Marktwirtschaft für verbesserungswürdig halten, aber Tatsache ist, dass es sich bis heute bewährt hat.

Angesichts der zahlreichen Leistungen unseres Sozialstaates stellt sich darum die Frage, ob das Thema Barmherzigkeit überhaupt eine gesellschaftspolitische Bedeutung hat. So gibt es immer wieder Kritiker, die eine Betonung der Barmherzigkeit nicht nur für überflüssig halten, sondern sie geradezu als schädlich betrachten:

Es wird unterstellt, die Barmherzigkeit lasse es an Einsatz für die Gerechtigkeit fehlen und diene nur dazu, durch Almosen die Löcher im sozialen Netzwerk zu stopfen, ohne das System selbst gerechter zu gestalten; durch punktuelle spontane Hilfe verschleiere die Barmherzigkeit die Ungerechtigkeiten des sozialen Systems, statt es grundsätzlich zu verändern.[300]

Doch ist das wirklich so? Ist die Barmherzigkeit in einer sozialen Marktwirtschaft überflüssig oder sogar kontraproduktiv? Ich bin der festen Überzeugung: Nein, das ist sie nicht! Denn so wichtig und wertvoll der moderne Sozialstaat auch ist, so stößt er doch immer wieder an seine Grenzen:

Durch den sogenannten demografischen Wandel (es gibt immer mehr ältere und immer weniger jüngere Menschen in unserer Gesellschaft) sowie die durchschnittlich längere Lebensdauer hat sich das Verhältnis des produktiven Teils der Bevölkerung zu dem von diesem mitzuversorgenden Teil in einem erheblichen Maße verändert: Immer weniger jüngere Menschen müssen für immer mehr ältere Menschen aufkommen. Für unser Rentensystem stellt dieser Wandel eine erhebliche Herausforderung dar, welche die Politik bislang noch vor sich her schiebt, wohl aus Angst, nach den erforderlichen Reformen von den Wählern abgestraft zu werden. Währenddessen nimmt die Altersarmut immer mehr zu. So kommt der Arbeitsmarktexperte Christof Schiller nach einer Studie der Bertelsmann-Stiftung zu dem Schluss:

Selbst bei ungemindert positiven Konjunkturaussichten könnte das Armutsrisiko im Alter weiter steigen, sodass in zwanzig Jahren mehr als jeder fünfte Rentner (21,6 Prozent) in Deutschland von Altersarmut betroffen sein könnte. Zu den größten Risikogruppen gehören unter anderem Alleinstehende und Gering-

qualifizierte. Mit Blick auf die aktuell diskutierten Konzepte einer Grundrente zeigt sich, dass sowohl die Pläne aus dem Koalitionsvertrag wie auch das Modell von Arbeitsminister Heil in puncto Altersarmut noch nicht ausreichend zielgenau sind. [301]

Bereits heute sieht man alte Menschen, die sich ihre kärgliche Rente aufbessern müssen, indem sie in einem Parkhaus die Tickets verkaufen oder bei IKEA die Einkaufswagen einsammeln – und das, nachdem sie vierzig Jahre gearbeitet haben!

Der wirtschaftliche und finanzielle Globalisierungsprozess führt dazu, dass die einzelnen Staaten immer weniger eigenständig handeln können und in globale Abhängigkeiten geraten. Und da es

kaum oder nur sehr schwache staatsähnliche globale Steuerungssysteme gibt, verschieben sich die Gewichte zugunsten des freien und oft entfesselten Spiels der Märkte, konkret des Kapitals, bei dem nicht menschliche Werte und das menschlich Wertvolle, sondern rein ökonomische Daten zählen, bei dem es darum in erster Linie um Gewinn und Rendite geht. Das individuelle Schicksal vieler Menschen und selbst das Schicksal ganzer Völker kann dabei aufs Spiel gesetzt werden. [302]

Viele Unternehmen gehen dazu über, ihre Produktionsstätten ins Ausland zu verlagern, und zwar in die Länder, in denen die Lohnkosten möglichst gering sind. Und so gehört es zum entfesselten Spiel des Marktes, dass die Aktien solcher Unternehmen genau dann in schwindelerregende Höhen steigen, wenn sie bekannt geben, dass sie in Deutschland Tausende von Mitarbeitern entlassen werden.

Fakt ist, dass es immer mehr Menschen gibt, die in unserem Sozialstaat »unter die Räder kommen«! Darum braucht es in der sozialen Marktwirtschaft unbedingt eine Kultur der Barmherzigkeit. So hat der frühere deutsche Papst Benedikt XVI in seiner Enzyklika »Deus caritas est« betont:

> *Liebe - Caritas - wird immer nötig sein, auch in der gerechtesten Gesellschaft. Es gibt keine gerechte Staatsordnung, die den Dienst der Liebe überflüssig machen könnte. Wer die Liebe abschaffen will, ist dabei, den Menschen als Menschen abzuschaffen. Immer wird es Leid geben, das Tröstung und Hilfe braucht. Immer wird es Einsamkeit geben. Immer wird es auch die Situationen materieller Not geben, in denen Hilfe im Sinn gelebter Nächstenliebe nötig ist. Der totale Versorgungsstaat, der alles an sich zieht, wird letztlich zu einer bürokratischen Instanz, die das Wesentliche nicht geben kann, das der leidende Mensch – jeder Mensch – braucht: die liebevolle persönliche Zuwendung. Nicht den alles regelnden und beherrschenden Staat brauchen wir, sondern den Staat, der entsprechend dem Subsidiaritätsprinzip (der Staat greift dort ein, wo es zwingend nötig ist, Anm. des Verfassers) großzügig die Initiativen anerkennt und unterstützt, die aus den verschiedenen gesellschaftlichen Kräften aufsteigen und Spontaneität mit Nähe zu den hilfsbedürftigen Menschen verbinden.*[303]

Salz und Licht

Unsere Gesellschaft lebt von den Menschen, die durch ihren ehrenamtlichen Einsatz Tag für Tag Barmherzigkeit leben: durch die Verteilung von Lebensmitteln, durch Unterstützung Geflüchteter, durch Besuche von Kranken und Alten sowie die Begleitung Sterbender, durch kostenlose Reparaturarbeiten, durch die Betreuung von Kleinkindern durch »Ersatzomas« und »Ersatzopas«, durch den Einsatz für Menschen mit einem Handicap und durch zahlreiche Dienste mehr. Werfen Sie doch einmal einen Blick in die Ehrenamtsbörse Ihrer Stadt und Sie werden erstaunt sein, wie viele ehrenamtliche Tätigkeiten es gibt, durch die insbesondere solche Menschen Barmherzigkeit erfahren, die in unserer leistungsorientierten Gesellschaft sehr schnell am Rande stehen oder sogar völlig in Vergessenheit geraten. Diese zahlreichen »großzügigen Initiativen«, wie Benedikt XVI sie nennt, bilden eine notwendige Kultur der Barmherzigkeit, ohne die unsere Gesellschaft sehr schnell ungenießbar werden würde! Wobei Benedikt XVI zugleich betont, dass viele solcher Initiativen von der christlichen Kirche ausgehen: »In ihr lebt die Dynamik der vom Geist Christi entfachten Liebe, die den Menschen nicht nur materielle Hilfe, sondern auch die seelische Stärkung und Heilung bringt, die oft noch nötiger ist als die materielle Unterstützung.« [304]

Falls es in Ihrer Kirchengemeinde eine solche Dynamik noch nicht geben sollte, dann bitte ich Sie herzlich: Suchen Sie sich Gleichgesinnte und setzen Sie sich gemeinsam dafür ein, dass Ihre Kirche nicht länger darauf wartet, dass die Menschen zu ihr kommen, sondern stattdessen hinausgeht, um für die Menschen da zu sein, zu denen Jesus sie sendet! Jesus sagt:

> *Ihr seid das Salz der Erde. Doch wozu ist Salz noch gut, wenn es seinen Geschmack verloren hat? Kann man es etwa wieder brauchbar machen? Es wird weggeworfen und zertreten, wie etwas, das nichts wert ist. Ihr seid das Licht der Welt – wie eine Stadt auf einem Berg, die in der Nacht hell erstrahlt, damit alle es sehen können. Niemand versteckt ein Licht unter einem umgestülpten Gefäß. Er stellt es vielmehr auf einen Lampenständer und lässt es für alle leuchten. Genauso lasst eure guten*

Taten leuchten vor den Menschen, damit alle sie sehen können und euren Vater im Himmel dafür rühmen.[305]

Wir sind nicht dazu berufen, uns ängstlich zu verkriechen, sondern dazu, hinauszugehen und den Menschen durch unsere guten Taten das Evangelium der Liebe und Barmherzigkeit Gottes zu bringen. Wir sind Salz und Licht für die Gesellschaft, in der wir leben!

Zur Zeit Jesu war das Salz kein Billigprodukt, sondern ein kostbares Gut, welches man auch als »weißes Gold« bezeichnete. Eine wichtige Funktion des Salzes lag darin, Speisen haltbar zu machen. Das Salz sorgte nicht allein für die Würze einer Speise, sondern es war zudem für die Abwehr von zerstörerischen Bakterien zuständig. Ohne Salz wurde eine Speise sehr schnell ungenießbar. Wenn Jesus seine Nachfolgerinnen und Nachfolger als das »Salz der Erde« bezeichnet, dann macht er ihnen damit klar:

WIR SIND SALZ UND LICHT FÜR DIE GESELLSCHAFT, IN DER WIR LEBEN!

Ihr macht in dieser Welt einen wichtigen Unterschied. Ihr verkrümelt euch nicht in eure fromme Nische, sondern mischt euch unter und mischt euch ein. Das ist eure Bestimmung. Habt keine Angst, wirkt mutig und kräftig. Ihr seid das Salz, nicht ihr macht euch dazu. Ich, Jesus, sage es, und das reicht vollkommen aus.[306]

Ebenso ist das Licht ein wertvolles Gut, denn es schenkt Orientierung und vermittelt Wärme und Geborgenheit. Das Dunkel ist oft bedrohlich, das Licht schenkt Befreiung und eine neue Sichtweise. Eben dies ist der Auftrag der Menschen, die Jesus nachfolgen: Sie sind aufgefordert, durch ihre guten Taten der Barmherzigkeit das Licht des Evangeliums in den Herzen der Menschen anzuzünden, die keine Orientierung haben und denen es an Liebe und Geborgenheit fehlt. Auch hier betont Jesus: Ihr seid dieses Licht. Alles was ihr zu tun habt, ist, es nicht zu verstecken, indem ihr die fromme Glocke eures kirchlichen Programms darüberstülpt.

Darum lassen Sie uns in die Welt hinausgehen und uns in der Gesellschaft einbringen, indem wir die Werke der Barmherzigkeit tun, denn:

> *Die Welt ist nie fertig; immer wieder treten neue Not-, Armuts- und Krisensituationen auf. Ohne Barmherzigkeit werden die neuen Notlagen sehr oft nicht entdeckt. Es braucht Menschen, die die oft unerwartet neu auftretende Not überhaupt erst einmal wahrnehmen, sich von ihr ergreifen lassen, die ein Herz haben und sich ein Herz nehmen und im konkreten Fall, so weit es ihnen möglich ist, für Abhilfe sorgen. Ohne solche Barmherzigkeit geht die motivierende Grundlage für die Weiterentwicklung der Sozialgesetzgebung verloren. Deshalb kommt unsere Gesellschaft auch bei einem insgesamt gut funktionierenden Sozialsystem nicht ohne Barmherzigkeit aus.* [307]

Den Fremden lieben

»Politisch Verfolgte genießen Asylrecht«, so steht es in Artikel 16a des Grundgesetzes für die Bundesrepublik Deutschland. Angesichts der immer länger andauernden Stellvertreterkriege, wie sie derzeit in Libyen, in Syrien oder auch im Jemen geführt werden, machen sich immer mehr Menschen auf den beschwerlichen und lebensbedrohlichen Weg, um dieses Recht in Anspruch zu nehmen. Nach einer anfänglichen Willkommenskultur, mit der wir Deutschen die Welt überrascht haben, überwiegen in manchen Teilen unserer

Gesellschaft inzwischen wieder die alten Ängste und Vorurteile bis hin zu einer unerträglichen Fremdenfeindlichkeit, die es leider auch unter Christen gibt. Dabei gehört das göttliche Gebot, den »Fremden zu lieben« zu einer zentralen Aussage der biblischen Texte. So heißt es im dritten Buch Mose: »Den Ausländer, der bei euch wohnt, sollt ihr wie einen von euch behandeln und ihr sollt ihn lieben wie euch selbst. Denn ihr selbst wart einst Fremde in Ägypten. Ich bin der Herr, euer Gott.« [308]

Der katholische Theologe und Sozialethiker Albert-Peter Rethmann kommt bei seiner Analyse des gesamten biblischen Befundes zu folgendem vierfachen Ergebnis:

> *Erstens: Im Alten Testament wurde der Fremde vor allem in seiner Schutzbedürftigkeit gesehen und nicht als Bedrohung für die Aufnahmegesellschaft empfunden. Zweitens: Dort ist auch die zunehmend stärker werdende Tendenz erkennbar, den Zuwanderer dem Einheimischen rechtlich gleichzustellen. Drittens: Insbesondere durch die Integration in das Leben und Feiern der Familie wurde ihm die Partizipation an der Alltagskultur ermöglicht. Viertens: Im Neuen Testament kommt als weiteres Merkmal hinzu, dass das Gebot universal geltender Nächstenliebe jeden volksgebundenen Partikularismus überwindet und somit ethische wie kulturelle Klassifizierungen bewusst durchbricht. Das Gleichnis vom barmherzigen Samariter gilt deshalb als Schlüssel für das Verständnis christlicher Nächstenliebe, die bewusst alle ethnischen und kulturellen Klassifizierungen durchbricht.* [309]

Menschen, die Jesus nachfolgen, lassen sich nicht von der Angst leiten, sondern von der Liebe Gottes, und diese Liebe gilt besonders denen, die aus ihrer Heimat fliehen mussten und darum zu Fremden geworden sind. Erfüllt und bewegt von dieser Liebe werden sich Christen gerade darin als »Salz und Licht« erweisen, dass sie diese Menschen herzlich aufnehmen, ihnen mit Rat und Tat zur Seite stehen und sich zudem dafür einsetzen, dass sich das Krebsgeschwür der Fremdenfeindlichkeit in unserer Gesellschaft nicht weiter ausbreitet.

Für mich persönlich hat dies auch politische Konsequenzen. Denn bei aller berechtigten Kritik an den regierenden Parteien ist es mir als Jesus-Nachfolger absolut unmöglich, eine Oppositionspartei zu unterstützen, die unsere Gesellschaft spaltet, indem sie auf populistische Weise Ängste schürt, Lügen verbreitet, gegen Fremde hetzt und ganz bewusst rassistisch-völkische Überzeugungen in den eigenen Reihen akzeptiert. Um es hier so deutlich wie möglich zu formulieren: Jesus würde die Barmherzigkeit wählen, nicht die AfD!

Raus aus der frommen Blase

Bis vor einigen Monaten war ich noch in einer politischen Partei aktiv: Als Vorsitzender der ödp Main-Spessart habe ich mich mit einer kleinen Schar von Gleichgesinnten sowohl für ein Handeln der ökologischen Vernunft eingesetzt als auch für den Maßstab christlich konservativer Werte in der Politik. Dabei habe ich auf einem unserer Parteitage die leidenschaftliche Rede von Jürgen Grässlin erlebt, dem Vorsitzenden der »Aktion Aufschrei – Stoppt den Waffenhandel«. Dass Deutschland nach wie vor zu den größten Waffenexporteuren dieser Welt gehört, ist eine Schande, die in der Öffentlichkeit nur wenig diskutiert wird. Und trotz der vielen politischen Versprechungen bleibt es dabei, dass die Rüstungsindustrie Unsummen von Geld verdient für Waren, »die zu nichts anderem taugen als zur Tötung von Menschen und zur Zerstörung von Kultur- und Sachgütern.«[310] An diesen Gewinnen klebt das Blut tausender unschuldiger Menschen – doch die intensive Lobbyarbeit der entsprechenden Konzerne bewirkt, dass die Politik hier nicht regulierend einschreitet. Das ist keine Politik der Barmherzigkeit, sondern eine Politik der skrupellosen Gewinnmaximierung. Doch eine solche Politik muss man nicht einfach tatenlos hinnehmen, wie die »Aktion Aufschrei – Stoppt den Waffenhandel« beweist.

Ich hoffe, dass Sie mich an dieser Stelle richtig verstehen: Ich möchte Ihnen keineswegs vermitteln, an welcher Stelle Sie bei der nächsten Wahl Ihr Kreuzchen machen sollten. Stattdessen möchte ich Sie dazu ermutigen, sich als Christ aktiv in die Politik einzumischen und mit dafür einzutreten, dass die Barmherzigkeit dort zu einem wichtigen Maßstab für das politische Handeln wird (sofern sie es nicht schon ist). Darum nehmen Sie an gesellschaftspolitischen Diskussionen teil, informieren Sie sich gründlich, schreiben Sie Leserbriefe, machen Sie von Ihrem Demonstrationsrecht Gebrauch, werden Sie Mitglied in einer Partei oder Initiative vor Ort und unterstützen Sie Organisationen, die sich speziell für eine Kultur der Barmherzigkeit engagieren, indem sie den Hunger bekämpfen, sich für Geflüchtete einsetzen oder andere Anliegen verfolgen, die ganz im Sinne der christlichen Nächstenliebe sind. Was immer Sie tun: Jedes noch so kleine Engagement ist besser, als seine Jesus-Nachfolge auf die eigenen vier Wände zu beschränken und in einer frommen Blase zu leben, die keinerlei Ausstrahlungskraft besitzt.

Leider gibt es bis heute in einigen evangelikalen Kirchengemeinden die Überzeugung, man solle sich als Christ aus der Politik heraushalten. Damit aber verwehrt man es der Barmherzigkeitskultur, in die Strukturen vorzudringen, die unsere Gesellschaft ganz entscheidend prägen. Das ist dann so, als würde man als Bäcker den puren Sauerteig ganz für sich allein löffeln (was ziemlich widerlich schmeckt), anstatt ihn in die große Teigschüssel zu mengen, damit er dort wirken kann und am Ende dieses Prozesses viele leckere Brötchen entstehen, von denen andere Menschen satt werden.

Das Reich Gottes ist immer auf Wachstum angelegt. Jesus sagt: »Es gleicht einem winzigen Senfkorn, das in einem Garten gepflanzt wird. Es wächst zu einem Baum heran, und die Vögel kommen und finden Schutz in seinen Zweigen.«[311] Die barmherzige Liebe Gottes will nicht nur unsere Herzen durchdringen, sondern ebenso die Strukturen unserer Gesellschaft und der Politik. Damit dies geschehen kann, braucht es Gläubige, die sich von ihrem Herrn in eben diese Bereiche senden lassen.

DAS REICH GOTTES IST IMMER AUF WACHSTUM ANGELEGT.

Als Vorsitzender der ödp meines Landkreises bin ich inzwischen zurückgetreten, da ich völlig überlastet und psychisch angeschlagen war, doch politisch aktiv bin ich nach wie vor. Und wo immer ich Christinnen und Christen begegne, die sich politisch engagieren, begrüße ich das sehr (es sei denn, sie engagieren sich in der weiter oben genannten Partei). Solche Geschwister sollten wir in unseren Kirchen und Gemeinschaften ganz bewusst aussenden und für ihre Tätigkeit unter den Segen Gottes stellen.

Der Präsident des Zentralkomitees der deutschen Katholiken (ZdK), Thomas Sternberg, meint: »Wir haben uns daran gewöhnt, dass soziale Gerechtigkeit das wichtigere ist, aber wir müssen uns auch fragen, wie die Gesellschaft ohne Barmherzigkeit aussähe.«[312]

Sie wäre hart und ungenießbar wie ein Roggenbrot ohne Sauerteig. Darum braucht es dringend Jesus-Nachfolgerinnen und -Nachfolger, die sich für eine Kultur der Barmherzigkeit in Gesellschaft und Politik einsetzen.

20 |

»I HAVE A DREAM« – Mein Traum von einer barmherzigen Kirche

Blinde sehen und Lahme gehen, Aussätzige werden rein und Taube hören, Tote stehen auf und Armen wird das Evangelium gepredigt.

Matthäus 11,5; LUT

Träume sind Räume

»Träume sind Schäume«, sagt der Volksmund und meint damit wohl vor allem jene unrealistischen Träume, mit denen wir uns in Fantasiewelten flüchten. Solche Traumwelten sind zwar ganz nett und unterhaltsam, aber sie werden nicht zu Realität. Ganz anders ist dies bei den Träumen, die eine gewagte, aber zugleich realistische Zukunftsvision beschreiben. Solche Träume haben die Kraft, die Welt zu verändern! Das wohl beste Beispiel für die Kraft eines Traums beziehungsweise einer Vision ist die berühmte Rede des amerikanischen Baptistenpredigers und Bürgerrechtlers Martin Luther King, die er am 28. August 1963 vor rund 200 000 Menschen in Washington gehalten hat. Von seinem Manuskript abweichend beschrieb King seinen Traum von einer Gesellschaft, in der es keine Diskriminierung, keine Unterdrückung und keine Rassentrennung gibt:

Deswegen sage ich Ihnen, meine Freunde, dass ich immer noch einen Traum habe, obwohl wir den Schwierigkeiten von heute und morgen entgegensehen … Ich habe einen Traum, dass eines Tages die Söhne von früheren Sklaven und die Söhne von früheren Sklavenbesitzern auf den roten Hügeln von Georgia sich am Tisch der Bruderschaft gemeinsam niedersetzen können … Ich habe einen Traum, dass meine vier kleinen Kinder eines Tages in einer Nation leben werden, in der sie nicht wegen der Farbe ihrer Haut, sondern nach dem Wesen ihres Charakters beurteilt werden.[313]

Während ich diese Zeilen schreibe, kommt es überall in den Vereinigten Staaten von Amerika zu Protesten, die durch den gewaltsamen Tod des Afroamerikaners George Floyd ausgelöst wurden. Laut dem inzwischen vorliegenden Autopsiebericht wurde Floyd während eines Polizeieinsatzes durch die massive Anwendung von Gewalt erstickt. Die Ursache war Rassismus. Über ein halbes Jahrhundert nach der Rede von Martin Luther King ist der darin beschriebene Traum leider noch immer nicht Realität geworden – doch er hat eine ganze Menge bewirkt: 1964 verkündete Präsident Lyndon B. Johnson ein Gesetz, in dem die Rassentrennung aufgehoben wurde. Und ein Jahr später trat ein neues Wahlrecht in Kraft. Vor allem die Schikanen bei der Registrierung als Wähler, wie Schreib- und Lesetests, die hauptsächlich die weniger gebildeten Afroamerikaner betrafen, sollten dadurch unterbunden werden.

Träume sind nicht nur Schäume, Träume sind auch Räume: Sie sind Räume, in denen sich die Kraft der Hoffnung entfalten kann, sodass Menschen aufstehen, um sie wahr werden zu lassen!

Pures Evangelium

Auch Papst Franziskus hat einen Traum, den er in einem Interview wie folgt beschreibt:

> *Ich träume von einer Kirche als Mutter und als Hirtin. Die Diener der Kirche müssen barmherzig sein, sich der Menschen annehmen, sie begleiten – wie der gute Samariter, der seinen Nächsten wäscht, reinigt, aufhebt. Das ist pures Evangelium. Gott ist größer als die Sünde. Die organisatorischen und strukturellen Reformen sind sekundär, sie kommen danach. Die erste Reform muss die der Einstellung sein. Die Diener des Evangeliums müssen in der Lage sein, die Herzen der Menschen zu erwärmen, in der Nacht mit ihnen zu gehen. Sie müssen ein Gespräch führen und in die Nacht hinabsteigen können, in ihr Dunkel, ohne sich zu verlieren. Das Volk Gottes will Hirten und nicht Funktionäre oder Staatskleriker. Die Bischöfe speziell müssen Menschen sein, die geduldig die Schritte Gottes mit seinem Volk unterstützen können, sodass niemand zurückbleibt. Sie müssen die Herde auch begleiten können, die weiß, wie man neue Wege geht. Statt nur eine Kirche zu sein, die mit offenen Türen aufnimmt und empfängt, versuchen wir, eine Kirche zu sein, die neue Wege findet, die fähig ist, aus sich heraus- und zu denen zu gehen, die nicht zu ihr kommen, die ganz weggegangen oder die gleichgültig sind …*
>
> *Wir müssen das Evangelium auf allen Straßen verkünden, die frohe Botschaft vom Reich Gottes verkünden und – auch mit unserer Verkündigung – jede Form von Krankheit und Wunde pflegen …*
>
> *Die Lehren der Kirche – dogmatische wie moralische – sind nicht alle gleichwertig. Eine missionarische Seelsorge ist nicht davon besessen, ohne Unterscheidung eine Menge von Lehren*

aufzudrängen. Eine missionarische Verkündigung konzentriert sich auf das Wesentliche, auf das Nötige. Das ist auch das, was am meisten anzieht, was das Herz glühen lässt – wie bei den Jüngern von Emmaus …
Wenn ich das sage, denke ich auch an unsere Predigt und die Inhalte der Predigten. Eine schöne Predigt, eine echte Predigt muss beginnen mit der ersten Verkündigung, mit der Botschaft des Heils. Es gibt nichts Solideres, Tieferes, Festeres als diese Verkündigung. Dann muss eine Katechese kommen. Dann kann auch eine moralische Folgerung gezogen werden. Aber die Verkündigung der Heil bringenden Liebe Gottes muss der moralischen und religiösen Verpflichtung vorausgehen.[314]

Ich liebe diesen Traum und teile ihn von ganzem Herzen. Ja, es ist dieser Traum, der mich heute noch Pastor und Verkündiger des Evangeliums sein lässt.

Eine klare Berufung

Vor einem Jahr war ich knapp davor, meinen Beruf als Pastor einer Freikirche erneut an den Nagel zu hängen. Mein Plan war, eine volle Stelle im Bereich der Suchtkrankenhilfe anzunehmen und parallel dazu an der Hochschule in München »Soziale Arbeit« zu studieren. Meine Chefin hatte mir eine Empfehlung geschrieben, die erforderlichen Unterlagen waren eingereicht und ich erfüllte alle Voraussetzungen, um zum Wintersemester mit dem Studium zu beginnen.

Doch je näher der entscheidende Tag kam, umso unruhiger wurde ich. Mehr und mehr wurde mir bewusst, dass ich diese Rechnung ohne meinen Herrn gemacht hatte. Deshalb nahm ich mir Zeit, um Jesus nach seinem Willen zu fragen und auf die leise Stimme des Heiligen Geistes zu hören. Das Ergebnis war eindeutig. Jesus machte mir klar: »Mein lieber Volker, ich habe unendlich viel in dich investiert, dich überschüttet mit meiner Liebe und Barmherzigkeit. Ich habe deine geprügelte Seele verbunden, dich von deinen inneren Schmerzen befreit und deinem Leben wieder Hoffnung gegeben. Das alles habe ich getan, weil ich dich liebe und du mir unendlich wertvoll bist. Doch nun möchte ich, dass du dich umschaust und erkennst, dass du nicht der einzige Überfallene bist, dem meine Barmherzigkeit gilt. Um dich herum gibt es Menschen, deren Leiden mir das Herz zerreißt, und zu diesen Menschen sende ich dich. Bitte mach nicht denselben Fehler wie Jona und erspare mir die Mühe, dich auf den richtigen Kurs zu bringen. Lauf nicht weg, sondern lass dich von mir senden! Ich möchte, dass du dazu beiträgst, dass meine Kirche barmherziger wird und auf die Leidenden zugeht, um sie ebenso aufzurichten, wie ich dich aufgerichtet habe. Und wenn du dich für diesen Auftrag zu schwach fühlst, dann lass dir von mir sagen: Du brauchst nicht mehr als meine Gnade, denn meine Kraft kommt in deiner Schwachheit zur Vollendung!«

Ungefähr zur selben Zeit bekam ich einen Brief von Ansgar Hörsting, dem Präses Freier evangelischer Gemeinden, in dem er mir mit den folgenden Zeilen zum Geburtstag gratulierte: »Lieber Volker! Lebe in Deiner Berufung, in Deiner Begabung, lebe in Jesus Christus. Lebe in Deinen Grenzen, in Deinen Möglichkeiten und in Gottes Möglichkeiten. Lebe in der Freude, in der Lehre und in der Kraft, die Dir gegeben wurde. LEBE DARIN und lass Dich nicht ablenken.«

Nach dem Erhalt dieses Briefes habe ich noch einige Wochen mit mir gerungen (zumal mir bewusst war, dass dies die allerletzte Chance sein würde, den Beruf zu wechseln), doch dann habe ich meine Bewerbung um einen Studienplatz zurückgezogen und mich innerlich darauf eingestellt, weiterhin in der kirchlichen Arbeit tätig zu sein. Ich will die mir verbleibende Zeit und Kraft dazu nutzen, meinen Traum zu leben: meinen Traum von einer barmherzigen Kirche!

Ich träume ...

Ich träume von einer Kirche, die dorthin geht, wo das Elend wohnt; die sich auf den Weg macht, um Hungernde zu speisen, Nackte zu bekleiden, Fremde zu beherbergen, Gefangene zu erlösen, Kranke zu besuchen und den Beschämten ihre Würde wiederzugeben.

Ich träume von einer Kirche, die ihre eigenen Sünden beweint und aus der Vergebung lebt.

Ich träume von einer Kirche der offenen Herzen und offenen Türen, in der sich auch der dreckigste Sünder angenommen und geliebt weiß.

Ich träume von einer Kirche für die Gestrandeten, die Gedemütigten und die Geschlagenen, von einer Kirche, in der die Gnade über das Gesetz triumphiert.

Ich träume von einer barmherzigen Kirche, die fühlt, was sie sieht, und tut, was sie kann.

Ich träume von einer Kirche, die Jesus nachfolgt und ihm ähnlicher wird.

Teilen Sie diesen Traum? Dann lade ich Sie ein, das folgende Gebet mit lauter Stimme und aufrichtigem Herzen zu sprechen. (Wenn Sie Protestant sind, werden Sie vielleicht die drittletzte Zeile auslassen, in der es um die Fürsprache Marias geht, doch das nimmt diesem Gebet nichts von seiner leidenschaftlichen Dringlichkeit).

Gebet um Barmherzigkeit

Herr Jesus Christus,
du hast uns gelehrt, barmherzig zu sein
wie der himmlische Vater,
und uns gesagt, wer dich sieht, sieht ihn.
Zeig uns dein Angesicht, und wir werden Heil finden.
Dein liebender Blick befreite Zachäus und Matthäus
aus der Sklaverei des Geldes;
erlöste die Ehebrecherin und Maria Magdalena davon,
das Glück nur in einem Geschöpf zu suchen;
ließ Petrus nach seinem Verrat weinen
und sicherte dem reumütigen Schächer das Paradies zu.
Lass uns dein Wort an die Samariterin so hören,
als sei es an uns persönlich gerichtet:
»Wenn du wüsstest, worin die Gabe Gottes besteht!«
Du bist das sichtbare Antlitz des unsichtbaren Vaters
und offenbarst uns den Gott,
der seine Allmacht vor allem in der Vergebung
und in der Barmherzigkeit zeigt.
Mache die Kirche in der Welt zu deinem sichtbaren Antlitz,
dem Angesicht ihres auferstandenen und verherrlichten Herrn.
Du wolltest, dass deine Diener selbst
der Schwachheit unterworfen sind,
damit sie Mitleid verspüren mit denen,
die in Unwissenheit und Irrtum leben.
Schenke allen, die sich an sie wenden,
die Erfahrung, von Gott erwartet und geliebt zu sein
und bei ihm Vergebung zu finden.
Sende aus deinen Geist und schenke uns
allen seine Salbung,
damit deine Kirche mit neuer Begeisterung

den Armen die Frohe Botschaft bringe,
den Gefangenen und Unterdrückten die Freiheit verkünde und
den Blinden die Augen öffne.
So bitten wir dich,
auf die Fürsprache Marias, der Mutter der Barmherzigkeit,
der du mit dem Vater in der Einheit des Heiligen Geistes
lebst und herrschst in Ewigkeit.
Amen [315]

Gebet zum Heiligen Jahr der Barmherzigkeit, veröffentlicht Anfang Mai 2015

EPILOG
DIE GLOCKE DER GLEICHGÜLTIGKEIT

Vor rund anderthalb Jahren begann für mich eine Zeit, in der es mir psychisch ziemlich schlecht ging. Bedingt durch einige belastende Ereignisse in meinem Umfeld wurde ich immer ängstlicher und depressiver. Auch die alten Zwangsgedanken witterten ihre Chance, sich wieder in meinem Kopf einzunisten. Inzwischen wusste ich jedoch, dass es Hilfe gibt – und diese Hilfe nahm ich in Anspruch: Zunächst begann ich mit einer ambulanten Psychotherapie, die mir von der Krankenkasse ohne Probleme genehmigt wurde. Außerdem entschied ich mich – nach Absprache mit meiner Ärztin – dafür, unterstützend zu dieser Therapie ein Antidepressivum zu nehmen. Bei den meisten Antidepressiva handelt es sich um sogenannte »Selektive-Serotonin-Wiederaufnahme-Hemmer« (SSRI), die den Zweck haben, die Konzentration des Neurotransmitters Serotonin im synaptischen Spalt des Gehirns zu erhöhen, getreu dem Motto: »Mehr Serotonin – weniger Depression!«

Nicht allen Patienten geht es so, aber mir haben diese Tabletten wirklich geholfen. Sie besänftigten den Sturm in meinem Kopf und bewahrten mich vor der totalen Verzweiflung. Allerdings bezahlte ich dafür den Preis einiger Nebenwirkungen. In meinem Fall war dies eine erhebliche Gewichtszunahme sowie das ständige Gefühl, unter einer Glocke der Gleichgültigkeit zu leben. Mit der medikamentösen Therapie war ich nicht mehr in der Lage, intensive Gefühle wie Schmerz, Wut, Trauer oder Freude zu empfinden und auszudrücken. Durch diese Tabletten habe ich tatsächlich verlernt, zu weinen; weder hatte ich Tränen der Freude noch Tränen des Schmerzes oder der Trauer.

Als die Belastungen in meinem Umfeld deutlich weniger wurden, entschloss ich mich daher dazu, das Medikament ganz langsam auszuschleichen. Das wiederum hat dazu geführt, dass ich vor einigen Tagen zum ersten Mal seit über einem Jahr wieder weinen konnte. Etwas, das ich gesehen habe, ging mir so zu Herzen, dass mir die Tränen gekommen sind. Das halte ich nicht für eine sentimentale Peinlichkeit, sondern für ein großes Geschenk. »Selig sind die Barmherzigen«, sagt Jesus, und die Barmherzigen, das sind mit Sicherheit diejenigen, die das Weinen nicht verlernt haben!

VOR EINIGEN TAGEN KONNTE ICH ZUM ERSTEN MAL SEIT ÜBER EINEM JAHR WIEDER WEINEN.

Manchmal kommt es mir so vor, als sei unsere Gesellschaft in einem riesigen Serotonin-Rausch. Wir packen unser Leben voll mit Dingen, die uns aufputschen und maximal glücklich machen sollen. Doch ein solcher Lebensstil der Glücksoptimierung hat einige Nebenwirkungen. So haben wir kaum noch einen Zugang zu unseren tiefsten Gefühlen: Wir sind gut drauf, aber haben die tiefe Freude verlernt. Wir sind betroffen, aber fühlen nicht den Schmerz der Trauer. Wir regen uns digital auf, aber kennen nicht mehr die konstruktive Kraft der Wut. Wir leben unter einer Glocke der Gleichgültigkeit!

Ich hoffe und bete, dass dieses Buch einen kleinen Beitrag dazu leisten wird, dies zu ändern! Ich wünsche mir sehr, dass wir wieder zu Menschen werden, die in der Lage sind, ein tiefes Mitleid zu empfinden mit den Verprügelten und Verwundeten unserer Zeit, denn wenn das geschieht, dann werden wir uns auch in Bewegung setzen, um ihrem Leiden zu begegnen und es zu verringern.

Darum lade ich Sie ein, Ihre täglichen Aufputschmittel nach und nach auszuschleichen und die gewonnene Zeit zu nutzen, um Jesus Christus zu begegnen, dem Herrn der Barmherzigkeit.

Ich gehe jede Wette ein, dass dies Ihr Leben prägen und verändern wird. Und wenn das geschieht, dann schämen Sie sich Ihrer Tränen nicht, sondern denken Sie daran:

Wer fühlt, was er sieht, der tut, was er kann!

So war es bei Jesus – warum sollte es bei Ihnen anders sein?

Volker Halfmann, Juni 2020

VERTIEFENDE LITERATUR

Augustin, George (Hg.): Barmherzigkeit leben – Eine Neuentdeckung der christlichen Berufung. Verlag Herder GmbH, Freiburg im Breisgau 2016.

Bonhoeffer, Dietrich: Nachfolge. Aus »Bonhoeffer-Auswahl«, Band 3, Chr. Kaiser Verlag München, 3. Auflage 1982.

Eichholz, Georg: Gleichnisse der Evangelien – Form, Überlieferung, Auslegung. Neukirchener Verlag, 4. Auflage 1984.

Gollwitzer, Helmut: Das Gleichnis vom barmherzigen Samariter – Biblische Studie. Neukirchener Verlag 1962.

Grün, Anselm: Damit die Welt verwandelt wird – Die sieben Werke der Barmherzigkeit. Wilhelm Goldmann Verlag München 2011.

Jalics, Franz: Kontemplative Exerzitien – Eine Einführung in die kontemplative Lebenshaltung und in das Jesusgebet. Echter Verlag Würzburg, 10. Auflage 2006.

Jeremias, Joachim: Die Gleichnisse Jesu. Verlag Vandenhoeck & Ruprecht, 10. Auflage 1988.

Kasper, Walter Kardinal: Barmherzigkeit. Grundbegriff des Evangeliums – Schlüssel christlichen Lebens. Verlag Herder 2012.

Kongregation der Muttergottes der Barmherzigkeit (Hg.): Tagebuch der Schwester Maria Faustyna Kowalska. Parvis-Verlag Hauteville/Schweiz, 8. Auflage März 2009.

Moltmann, Jürgen: Über Geduld, Barmherzigkeit und Solidarität. Gütersloher Verlagshaus 2018.

Müller, Wunibald: Begegnung, die vom Herzen kommt – Die vergessene Barmherzigkeit in Seelsorge und Therapie. Matthias-Grünewald-Verlag 1993.

Mybes, Fritz (Hg.): Die Werke der Barmherzigkeit. Verlag Vandenhoeck & Ruprecht 2001.

Papst Franziskus: Barmherzigkeit ist unsere Stärke – Impulse für ein erfülltes Leben. Verlag St. Benno 2016.

Papst Franziskus: Barmherzigkeit will ich. Verlag Katholisches Bibelwerk 2015.

Papst Franziskus: Mein Leben, mein Weg. Herder Verlag, Freiburg, Basel, Wien 2013.

Papst Johannes Paul II: Barmherzigkeit Gottes – Quelle der Hoffnung, Johannes Verlag Einsiedeln 2011.

Richard Rohr: Wer loslässt, wird gehalten – Das Geschenk des kontemplativen Gebets. Claudius Verlag München 2001.

Warnke, Joachim: »Die 7 Werke der Barmherzigkeit«, Verlag St. Benno, 2007.

Wolf, Notker & Johanna Domek (Hg.): Lectio divina – Eine Einführung in die geistliche Schriftlesung. Katholisches Bibelwerk, 2. Auflage 2019.

ANMERKUNGEN

[1] Schwester Maria Faustyna Kowalska: Tagebuch, Parvis-Verlag, Hauteville/Schweiz, 8. Auflage 2009, Seite 36.

[2] Papst Franziskus, Der Name Gottes ist Barmherzigkeit: Ein Gespräch mit Andrea Tornielli, Der Hörverlag 2015, Verlagsgruppe Random House GmbH.

[3] Lukas 10,30-35; ELB

[4] Lukas 6,36; LUT

[5] Vgl. Volker Halfmann: Mein goldener Sprung in der Schüssel – Wie ich als Pastor mit meinen Zwangsstörungen und der Alkoholabhängigkeit lebe. SCM R.Brockhaus Verlag, 2. Auflage 2019, S. 27.

[6] Martin Walser: Seelenarbeit. Suhrkamp 1983, S. 265.

[7] Vgl. Psalm 139,5

[8] N.N.: Mein freiwillig gottloses Jahr. AUFATMEN 2/2009.

[9] Nachzulesen in Halfmann: Mein goldener Sprung, a. a. O.

[10] Vgl. dazu das wertvolle Buch von Paul Tournier: Echte und falsche Schuldgefühle – Vom schlechten Gewissen zur inneren Freiheit. Humata 1981.

[11] Wunibald Müller: Begegnung, die vom Herzen kommt – Die vergessene Barmherzigkeit in Seelsorge und Therapie. Matthias-Grünewald-Verlag 1993, S. 20.

[12] Papst Franziskus: Barmherzigkeit will ich. Verlag Katholisches Bibelwerk 2015, S. 111 f.

[13] Lukas 6,36; LUT

[14] Epheser 2,4-5

[15] Papst Franziskus: Barmherzigkeit, a. a. O., S. 109.

[16] Lukas 10,25

[17] Lukas 10,26

[18] Lukas 10,27

[19] Vgl. Lukas 10,28

[20] Helmut Gollwitzer: Das Gleichnis vom barmherzigen Samariter – Biblische Studie. Neukirchener Verlag 1962, S. 46.

[21] Ebd., S. 19.

[22] Lukas 10,36

[23] Joachim Jeremias: Die Gleichnisse Jesu. Verlag Vandenhoeck & Ruprecht, 10. Auflage 1988, S. 136.

[24] Lukas 10,37

[25] Markus 4,1-20

[26] Georg Eichholz: Gleichnisse der Evangelien – Form, Überlieferung, Auslegung. Neukirchener Verlag, 4. Auflage 1984, S. 177.

[27] Ebd., S. 176.

[28] Walter Kardinal Kasper: Barmherzigkeit. Grundbegriff des Evangeliums – Schlüssel christlichen Lebens. Verlag Herder 2012, S. 72 f.

[29] Papst Franziskus: Barmherzigkeit, a. a. O., S. 132 f.

[30] Johannes 13,15

[31] Vgl. dazu Johannes 14,18.23

[32] Galater 2,20

[33] Matthäus 25,34-46

[34] Vgl. Matthäus 24,3

[35] 2. Korinther 5,10

[36] Titus 3,5

[37] Galater 5,6

[38] Jakobus 2,13-17

[39] Matthäus 5,7

[40] Deutsche Welthungerhilfe e. V. (Hg.): Hunger – Verbreitung, Ursachen & Folgen. https://www.welthungerhilfe.de/hunger (letzter Abruf 03.07.2020).

[41] Ebd.

[42] Deutsche Welthungerhilfe e. V. (Hg.): Welthungerindex. https://www.welthungerhilfe.de/hunger/welthunger-index/(letzter Abruf 03.07.2020).

[43] Universität Upsala (Hg.): Department of Peace and Conflict Research. https://www.ucdp.uu.se (letzter Abruf 03.07.2020).

[44] Deutsche Welle: Wie sich Kriege seit 1989 verändert haben. https://www.dw.com/de/wie-sich-kriege-seit-1989-verändert-haben/a-51120561 (letzter Abruf 03.07.2020).

[45] Tagesschau (Hg.): UNHCR – Aktuelle Nachrichten. https://www.tagesschau.de/ausland/fluechtlingszahlen-unhcr-101.html (letzter Abruf 03.07.2020).

[46] Statista (Hg.): Geschätzte Anzahl der im Mittelmeer ertrunkenen Flüchtlinge in den Jahren von 2014 bis 2020. https://de.statista.com/statistik/daten/studie/892249/umfrage/im-mittelmeer-ertrunkenen-fluechtlinge/(letzter Abruf 03.07.2020).

[47] UNHCR (Hg.): Sechs Tote jeden Tag: UNHCR legt erschütternde Bilanz für 2018 vor. https://www.unhcr.org/dach/de/29057-sechs-tote-jeden-tag-unhcr-legt-erschuetternde-bilanz-fuer-2018-vor.html (letzter Abruf 16.07.2020).

[48] Norbert Blüm: Gastbeitrag – Wo, C, bist du geblieben? SZ.de 12.07.2018. https://www.sueddeutsche.de/politik/gastbeitrag-von-norbert-bluem-wo-c-bist-du-geblieben-14051237 (letzter Abruf 16.07.2020).

[49] Kasper: Barmherzigkeit, a. a. O., S. 193.

[50] Claudia Heidenfelder: Wirtschaft – Armut in Deutschland. WDR 2019. https://www.planet-wissen.de/gesellschaft/wirtschaft/armut_in_deutschland/index.html (letzter Abruf 16.07.2020).

[51] Kasper: Barmherzigkeit, a. a. O., S. 193 f.

[52] Römer 8,22

53 Vgl. dazu Lactantius: De ira dei, 13,20 f. In: Corpus scriptorum ecclesiasticorum Latinorum, Band 27.

54 BR Fernsehen (Hg.): Zeuge der Zeit: Eduard Kornfeld – Gott war nicht in Auschwitz. 30.04.2020. https://www.br.de/mediathek/video/zeuge-der-zeit-eduard-kornfeld-gott-war-nicht-in-auschwitz-av:5dbfed6e08e85c001a-efb2f2 (letzter Abruf 04.08.2020).

55 ARD (Hg.): Zeuge der Zeit: Eduard Kornfeld – »Gott war nicht in Auschwitz«. 02.05.2020. https://programm.ard.de/TV/Themenschwerpunkte/Dokus--Reportagen/Alle-Dokumentationen/Startseite/?sendung=284872974200141 (letzter Abruf 04.08.2020).

56 Psalm 73,13-14

57 Matthäus 11,3

58 Matthäus 27,46; Psalm 22,2

59 Jeremia 15,18

60 Dieser Ausspruch wird Blaise Pascal zugeschrieben.

61 Immanuel Kant: Über das Mißlingen aller philosophischen Versuche in der Theodizee. In: W. Weischedel (Hg.): Werke in zwölf Bänden. Suhrkamp Verlag, 2. Auflage 1978, Bd. XI, S. 114.

62 Ebd.

63 1. Petrus 1,3-4

64 Vgl. dazu Jesaja 65,17; 2. Petrus 3,13 und Offenbarung 21,1

65 Kasper: Barmherzigkeit, a. a. O., S. 131.

66 Halfmann: Mein goldener Sprung, a. a. O., S. 63.

67 Lukas 6,36; LUT

68 Lukas 9,13

69 Kirche Hamburg (Hg.): Bündnis für ein Rettungsschiff – »Man lässt keine Menschen ertrinken. Punkt«. https://www.kirche-hamburg.de/nachrichten/details/man-laesst-keine-menschen-ertrinken-punkt.html (letzter Abruf 16.07.2020).

70 Papst Franziskus: Barmherzigkeit, a. a. O., S. 162.

71 Ebd., S. 154.

72 Kasper: Barmherzigkeit, a. a. O., S. 59.

73 So bei Aristoteles, der von einem »primum movens« spricht.

74 1. Samuel 13,14; Jeremia 3,15; Apostelgeschichte 13,22; 1. Mose 6,6; Psalm 78,72

75 Hosea 1,2

76 So im Buch Jesaja 20,2-3

77 Hosea 1,6

78 Hosea 11,8

79 Hosea 11,9

80 Kasper: Barmherzigkeit, a. a. O., S. 58.

81 1. Mose 3,21; 4,15; 8,22; 9,1.5-17; 12,1-3

82 2. Mose 34,6

83 Jürgen Moltmann: Über Geduld, Barmherzigkeit und Solidarität. Gütersloher Verlagshaus 2018, S. 70.
84 Jesaja 49,15
85 Vgl. dazu Psalm 5–9; 67,5; 96,13; 98,9 u. a. und Jesaja 11,4-5
86 Kasper: Barmherzigkeit, a. a. O., S. 61.
87 Jesaja 54,7-10
88 Kasper: Barmherzigkeit, a. a. O., S. 62.
89 1. Mose 19,19; 4. Mose 11,15
90 1. Mose 33,11; 2. Mose 33,19
91 Jesaja 55,7; Jeremia 12,15; Hosea 14,4; Sacharja 10,6
92 2. Mose 22,20-26; 23,6-8
93 2. Mose 20,9-10; 23,12; 5. Mose 5,12-15
94 2. Mose 23,10-11; 5. Mose 15,1-18
95 Amos 2,6-8; 4,1.7-12; 8,4-7; 6,1-14; 5,21-25
96 Jesaja 1,11-17; 58,5-7; Hesekiel 18,7-9; Hosea 4,1-3; 6,6; 8,13; 14,4; Micha 6,6-8 und Sacharja 7,9-10
97 Kasper: Barmherzigkeit, a. a. O., S. 65 f.
98 Moltmann: Über Geduld, a. a. O., S. 71.
99 Psalm 139,6
100 Psalm 103,8
101 S. 63
102 Vgl. Johannes 14,9
103 Johannes 1,18
104 Halfmann: Mein goldener Sprung, a. a. O., S. 243.
105 Markus 10,46-52
106 Psalm 18,17
107 Müller: Begegnung, a. a. O., S. 97.
108 Matthäus 1,22
109 Lukas 1,50
110 Lukas 1,54
111 Lukas 1,78-79
112 Epheser 2,4-5
113 Galater 4,4; LUT
114 Hiob 38,18
115 Lukas 7,11-15
116 Johannes 5,33-34.36
117 Markus 1,41; Matthäus 14,14; 15,32; Markus 6,34
118 Matthäus 9,27; Markus 10,47-48
119 Markus 10,45
120 2. Korinther 5,21
121 2. Korinther 8,9
122 Wikipedia (Hg.): Pendelbahn. https://de.wikipedia.org/wiki/Pendelbahn (letzter Abruf 16. 07. 2020)
123 Moltmann: Über Geduld, a. a. O., S. 72 f.

124 Kasper: Barmherzigkeit, a. a. O., S. 83.
125 2. Korinther 5,17
126 Epheser 2,4-5.8
127 Kasper: Barmherzigkeit, a. a. O., S. 86.
128 1. Johannes 4,17-18
129 Franz Jalics: Kontemplative Exerzitien – Eine Einführung in die kontemplative Lebenshaltung und in das Jesusgebet. Echter Verlag Würzburg, 10. Auflage 2006, S. 263.
130 Lukas 15,11-31
131 Psalm 34,19
132 2. Mose 3,7
133 1. Mose 16,13
134 Lukas 1,48; LUT
135 Johannes 5,6
136 Lukas 5,27-28
137 Johannes 9,1
138 Lukas 6,36; LUT
139 Arne Kopfermann: Mit deinen Augen. © 1993 Basement Groove Publishing, Asslar.
140 Antoine de Saint-Exupéry
141 Matthäus 25,40
142 Richard Rohr: Wer loslässt, wird gehalten – Das Geschenk des kontemplativen Gebets. Claudius Verlag München 2001, S. 54.
143 Ottmar Fuchs: Mitleidbasierte Barmherzigkeit bis ins Gericht. In: George Augustin (Hg.): Barmherzigkeit leben – Eine Neuentdeckung der christlichen Berufung. Verlag Herder GmbH, Freiburg im Breisgau 2016, S. 39 f.
144 Hans Holzhaider: Zwischen Mitleid und Mord – Der Pfleger, der den Tod brachte. Süddeutsche Zeitung 19. 05. 2010. : https://www.sueddeutsche.de/panorama/zwischen-mitleid-und-mord-der-pfleger-der-den-tod-brachte-1924462 (letzter Abruf 04. 08. 2020).
145 Stefan Zweig: Ungeduld des Herzens. Anaconda Verlag 2017. S. 234 f.
146 2. Korinther 5,19
147 Müller: Begegnung, a. a. O., S. 64 f.
148 Fuchs: Mitleidbasierte Barmherzigkeit, a. a. O., S. 40.
149 Lukas 10,33
150 Kongregation der Muttergottes der Barmherzigkeit (Hg.): Tagebuch der Schwester Maria Faustyna Kowalska. Parvis-Verlag Hauteville/Schweiz, 8. Auflage März 2009, S. 80 f.
151 Papst Franziskus: Barmherzigkeit, a. a. O., S. 101.
152 Vgl. dazu 2. Korinther 3,18; LUT
153 Fuchs: Mitleidbasierte Barmherzigkeit, a. a. O., S. 43.
154 Lukas 10,34
155 Jeremias: Die Gleichnisse Jesu, a. a. O., S. 135.
156 Gollwitzer: Das Gleichnis, a. a. O., S. 53.

[157] Papst Franziskus: Barmherzigkeit, a. a. O., S. 132 f.
[158] Gollwitzer: Das Gleichnis, a. a. O., S. 55 f.
[159] Nach Erich Kästner
[160] Dietrich Bonhoeffer: Nachfolge. Aus »Bonhoeffer-Auswahl«, Band 3, Chr. Kaiser Verlag München, 3. Auflage 1982, S. 81.
[161] Jakobus 2,13-17
[162] Papst Franziskus: Barmherzigkeit, a. a. O., S. 117.
[163] Samira El Ouassil: Systemrelevante Berufe – Die Ausbeutung der Hilfsbereiten. Spiegel online 02. 04. 2020. https://www.spiegel.de/kultur/die-ausbeutung-der-hilfsbereiten-a-d3e04160-21a5-49e3-a811-1e31d3a-97be1 (letzter Abruf 17. 07. 2020).
[164] Müller: Begegnung, a. a. O., S. 60 f.
[165] Matthäus 5,7
[166] Sebastian Rink: Heiliges Leben – Spurensuche zum Himmelreich. Books on Demand, Norderstedt 2019, S. 26.
[167] Dr. Wilfried Haßfeld: Vorwort. In: Halfmann: Mein goldener Sprung, a. a. O., S. 13.
[168] Jakobus 2,13
[169] Papst Franziskus: Barmherzigkeit, a. a. O., S. 29 f.
[170] Manuel Seibel: Haben Freikirchen den missionarischen Eifer verloren? 25. 02. 2020. https://www.bibelpraxis.de/index.php?article.3559 (letzter Abruf 17. 07. 2020).
[171] Matthäus 13,24-30
[172] Papst Franziskus: Barmherzigkeit, a. a. O., S. 111 f.
[173] Kasper: Barmherzigkeit, a. a. O., S. 15.
[174] Matthäus 6,10; LUT
[175] 4. Mose 19,11-13
[176] Johannes 9,2
[177] Eichholz: Gleichnisse der Evangelien, a. a. O., S. 166.
[178] 2. Korinther 6,14-15
[179] Matthäus 9,12-13
[180] Römer 3,23-24
[181] Matthäus 9,13
[182] Markus 6,34
[183] Markus 6,37-43
[184] 2. Korinther 12,9
[185] 1. Johannes 4,17-19
[186] Römer 8,38-39
[187] Kasper: Barmherzigkeit, a. a. O., S. 22.
[188] George Augustin: Thematische Hinführung. In: George Augustin (Hg.): Barmherzigkeit leben, a. a. O., S. 14.
[189] Kasper: Barmherzigkeit, a. a. O., S. 61.
[190] Beate Kowalski (Hg.): Handeln verantworten – Grundlagen – Kriterien – Kompetenzen. Herder Verlag 2010, S. 98.

[191] Theologisches Begriffslexikon zum Neuen Testament, R.Brockhaus Verlag Wuppertal, 4. Auflage 1986, S. 503.
[192] Kasper: Barmherzigkeit, a.a.O., S. 83.
[193] Ebd.
[194] 2. Korinther 5,21
[195] 1. Johannes 1,5-6
[196] Hebräer 10,31
[197] Johannes 3,16
[198] Kasper: Barmherzigkeit, a.a.O., S. 61.
[199] Römer 2,4
[200] Kowalski: Handeln verantworten, a.a.O., S. 99.
[201] 1. Korinther 7,23
[202] Moltmann: Über Geduld, a.a.O., S. 82 f.
[203] Papst Johannes Paul II.: Barmherzigkeit Gottes – Quelle der Hoffnung, Johannes Verlag Einsiedeln 2011, S. 113 f.
[204] Lukas 6,36; LUT
[205] Papst Franziskus: Barmherzigkeit, a.a.O., S. 154.
[206] Matthäus 18,23-34; NGÜ
[207] Jeremias: Die Gleichnisse Jesu, a.a.O., S. 139.
[208] Gollwitzer: Das Gleichnis, a.a.O., S. 50.
[209] Claude-Michel Schönberg: Stern. https://www.songtexte.com/songtext/claudemichel-schonberg/stern-53d7d38d.html (letzter Abruf 18.07.2020).
[210] Lukas 6,11
[211] Halfmann: Mein goldener Sprung, a.a.O., S. 222.
[212] Matthäus 23,13-16
[213] Papst Franziskus: Barmherzigkeit, a.a.O., S. 154.
[214] Psalm 103,8; LUT
[215] 1. Petrus 1,13
[216] 2. Mose 32,1
[217] Müller: Begegnung, a.a.O., S. 21.
[218] Lukas 9,24-25
[219] Halfmann: Mein goldener Sprung, a.a.O., S. 220.
[220] Lukas 12,19
[221] Lukas 12,20
[222] Alessandro Manzoni: Die Brautleute. Deutscher Taschenbuch Verlag München 2003, S. 681.
[223] Ebd., S. 683.
[224] Ebd., S. 704.
[225] Ebd., S. 705.
[226] Zeit online (Hg.): Gotthold Ephraim Lessing – Anti-Goeze. 13.06.1980. https://www.zeit.de/1980/25/anti-goeze/seite-3 (letzter Abruf 18.07.2020).
[227] Matthäus 6,10; LUT
[228] Matthäus 5,6-7
[229] Matthäus 7,7

[230] Kongregation der Muttergottes der Barmherzigkeit (Hg.): Tagebuch, a. a. O., S. 62.
[231] Ebd., S. 74.
[232] Ebd., S. 63 f.
[233] Ebd., S. 95.
[234] Ebd., S. 15 f.
[235] Ebd., S. 67.
[236] Ebd., S. 36.
[237] Ebd., S. 80 f.
[238] Johannes 10,27-30
[239] Vgl. Lukas 7,47; LUT
[240] Römer 8,17
[241] Römer 8,18
[242] Kongregation der Muttergottes der Barmherzigkeit (Hg.): Tagebuch, a. a. O., S. 130.
[243] Bonhoeffer: Nachfolge, a. a. O., S. 287.
[244] Papst Franziskus: Mein Leben, mein Weg. Herder Verlag, Freiburg, Basel, Wien 2013, S. 49 f.
[245] 1. Johannes 1,8-9
[246] Papst Franziskus: Barmherzigkeit, a. a. O., S. 69.
[247] Zitiert nach Philipp Müller: »Miserando atque eligendo«. Die Beichte als Erfahrungsraum der göttlichen Barmherzigkeit. In: Augustin: Barmherzigkeit, a. a. O., S. 207.
[248] Hebräer 12,14; LUT
[249] Kongregation der Muttergottes der Barmherzigkeit (Hg.): Tagebuch, a. a. O., S. 36.
[250] Jakobus 5,16
[251] Kasper: Barmherzigkeit, a. a. O., S. 163.
[252] Johannes 15,5
[253] 1. Korinther 13,3
[254] Johannes 15,8; NGÜ
[255] »Lies die Bibel, bet jeden Tag«, deutsch Anton Schulte
[256] Rohr: Wer loslässt, a. a. O., S. 26 f.
[257] Ebd., S. 77.
[258] Ebd., S. 71.
[259] Teresa von Ávila: Die innere Burg. Diogenes Verlag, Zürich 1979, S. 43.
[260] Notker Wolf & Johanna Domek (Hg.): Lectio divina – Eine Einführung in die geistliche Schriftlesung. Katholisches Bibelwerk, 2. Auflage 2019, S. 25-29.
[261] Ebd., S. 19 f.
[262] Kolosser 2,6-7
[263] Rohr: Wer loslässt, a. a. O., S. 144.
[264] Johannes 15,5
[265] Kasper: Barmherzigkeit, a. a. O., S. 135.

[266] Lukas 6,36; NGÜ
[267] 1. Timotheus 1,5
[268] Galater 5,13.16-18; NGÜ
[269] Epheser 3,17-19
[270] Matthäus 25,31-46
[271] Die Regel des Heiligen Benedikt. Beuroner Kunstverlag, 1. Auflage 2006, S. 47 (Regel IV, 74).
[272] Kasper: Barmherzigkeit, a. a. O., S. 143 f.
[273] Grün, Anselm: Damit die Welt verwandelt wird – Die sieben Werke der Barmherzigkeit. Wilhelm Goldmann Verlag München 2011.
[274] Jerold J. Kreisman & Hal Straus: Ich hasse dich – verlass mich nicht. Kösel Verlag München, 12. Auflage 2001, S. 12 f.
[275] 1. Korinther 13
[276] 1. Korinther 13,4-7
[277] 2. Timotheus 1,7
[278] Bonhoeffer: Nachfolge, a. a. O., S. 106.
[279] Matthäus 7,12
[280] Dieter Nuhr: Bericht aus dem Shitstorm – Wir leben im digitalen Mittelalter. FAZ 17.07.2015. https://www.faz.net/aktuell/feuilleton/medien/dieter-nuhr-ueber-shitstorms-digitales-mittelalter-13706268.html (letzter Abruf 18.07.2020).
[281] Heinrich Bedford-Strohm: »Bestimmte Normen müssen einfach gelten« – Der EKD-Ratsvorsitzende im Interview über Hassrede im Internet und die Rolle der Kirche. EKD 10.02.2020. https://www.ekd.de/bedford-strohm-interview-safer-internet-day-53264.htm (letzter Abruf 18.07.2020).
[282] Ebd.
[283] Johannes Brantl: Zivilisation der Barmherzigkeit und virtueller Raum. Gedanken zur zwischenmenschlichen Kommunikation im Internet. In: Augustin: Barmherzigkeit, a. a. O., S. 337.
[284] Bedford-Strohm: Bestimmte Normen, a. a. O.
[285] Ebd.
[286] Brantl: Zivilisation der Barmherzigkeit, a. a. O., S. 339.
[287] Matthäus 7,17-20
[288] Matthäus 12,36
[289] Epheser 2,4-5
[290] Jona 4,2
[291] Jona 4,10-11
[292] Brantl: Zivilisation der Barmherzigkeit, a. a. O., S. 339.
[293] Ebd., S. 349.
[294] Nuhr: Bericht aus dem Shitstorm, a. a. O.
[295] Jakobus 3,3-10
[296] Galater 5,9
[297] Matthäus 13,33
[298] Moltmann: Über Geduld, a. a. O., S. 85.

299 Kasper: Barmherzigkeit, a. a. O., S. 181.

300 Ebd., S. 180.

301 Christof Schiller: Steigende Altersarmut: Nachbesserungen bei Reformen des Rentensystems nötig. BertelsmannStiftung 12.09.2019. https://www.bertelsmann-stiftung.de/de/themen/aktuelle-meldungen/2019/september/steigende-altersarmut-nachbesserungen-bei-reformen-des-rentensystems-noetig (letzter Abruf 18.07.2020).

302 Kasper: Barmherzigkeit, a. a. O., S. 182.

303 Papst Benedikt XVI.: Enzyklika Deus caritas est. 25.12.2005. http://www.vatican.va/content/benedict-xvi/de/encyclicals/documents/hf_ben-xvi_enc_20051225_deus-caritas-est.html (letzter Abruf 18.07.2020).

304 Ebd.

305 Matthäus 5,13-16

306 Ansgar Hörsting: Haltgeber. In: Christsein Heute, ZKZ 1051, 127. Jahrgang, Juni 2020, S. 16.

307 Kasper: Barmherzigkeit, a. a. O., S. 192 f.

308 3. Mose 19,34

309 Peter Fonk: »… und der Fremdling, der in deinen Toren ist.« Das gemeinsame Wort der Kirchen und die Situation von Flüchtlingen und Migranten heute – Eine Herausforderung für Caritas und Diakonie. In: Augustin: Barmherzigkeit, a. a. O., S. 299.

310 Kasper: Barmherzigkeit, a. a. O., S. 189.

311 Lukas 13,19

312 Thomas Sternberg: Gesellschaft braucht Barmherzigkeit – Grundlage des christlichen Glaubens. Domradio.de 27.04.2016. https://www.domradio.de/themen/laien/2016-04-27/sternberg-gesellschaft-braucht-barmherzigkeit (letzter Abruf 18.07.2020).

313 Sibylle Machat: Martin Luther Kings »I have a Dream«. Bundeszentrale für politische Bildung 28.03.2018. https://www.bpb.de/politik/hintergrund-aktuell/267010/i-have-a-dream (letzter Abruf 18.07.2020).

314 Papst Franziskus: Barmherzigkeit, a. a. O., S. 67-70.

315 © Copyright – Libreria Editrice Vaticana (http://www.vatican.va/content/francesco/de/prayers/documents/papa-francesco_preghiere_20151208_giubileo-straordinario-misericordia.html, letzter Abruf 12.08.2020).